AF529535

ব্যবহারিক বাস্তুশাস্ত্র

ব্যবহারিক বাস্তুশাস্ত্র

লেখক ঃ
আচার্য সত্যানন্দ

সম্পাদক
শ্রীমতী জয়শ্রী

ডায়মণ্ড পকেট বুকস (প্রাঃ) লি.
X-30, ওখলা ইণ্ডাস্ট্রিয়াল এরিয়া, ফেজ-2,
নূতন দিল্লী-110 020

© প্রকাশকাধীন

প্রকাশক ঃ ডায়মণ্ড বুক্স (প্রা.) লিমিটেড
X - 30, ওখলা ইণ্ডাস্ট্রিয়াল এরিয়া, ফেজ - II
নূতন দিল্লী - 110 020
ফোন ঃ 011 - 40712200
ই-মেল ঃ sales@dpb.in
ওয়েবসাইট ঃ www.diamondbook.in
Printed by : Repro (India)

BABOHARIK BASTUSHASTRA : ACHARYA SATYANANDA

কৃতজ্ঞতা

বাস্তুশাস্ত্রের ওপরে গত বেশ কয়েক বছর ধরে কাজ করে আসছি, কিন্তু কোনদিনও এটা চিন্তা করিনি যে, এই বিষয়ের ওপর কোন বই লিখব।

কিন্তু হঠাৎ এক দিন আমি আমার পরম বন্ধু শ্রী সুরেশ চন্দ্র জৈন-এর দেখা করতে ওর সল্ট লেকের বাড়ীতে গিয়েছিলাম। ওখানে কথায়-কথায় বাস্তুশাস্ত্রের প্রসঙ্গ উঠলে জৈন সাহেব আমাকে এই বিষয়ে হিন্দী, বাংলা এবং ইংরাজীতে একটি বই লিখতে অনুরোধ করেন।

আমিও স্বীকৃতি জানিয়ে দিই। ব্যস্ , আর কি ! জৈন সাহেব আমার পেছনে পরে গেলেন এবং ওনারই প্রচেষ্টার ফলে আজ এই বই আপনাদের হাতে তুলে দিতে পারছি।

শেষে আমি **ডায়মণ্ড পকেট বুকস**-এর শ্রী নরেন্দ্র কুমারকে আমার আন্তরিক কৃতজ্ঞতা জানাচ্ছি। ওনার জন্যই এই বই এত তাড়াতাড়ি প্রকাশিত হতে পেরেছে।

217, ঋষভ কমপ্লেকস
(দ্বিতীয় তল)
এম. জি. রোড
রায়পুর (ম.প্র)

আচার্য সত্যানন্দ
24 জুলাই, 1996
লোকনাথ ভবন
ইরাবতী পল্লীণ কাজীপাড়া
বারাসত, চব্বিশ পরগনা (উত্তর)
পশ্চিম বাংলা

সূচীপত্র

বাস্তুশাস্ত্রের উদ্ভব বা সূচনা 09
দিক, কোন্ ও দিশা জ্ঞান 13
ভূমিখণ্ডের প্রকারভেদ 19
বিভেদযুক্ত ভূমিখণ্ড বা ছেদযুক্ত ভূখণ্ড 40
বাস্তু ভিটে বা বাস্তু জমি 49
বাস্তু সিদ্ধান্ত বা নিয়মাবলী 54
পরিবেশ এবং দিক্ 62
বাস্তুগৃহ নির্মাণ 66
গুপ্ত কুঠুরী বা মাটির নীচের ঘর 68
বাস্তুগৃহ নির্মাণের দিশা বা দিক 71
সিংহ দুয়ার বা মুখ্য দ্বার 82
আবাস বা গৃহবাস যোজনা 93
সমূহ আবাস এবং বাস্তু নিয়ম 110
বহুতল বাড়ী 115

ব্যবসায়িক প্রতিষ্ঠান	121
শিল্পোদ্যগিক একক	129
হোটেল এবং রেস্টুরেন্ট	135
উঁচু-নীচু ভূমিখণ্ডের প্রভাব	138
চার দেওয়ালের কোনকে নির্মান থেকে বাধা দেবার পরিণাম	140
সংযুক্ত ভবন	144
পূর্বমুখী বাড়ী	147
পশ্চিমমুখী বাড়ী	149
উত্তরমুখী বাড়ী	151
দক্ষিণমুখী বাড়ী বা ভবন	153
ঈশানমুখী বাড়ী বা ভবন	155
বায়ুমুখী বাড়ী বা ভবন	157
অগ্নিমুখী বাড়ী বা ভবন	159
নৈর্ঋতমুখী বাড়ী বা ভবন	161
দুই রাস্তার উপর অবস্থিত ভূমিখণ্ড	163
মুহূর্ত পূজন	168
গৃহপ্রবেশের জন্য শুভ মাস এবং শুভ তিথি	171
নিবাস করার কিছু নিয়ম	173

বাস্তুশাস্ত্রের উদ্ভব বা সূচনা

'বিপুলা এ পৃথিবীর কতটুকু জানি,' এ আক্ষেপ শুধু কবিরও নয়–বিজ্ঞানীদেরও। প্রযুক্তি বিদ্যার সাহায্যে এ জগৎকে যতটা গড়ে তোলা গেছে তার মূলে আছে পঞ্চ তত্ত্ব–ক্ষিতি, অপ্ , তেজ, মরুৎ, ব্যোম অর্থাৎ মাটি, জল, আগুন, বাতাস আর আকাশ। এরাই সৃষ্টির মূল তত্ত্ব। জগতের সমস্ত শক্তির উৎস এরাই। এই ধরিত্রী, এই জল, এই আকাশ, এই বায়ু আর অগ্নি।

পণ্ডিতদের মতে, সৃষ্টির নির্মাণে এই পাঁচ সংখ্যার গুরুত্ব অসীম। পঞ্চ ইন্দ্রিয়, পঞ্চ বান, পঞ্চ অঙ্গুলি, পঞ্চ তত্র, পঞ্চ ভূত আর পঞ্চ তত্র–ক্ষিতি (মাটি), অপ্ (জল), তেজ (আগুন), মরুৎ (বায়ু) আর ব্যোম (আকাশ)। সবচেয়ে মজার কথা, এই পাঁচটি তত্ত্বই কিন্তু নির্জীব, জড় এবং প্রাণহীন। এদের নিজেদের তথাকথিত প্রাণ নেই। তবু প্রাণ সৃষ্টির সমস্ত কৃতিত্ব কিন্তু এদেরই। বিশ্বের সমস্ত শক্তির গুরুভার রাখা আছে এদেরই কাঁধে। এই পঞ্চ তত্ত্বেরই সজীব সমাবেশ হল মানুষ–শুধু মানুষই নয়, এই পঞ্চতত্ত্বেই গড়া সমস্ত জীবের শরীর। এই ধনধান্যে পুষ্পে ভরা বসুধরা কিন্তু একদিন শূন্যই পড়ে ছিল। মানুষের বুদ্ধি আর পরিশ্রমই আজ তাকে ঐশ্বর্যশালী করেছে। এই ধরিত্রীর উপর দাঁড়িয়ে মানুষ সুক্ষ্ম অথবা স্থূল, যে কাজই করুক না কেন তার মূলে আছে পঞ্চ তত্ত্ব। মানুষ তার পঞ্চ অঙ্গুলিতে পঞ্চ তত্ত্বকে আয়ত্বে রেখে–পঞ্চ তত্ত্বকে কাজে লাগিয়েই হয়ে উঠেছে দুর্বার, দুনির্বার, দুর্দমনীয় আর অপরাজেয়।

মাটি, জল, আকাশ, বাতাস আর আগুন–এই পাঁচটি তত্ত্বই কিন্তু প্রাকৃতিক অর্থাৎ প্রকৃতি থেকে পাওয়া–মানুষের সৃষ্টি নয়। এরা প্রকৃতিতে পড়েছিল বহুকাল–অনাদরে আর অবহেলায়। প্রাণীজগৎ পৃথিবীতে এসেছে আমাদের বহু আগে। পঞ্চ তত্ত্বকে কাজে লাগাতে পারেনি তারা। তার অনেক অনেক দিন পরে বিবর্তনের সর্পিল রাস্তা পার হয়ে একদিন উঠে এল মানুষ। পঞ্চ ইন্দ্রিয় টান-টান, সজাগ করে চারদিক অনুসন্ধান করল সে। বাহুতে অসীম বল, মনে সাহস, চোখে অনুসন্ধিৎসা আর বুকে সব কিছু জয় করার অদম্য ইছা। তীক্ষ্ণ বুদ্ধি আর অনুসন্ধিৎসার জোরে প্রাণীকুলের শ্রেষ্ঠ প্রমাণিত হোল মানুষ।

শ্রেষ্ঠত্বের প্রমাণ কিংবা প্রভুত্বের অস্ত্র হিসাবে তার পঞ্চ অঙ্গুলিতে সে তুলে নিল এই পঞ্চ তত্ত্বকেই। বৃদ্ধাঙ্গুলিতে ক্ষিতি (মাটি), তর্জনীতে অপ্ (জল) মধ্যমায় তেজ (আগুন), অনমিকায় মরুৎ (বায়ু) আর কনিষ্ঠায় ব্যোম (আকাশ)। মানুষের এই পঞ্চ অঙ্গুলিতেই বন্দী হোল প্রকৃতির পঞ্চ তত্ত্ব। ধরা পড়ল তার সঠিক রূপ মানুষের হাতে। এই পঞ্চতত্ত্বের বিন্যাস এবং সমন্বয়েই সৃষ্টি হোল বিত্তশালী, ঐশ্বর্যশালী আধুনিক যুগ।

কিন্তু সৃষ্টির আনন্দে মাতোয়ারা হয়ে মানুষ যখনই অবহেলা করেছে, অস্বীকার করেছে প্রকৃতির নৈস্বর্গিক গুণাগুনকে–তখনই ঘটে গেছে বিপর্যয়। তখনই তাকে মুখোমুখি হতে হয়েছে নানা দুর্ঘটনা, কষ্ট আর নানা দুষ্পরিনামের। মানুষ যদি প্রকৃতির শাসনকে মেনে নিয়ে তার অনুরূপ কাজ করে জীবন যাপন করত, তাহলে সুস্থ, সবল, জীবন পেয়ে নিশ্চয়ই রোগমুক্ত দীর্ঘায়ু হত। কিন্তু আমরা কখনই প্রকৃতিকে মানি না। নিজেদের সুবিধা মত ইচ্ছেমত প্রকৃতির পঞ্চ তত্ত্বকে ব্যবহার করি।

এই পঞ্চ তত্ত্বকে সঠিক ব্যবহারের নামই কিন্তু বাস্তুশাস্ত্র। এই বাস্তুশাস্ত্রের সূচনা হয়েছিল বেদের যুগে প্রচীন মুনি-ঋষিদের দ্বারাই। বাস্তুশাস্ত্র এক এমনই শাস্ত্র

যা প্রকৃতির গতিবিধি আর পঞ্চ তত্ত্বের শাসন মেনেই তৈরী হয়েছে। দেখা গেছে যদি আমরা বাস্তুশাস্ত্রের নির্দেশে জীবন যাপন করি, তাহলে আমরা প্রকৃতির সাথে পায়ে পায়ে মিলিয়ে চলতে পারি। আর এমন ভাবে চললে প্রকৃতি কিন্তু আমাদের খালি হাতে ফিরিয়ে দেয় না। সে তার সব সম্পদ উজাড় করে ঢেলে দিয়ে আমাদের জীবনে এনে দেয় অপার সুখ, অপার শান্তি আর পরম আনন্দ।

বাস্তু কলা সম্বন্ধে যথেষ্ট আলোকপাত করে গেছেন প্রচীনকালের মুনি-ঋষি এবং আচার্য্যরা। প্রকৃতির পাঠশালা থেকে জ্ঞান আহরণ করে তারা দিব্যজ্ঞানী হয়েছিলেন। আমাদের প্রচীন গ্রন্থ বা মহাকাব্য রামায়ণ এবং মহাভারত এর প্রকৃষ্ট উদাহরণ। আমাদের প্রচীন মন্দির, রাজগৃহ, রাজসভা, মহল, মিনার আজও ভারতীয় বাস্তুকলার উজ্জ্বল স্বাক্ষর বহন করে চলেছ।

অতএব আমরা বলতে পারি, প্রকৃতির সাথে পায়ে পা, তালে তাল আর সুরে সুর মিলিয়ে চলা কিংবা প্রকৃতির সাথে বাস করার নামই বাস্তুশাস্ত্র। আর বাস্তুশাস্ত্রের উদ্ভব হয়েছে মানুষের নগর জীবনকে সুখী-স্বাচ্ছন্দ্যময় করার জন্যই।

বাস্তুশাস্ত্রকারদের মতে, বাস্তুশাস্ত্রের নিয়মকানুনগুলি পালন করলে গৃহে নিবাসকারী ব্যক্তি সুখী, ধার্মিক, ধনী এবং রোগমুক্ত জীবন লাভ করতে পারে। বাস্তুশাস্ত্রের নিয়ম বা সিদ্ধান্তগুলো সম্পূর্ণ বৈজ্ঞানিক দৃষ্টিভঙ্গি নিয়েই করা হয়েছে।

সবচেয়ে বড় কথা, প্রাকৃতিক নিয়মের আধারেই নির্মিত হয়েছে এই বাস্তুশাস্ত্র। আমরা জানি পৃথিবীর উত্তর মেরু এবং দক্ষিন মেরুতে চুম্বকীয় শক্তি নিহিত আছে। এই মেরু দুটিকে আমরা ইংরাজীতে বলি নর্থ পোল ও সাউথ পোল। পৃথিবীর মত মানুষের শরীরেও উত্তর মেরু আর দক্ষিণ মেরু আছে। মানুষের মাথার দিকটাকে উত্তর মেরু বা নর্থ পোল এবং পায়ের দিকটাকে দক্ষিণ মেরু বা সাউথ পোল বলে ধরা হয়।

চুম্বক তরঙ্গ বা ম্যাগনেটিক ওয়েভ সব সময়ই উত্তর মেরু থেকে দক্ষিণ মেরুর দিকে বইতে থাকে। চুম্বকতত্ত্বের গুণ অনুযায়ী উত্তর মেরুর সঙ্গে উত্তর মেরুর বিকর্ষণ আর দক্ষিণ মেরুর সঙ্গে দক্ষিণ মেরুর সব সময়ই বিকর্ষণ হয়। আবার উত্তর মেরু এবং দক্ষিণ মেরু পরস্পর কাছাকাছি এলে আকর্ষণ হয়। অর্থাৎ চুম্বকের ক্ষেত্রে সমমেরুতে বিকর্ষণ এবং বিষম মেরুতে আকর্ষণ হয়। তাহলে দেখা যাচেছ পৃথিবীর যেমন উত্তর ও দক্ষিণ মেরু আছে, তেমনি মানুষের শরীরেও উত্তর ও দক্ষিণ মেরু বর্তমান। সুতরাং মানুষের ক্ষেত্রেও সমমেরুতে বিকর্ষণ এবং বিষম মেরুতে আকর্ষণের সূত্র প্রযোজ্য।

মানুষ এবং পৃথিবীর এই চুম্বকত্বের ভারসাম্য রাখার কথা বাস্তুশাস্ত্রে বিশেষভাবে উল্লেখ করা হয়েছে। তাছাড়া পৃথিবীর ক্ষেত্রে পৃথিবীর নিজের এক মাধ্যাকর্ষণ শক্তি (গ্র্যাভিটেশনাল ফোর্স) আছে, যা তার দুই মেরুর চুম্বকীয় আকর্ষণ থেকে কোন অংশে কম নয়। এই মাধ্যাকর্ষন বলের কারণেই পৃথিবী তার উপর অবস্থিত প্রতিটি বস্তুকে নিজের দিকে আকর্ষণ করে। আশ্বর্যের কথা হোল, এই মাধ্যাকর্ষন বা গ্র্যাভিটেশনাল ফোর্স জীব এবং নির্জীব–সব বস্তুর উপরই সমানভাবে পড়ে। অর্থাৎ মাধ্যাকর্ষণের দ্বারা পৃথিবী যে বলে একটি মানুষকে নিজের দিকে আকর্ষণ করে–সেই মানুষটিরই সমান ওজনের একটি চেয়ার, টেবিল কিংবা খাটকে একই বলে নিজের দিকে আকর্ষণ করে। পৃথিবীর বিচারে এ ক্ষেত্রে জীব বা নির্জীবের কোন প্রভেদই নেই। বাস্তুশাস্ত্রের উপকরণগুলি আমাদের নজরে নির্জীব, জড় বা প্রাণহীন হতে পারে। কিন্তু পৃথিবীর মাধ্যাকর্ষণের কাছে তারা জীবের সমতুল্যই গুরুত্ব পায়।

আসলে জড় শব্দটাতেই বাস্তুশাস্ত্রকারদের আপত্তি। বাস্তুশাস্ত্রমতে জড় বলে কোন বস্তুই নেই। কারণ পদার্থের অন্তিম কণা হোল পরমাণু। বিশ্লেষণ করে দেখা গেছে, পরমাণুর ভিতরে আছে পদার্থের অতি ক্ষুদ্র কণা ইলেকট্রন, প্রোটন এবং নিউট্রন। এই কনাগুলির মধ্যে ইলেকট্রন হোল গতিশীল নেভেটিভ তড়িৎবাহী কণা। পরমানু কণার ভিতর এই ইলেকট্রন চক্রাকারে অনবরত ঘুরে চলেছে প্রোটন আর নিউট্রনকে কেন্দ্র করে। সৌর-জগতে সূর্যকে কেন্দ্র করে গ্রহরা যেভাবে ঘোরে–সেই এক দৃশ্য দেখা যায় পরমাণুর ভিতরে।

যখন জড় বস্তুর অন্তিম কণা গতিমান, তখন তা নির্জীব কিভাবে হতে পারে ? সেও চলমান, সেও গতিশীল। আজ বিজ্ঞানও এ কথা অকুণ্ঠে স্বীকার করে, কারণ প্রকৃতির এই অলৌকিক ক্রিয়াকলাপের সামনে বিজ্ঞান আজও নীরব। ইলেকট্রন যে আকর্ষণে প্রোটনকে কেন্দ্র করে চক্রাকারে ঘোরে–সে আকর্ষণের কারণ বা স্বরূপ আজও রহস্যে ঢাকা। প্রতিটি মৌল বস্তুর ইলেকট্রন সংখ্যা নির্দিষ্ট, এর নড়চড় হয় না। বাইরে থেকে কৃত্রিম বল প্রয়োগ করে যদি বস্তুর ইলেকট্রন সংখ্যার বৃদ্ধি বা হ্রাস ঘটানো যায়, তবে বস্তুর ধর্ম বিনস্ট হয়, ঘটে যায় মহা বিস্ফোরণ। তখনই তৈরী হয় পরমাণু বা এটম বম্। পরমাণু বমের সিদ্ধান্ত্র এটাই।

সুতরাং আমাদের পদার্থের নিজস্ব ধর্ম এবং গুণাগুণকে সামনে রেখে তার অনুরূপ ব্যবহারই করা উচিত, যাতে করে পদার্থের গুণের সুফল আমরা পেতে পারি। বাস্তুশাস্ত্রের উদ্ভব কিন্তু সেই কারণেই।

আহ্নিক গতির সময়ে পৃথিবী তার নিজের অক্ষের উপরে পশ্চিম থেকে পূর্ব দিকে পাক খায়–পূর্ব থেকে পশ্চিম দিকে কিন্তু নয়। আবার পৃথিবী যে ২৩.৫° কৌনিক মাপে পূর্ব দিকে নিজের অক্ষ থেকে সামান্য ঝুঁকে থাকে–এ সবেরই উল্লেখ এবং যথাযোগ্য মহত্ত্ব রয়েছে এই বাস্তুশাস্ত্রে। এ তথ্য সকলেরই জানা যে, পৃথিবীর আহ্নিক গতির ফলে দিন ও রাত হয় আর বার্ষিক গতির ফলে হয় এক বছর। কিন্তু পৃথিবীর এই পশ্চিম থেকে পূর্বের দিকে পাক খাওয়ার ফলেই যে আমরা সূর্যকে পূর্ব দিকে উদয় আর পশ্চিম দিকে অস্ত যেতে দেখি তা হয়ত সবার জানা নেই।

বাস্তুশাস্ত্র পৃথিবীর গতি, সূর্যের স্হিতি, উত্তরায়ণ ও দক্ষিণায়ণ যাত্রা, পদার্থের ধর্ম, বর্ণ ও গুণাগুণের উপর ভিত্তি করে করা হয়েছে। সবাই জানে যে, সকাল বেলায় যে সূর্যরশ্মি মানব এবং প্রাণীজগতের কল্যাণকারী হয়ে বরদান নিয়ে আসে সেই রশ্মিই কিন্তু মধ্যাহ্নে তেজস্ক্রিয়তা বা রেডিয়ো অ্যাকটিভিটির কারণে স্বাস্হ্যের জন্য ক্ষতিকারক হয়ে ওঠে। একই জিনিষ ভিন-ভিন সময়ে মানুষের জন্য কল্যাণকারী, আবার কখনও হানিকারক হয়ে যায়। একই পদার্থের সময়ের ফেরে এই বিভিন্ন ফলাফল বাস্তুশাস্ত্রে খুব বেশী গুরুত্ব পেয়ে থাকে।

যাস্তুকলা গ্রন্থে বাস্তুশাস্ত্রের এক সুন্দর উদাহরণ আছে–

স্ত্রীপুত্রাদি ভোগসৌরত্যজননং ধর্মার্থকামপ্রদম্।
জন্তুনামচমং সুখাস্পদমিদং মীতাম্বু ধর্মাপদম্।।
বাপী দেবাগৃহাদি পুণ্যম স্বিতং গোহাত্মুত্পদ্যতে।
গেহং পুর্বভূমস্তিতেন বিনুধাঃ শ্রী বিশ্বকর্ম্মাদয়ঃ।।

(বাস্তুমালা)

অর্থাৎ 'স্ত্রী, পুত্রের ভোগ, সুখ, ধর্ম, অর্থ, কাম প্রভতি গৃহই আমাদের প্রদান করে। আবার শীত, গ্রীষ্ম, বর্ষা প্রভৃতি প্রাকৃতিক দুর্যোগ থেকে প্রাণীকে রক্ষা করে

গৃহ-ই। তাই গৃহকে বলা হয় সুখস্থল। শাস্ত্রমতে গৃহ নির্মাণ করলে দেবস্থান নির্মাণের পুণ্য গৃহস্বামীর প্রাপ্ত হয়, তাই প্রাচীন মুনি-ঋষিরা ও দেবশিল্পী বিশ্বকর্মা মানুষকে সর্বপ্রথম গৃহ নির্মাণের আদেশ দিয়েছেন।'

অমত্যাশ্চৈব মর্তাশ্চ যত্র যত্র বরান্তি হি।
তদ্ বস্ত্বি তি মতং তজ্জৈমস্তদ্র ভেদং চবাদাভ্যহম্।।
ভূমি প্রাসাদয়ানানি শয়নং চ চতুর্বিধম।
প্রাসাদাদীনি বাস্তুনি বাস্তুত্বদ্দ বস্তু সংশ্রায়াত।।
বস্তুন্যেব হি তান্যেব প্রোক্তান্যস্মিন্ পুরাতনৈঃ।

(ভয়)

অর্থাৎ 'দেবতা এবং মানুষ যেখানে-যেখানে বসবাস করে সেই বাস্তু বিজ্ঞান বা তার প্রকার ভেদের উদ্দেশ্যে জানাই যে, ভূমি, প্রাসাদ, আহার-বিহার এবং শয়ণ - এই চারটিই হোল বাস্তুশাস্ত্রের প্রধান অঙ্গ। এর মধ্যে ভূমি হোল সর্বপ্রধান এবং এর সঙ্গে যুক্ত আরও অন্যান্য অঙ্গ। প্রাসাদের বাস্তুকলা বাস্তুশাস্ত্রেরই একটা অঙ্গ। প্রাচীন কালের মহিষীরা যে বাস্তুশাস্ত্রের প্রচলন করে গেছেন, আমি সেই শাস্ত্রেরই বর্ণনা করছি।'

আধুনিক যুগে গৃহ নির্মাণ বা সংস্কারের কাজগুলি আর্কিটেক্ট বা স্থাপত্য শিল্পীরাই করে থাকেন, কিন্তু স্থাপত্যবিদ্যা বা বাস্তুবিদ্যা মোটেই এক জিনিষ নয়। স্থাপত্যবিদ্যা বা আর্কিটেকচর এক অতি মহত্ত্বপূর্ণ বিজ্ঞান। এটি গণিত এবং বিজ্ঞান ভিত্তিক বাস্তুবিদ্যা বা অক্কাল্ট সায়েন্স কিন্তু স্থাপত্য শিল্প থেকেও বিশাল এবং গভীর, কারণ বাস্তুবিদ্যার সঙ্গে জুড়ে আছে ধর্ম এবং আধ্যাত্ম, যার কোন পরিসীমাই নেই।

বাস্তু ভারতের ৬৪-টি প্রাচীনতম বিদ্যার একটি বিদ্যা। এটা বিজ্ঞানশাখার অন্তর্ভূক্ত নয়, কিন্তু পুরোপুরি বিজ্ঞানসম্মত। বাস্তুশাস্ত্রের প্রধান কাজ হোল যে জমিতে গৃহ নির্মাণ হবে তার গভীরতা, তার ক্ষেত্রফল এবং তার আশেপাশের পরিস্থিতি নিখুঁতভাবে বিশ্লেষণ করা। বাস্তুশাস্ত্র অধ্যয়ন করতে গেলে আগে দিক্ বা দিশা সম্বন্ধে সঠিক জ্ঞান নেওয়া প্রয়োজন।

ভারতীয় শাস্ত্রে দশ দিক আছে বটে, কিন্তু বাস্তুশাস্ত্রে শুধুমাত্র আট দিক বা দিশারই উল্লেখ করা আছে–

(১) উত্তর
(২) দক্ষিণ
(৩) পূর্ব
(৪) পশ্চিম
(৫) ঈশান
(৬) বায়ু
(৭) অগ্নি
(৮) নৈর্ঋত্

ভারতীয় শাস্ত্রের মত নয়ে উর্দ্ধ আর দশে অধঃ-এর উল্লেখ বাস্তুশাস্ত্রে নেই। উল্লিখিত আটটি দিকের সম্পূর্ণ বিবরণ পরবর্তী অধ্যায়ে করা হয়েছে।

দিক, কোন্ ও দিশা জ্ঞান

বাস্তুশাস্ত্রের সঠিক নিয়ম যথাযথভাবে পালন করতে গেলে দিক-নির্ণয় জ্ঞান বা দিশা জ্ঞান থাকা নিতান্ত জরুরী। বাস্তুশাস্ত্র শুধুমাত্র ভবন বা গৃহনির্মাণ কার্য্যেই সীমিত নেই–তার ব্যপ্তি বিশাল, বাস্তুমতে ভবন বা গৃহ নির্মাণ করা অত্যন্ত কঠিন এবং জটিল কাজ। এর প্রধান কারণ এই যে, একজন আর্কিটেক্ট আপনার জমির নক্সা দেখে, জমির অনুপাত মেপে আপনার প্রয়োজনের দিকে লক্ষ্য রেখে কামরা বা ঘর নির্মাণ করাবেন, কিন্তু বাস্তুশাস্ত্রকাররা শুধুমাত্র আপনার প্রয়োজনই নয়–আপনার সুখ, সম্পদ এবং স্বাস্থ্যের প্রতি লক্ষ্য রেখে ধর্ম এবং প্রকৃতি মতে কি উচিত আর কিই বা অনুচিত তার উপর অধিক জোর দিয়ে ভবন নির্মাণের পরামর্শ দেবেন। এমন বহু ব্যয়বহুল ভবন আছে, যা আর্কিটেক্টরা নির্মাণ করিয়েছেন বটে, কিন্তু সে ভবনে যারাই বাস করে তাদের না আছে সুখ, না আছে শান্তি, না আছে স্বাস্থ্য–প্রতি পদক্ষেপেই ঘটে চলেছে সম্পদহানি। কি তার কারণ ? কি-ই বা তার ব্যাখ্যা ? আর্কিটেক্টরা এ সম্বন্ধে নীরব। কিন্তু এর জবাব দিতে পারেন শুধু বাস্তুবিদ্‌রাই। প্রকৃতির নিয়মের বিরুদ্ধে তৈরী হয়েছে এই ব্যয়বহুল ভবন। তাই সেই ভবনে অর্থ যতই আসুক, স্থায়ী হতে পারবে না কখনও। আবার বেশ কিছু ভবন আছে, যেখানে বসবাস করলে রোগমুক্ত জীবনযাপন কোন মতেই করা যাবে না। বাস্তুমতে এসব ভবন সুন্দর এবং ব্যয়বহুল হলেও অত্যন্ত ত্রুটিপূর্ণ। তাই এই বিপত্তি ঘটে চলেছে।

একজন আর্কিটেক্ট বা স্থাপত্যশিল্পী আপনার জমিকে বাস্তুর নজরে কখনই দেখবেন না, আর এই জমি গৃহ বা ভবন নির্মাণের উপযুক্ত কিনা তার যাচাই করতে গিয়ে বাস্তুভিটে বা মাটি পরীক্ষা করবেন না। তিনি শুধু জমির বিশেষ ধরাতলকে সমতল করে গৃহনির্মাণের কাজ শুরু করে দেবেন। সেক্ষেত্রে একজন বাস্তুকার কিন্তু ভূমি পরীক্ষা বা মাটি যাচাই না করে জমি কেনার পরামর্শ দেবেন না। বাস্তুশাস্ত্রের ক্ষেত্রে, ভবন নির্মাণের সময় জমির লক্ষণ (গৃহ নির্মাণের উপযুক্ত কি অনুপযুক্ত), জমির পরীক্ষা, তার শোধন, তার উপর নির্মিত ভবন, ভবনের শান্তিকর্ম, গৃহ প্রবেশ এবং সেখানে বসবাসের নিয়ম তথা আশপাশের স্থিতি, কি জিনিষ গ্রাহ্য আর কিই বা ত্যাজ্য, চারপাশের বৃক্ষ সম্বন্ধে জ্ঞান–এ সবই বিশদভাবে চর্চার বিষয়।

জমির যে বিশেষস্থানে ভবন নির্মাণ হবে, বাস্তুশাস্ত্র শুরু হয় ঠিক সেখান থেকেই। সবার প্রথমে নিজের জমির উপর আট দিকের সঠিক জ্ঞান হওয়া প্রয়োজন।

দিক্ নির্ণয় করার জন্য বহু ধরণের উপায় আছে। দিগ্‌দর্শন যন্ত্র বা কম্পাস তার মধ্যে অন্যতম। বাস্তুশাস্ত্রে দিক্ নিরূপন খুবই জরুরী কারণ দিক্ বা দিশার সঠিক জ্ঞান না থাকলে ভূমিখণ্ডের বিবরণ সঠিভাবে পাওয়া সম্ভব নয়।

নিম্নলিখিত চিত্রের সাহায্যে দিক্ নির্ণয় খুবই সহজেই করা যাবে।

চিত্র নং–১

বাস্তবে, প্রধান দিক হোল চারটি–উত্তর, দক্ষিণ, পূর্ব, পশ্চিম। এই চারটি দিকের বা দিশার মধ্য ভাগকে বলা হয় বিদিশা বা কোন্। সেরকম চারটি দিকের অনুসারে চারটি বিদিশা বা চলতি ভাষায় কোন্ বর্তমান। এরা হোল যথাক্রমে ঈশান, বায়ু, অগ্নি, নৈর্ঋত।

(১) ঈশান কোনকে উত্তর-পূর্ব কোন

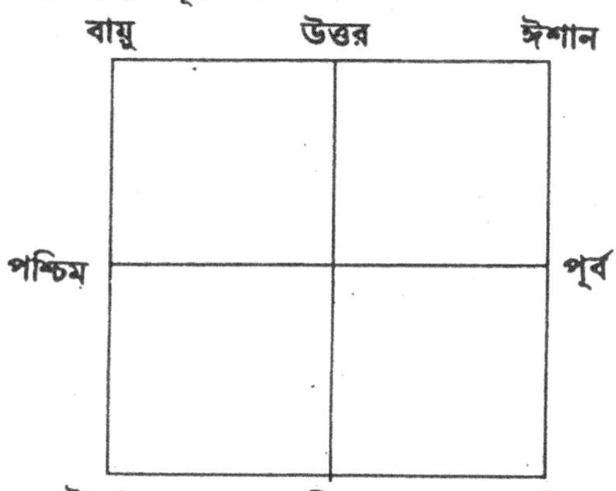

চিত্র নং ২

(২) বায়ু কোনকে উত্তর-পশ্চিম কোন
(৩) অগ্নি কোনকে দক্ষিণ-পূর্ব কোন এবং
(৪) নৈঋতকে দক্ষিণ-পশ্চিম কোন নামে অভিহিত করা হয়। চারটি দিক এবং চারটি কোনের অনুসারে যে কোন জমিকে আমরা এই ভাবে চারটে ভাগে ভাগ করে নিতে পারি। তখন এগুলি শুধু কোন নয়, ক্ষেত্র নামে বর্ণিত হয়।

এদেরকে আমরা অন্য ভাবেও বলতে পারি –
(১) উত্তর-পূর্ব বা নর্থ-ইস্ট সেক্টর (ঈশান ক্ষেত্র)
(২) দক্ষিণ-পূর্ব বা সাউথ-ইস্ট সেক্টর (অগ্নি ক্ষেত্র)
(৩) দক্ষিণ-পশ্চিম বা সাউথ-ওয়েস্ট সেক্টর (নৈঋত ক্ষেত্র)
(৪) উত্তর-পশ্চিম বা নর্থ-ওয়েস্ট সেক্টর (বায়ু ক্ষেত্র)

যে কোন ভূমিখণ্ডকে চার ভাগে বিভক্ত করার বদলে বাস্তুশাস্ত্রবিদ্‌রা তাকে আট ভাগে বিভক্ত করে থাকেন। বাস্তবে এই আট দিশাই বাস্তু-শাস্ত্রের প্রাণ। প্রতিটি ভূমিখণ্ড বা জমির টুকরোকে নিরীক্ষা করার আগে তাকে তার দিক এবং কোনের অনুরূপে আট ভাগে ভাগ করে নিতে হবে।

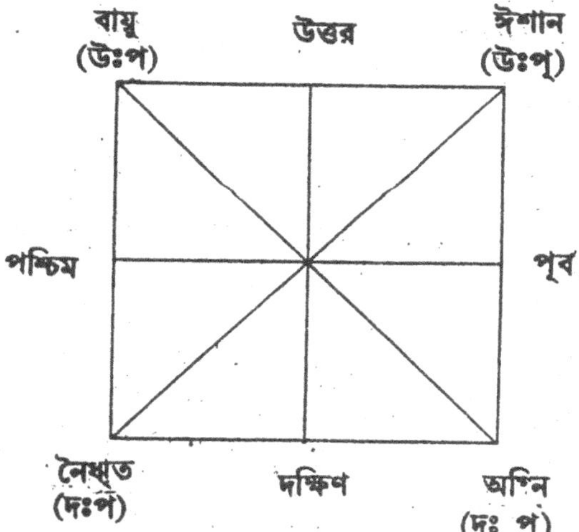

চিত্র নং ৩

(১) উত্তর ক্ষেত্র বা নর্থ সেক্টর
(২) উত্তর-পূর্ব ক্ষেত্র বা নর্থ-ইস্ট সেক্টর (ঈশান)
(৩) দক্ষিণ ক্ষেত্র বা সাউথ সেক্টর
(৪) দক্ষিণ-পশ্চিম ক্ষেত্র বা সাউথ-ওয়েস্ট সেক্টর (নৈঋত)
(৫) পূর্ব ক্ষেত্র বা ইস্ট সেক্টর
(৬) দক্ষিণ-পূর্ব ক্ষেত্র বা সাউথ-ইস্ট সেক্টর (অগ্নি)
(৭) পশ্চিম ক্ষেত্র বা ওয়েস্ট সেক্টর

(৮) উত্তর-পশ্চিম ক্ষেত্র বা নর্থ-ওয়েস্ট সেক্টর (বায়ু)

আট দিক্ বা দিশার বৈশিষ্ট্য বা গুরুত্ব

বাস্তুশাস্ত্র যে আট দিশার উপর নির্ভরশীল, সেই আট দিকের বৈশিষ্ট্য বা মহত্ত্ব সম্বন্ধে জানা দরকার। দিক্গুলির বিশেষত্ব সম্বন্ধে আলোচনা করলে এদের আধ্যাত্মিক মহত্ত্ব সম্বন্ধেও জানা যাবে। বাস্তুশাস্ত্রে এই দিশাগুলো বিশেষত্ব বা গুণাগুণ অনুযায়ী ঘর, পূজা ঘর, বারান্দা, স্নানঘর ইত্যাদি নির্মাণ করার নির্দেশ দেওয়া হয়েছে।

(১) পূর্ব দিক্কে বংশের দিক বলা হয়। তাই গৃহ নির্মাণের সময় পূর্ব দিকের কিছু স্থান খোলা ছেড়ে দেওয়া উচিত। এতে গৃহস্বামীর আয়ুবৃদ্ধি হয়।

(২) পশ্চিম দিক সফলতা, কীর্তি, যশ ও ঐশ্বর্য্য প্রদান করে।

(৩) উত্তর দিক মায়ের স্থান। উত্তরে খালি জায়গা ছাড়লে মাতুল বংশের কল্যাণ হয়।

(৪) দক্ষিণ দিক ধন-সমৃদ্ধি, শান্তি ও প্রসন্নতার দিক। এই কারণেই দক্ষিণের তিরুপতি মন্দির ভারতের সবচেয়ে সমৃদ্ধশালী মন্দির। কলকাতার দক্ষিণেশ্বর মন্দির, যেখানে পরমপুরুষ শ্রী শ্রী রামকৃষ্ণ পরমহংস দেব পৌরোহিত্য করেছিলেন, তাও দক্ষিণমুখী মন্দির। তাই স্বমহিমায় চির উজ্জ্বল।

(৫) ঈশন কোন গৃহস্থ জীবনের জন্য খুবই মহত্ত্বপূর্ণ দিক্। এই কোন বংশ বৃদ্ধির স্থায়িত্ব প্রদান করে। তাই এ কোনে কোন প্রকারের কোন দোষ বা ত্রুটি না থাকে, সেদিকে বিশেষ লক্ষ্য রাখা দরকার।

(৬) বায়ু কোন শত্রু এবং মিত্রের দিক। এই দিকে কোন ত্রুটি থাকলে শত্রু বৃদ্ধি হয়। আবার দোষমুক্ত বায়ুকোন কল্যাণকারী উত্তম বন্ধুপ্রাপ্তি ঘটায়।

(৭) অগ্নি কোন গরম থাকে বলে স্বাস্থ্যবৃদ্ধিতে সাহায্য করে। ত্রুটিপূর্ণ অগ্নিকোন গৃহস্বামীকে বদ্‌রাগী করে।

(৮) নৈঋত কোন ভালো ব্যবহার ও সুবিচারের জন্ম দেয়। এই কোনে কোনো দোষ থাকলে গৃহস্বামী জীবন্মৃত হয়ে বেঁচে থাকে।

দিক্ এবং তার অধিষ্ঠাতা দেবতা

হিন্দুধর্ম অনুসারে মানুষ সর্বপ্রথমে আকাশের সূর্যকেই অপার বিস্ময়ে দেখেছে, তাকেই প্রণাম করেছে আর আরাধ্য বলে সূর্যকেই মেনে এসেছে।

পৃথিবীর সব আলো এবং শক্তির উৎস সূর্য। প্রাচীন মুনি-ঋষিরা ও আচার্য্যরা নিজেদের বাসভবন বা গৃহস্থান এই সূর্যরশ্মিকে বিশ্লেষণ করেই তৈরী বা নির্মাণ করিয়েছিলেন। প্রাচীন কারণ থেকেই পূর্বমুখী গৃহকে সর্বোত্তম বলে মনে করা হয়। এ সত্য প্রাচীন মুনি-ঋষিদের কাছে অজানা ছিল না যে, সূর্যরশ্মির মধ্যেই লুকিয়ে আছে আসল জীবনদায়িনী শক্তি। তাই সূর্যের উত্তর ভিত্তি করে আট দিকের উপর সূর্যশক্তির প্রভাব বিশ্লেষণ করে গৃহ নির্মাণের পরিকল্পনা করেন বাস্তুশাস্ত্রবিদরা।

শাস্ত্রমতে বিভিন্ন দিকে বিভিন্ন দেবতা বাস করেন। অতএব দিক সম্বন্ধে জানতে গেলে বিভিন্ন দিকের বিভিন্ন অধিষ্ঠাতা দেবতা সম্বন্ধেও সম্যক জ্ঞান থাকা দরকার।

	দিক	দেবতা
(১)	উত্তর	কুবের, সোম
(২)	দক্ষিণ	যম
(৩)	পূর্ব	ইন্দ্র এবং সূর্য
(৪)	পশ্চিম	বরুণ
(৫)	উত্তর-পূর্ব (ঈশান)	সোম, শিব
(৬)	পূর্ব-দক্ষিণ (অগ্নি)	ব্রহ্মা
(৭)	দক্ষিণ-পশ্চিম (নৈধ্ঋত)	নিধ্ঋতি
(৮)	উত্তর-পশ্চিম (বায়ু)	বায়ু বা পবন

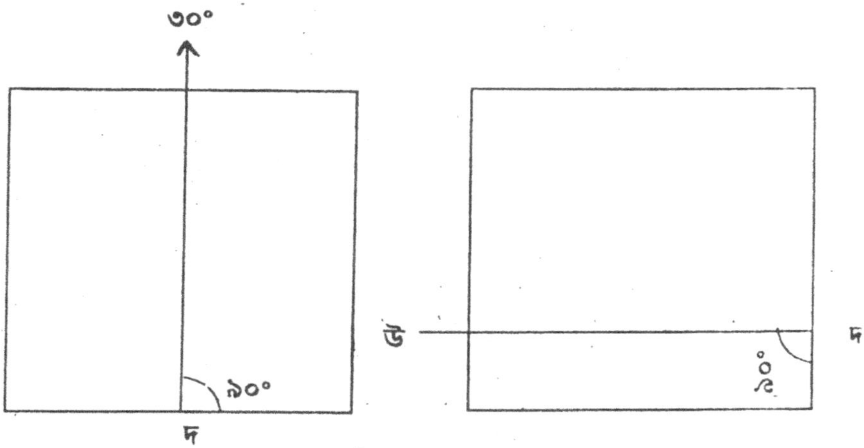

চিত্র নং 4

উপরোক্ত চিত্র অনুযায়ী ভূমিখণ্ডটি চৌকো হলে দিশা জ্ঞান খুব সহজেই করা যায়। কিন্তু সাধারণতঃ ভূমিখণ্ড এত সরল হয় না। নানা আকারের হয়। তাই দিক নির্ণয়ের উপর সবিশেষ লক্ষ্য রাখা প্রয়োজন। বর্তমান কালে দিক্ নির্ণয়ের জন্য উন্নত মানের চুম্বকীয় যন্ত্র বা কম্পাস পাওয়া যায়। সঠিক দিক্ নিরূপণের জন্য এ ধরণের যন্ত্রই ব্যবহার করা উচিত। এই যন্ত্র সর্বত্রই পাওয়া যায় এবং ব্যবহার করা অত্যন্ত সহজ।

অতএব দিশাজ্ঞানের জন্য কোনো প্রচীন বা জটিল প্রক্রিয়ার সাহায্য না নিয়ে উপরিবর্ণিত চুম্বকীয় যন্ত্রই ব্যবহার কা উচিত।

এইভাবে ভূখণ্ডের সঠিক দিক নির্ণয়ের পর উত্তর দক্ষিণ দিক সমান্তরাল আছে কিনা দেখতে হবে। কোনো ভূমিখণ্ডের উত্তর দক্ষিণ দিক অসমান্তরাল হলে এই দুই দিকে বিষম কোনের সৃষ্টি হয়। যেমন চিত্র 5-এ বিষম কোন দেখানো হয়েছে।

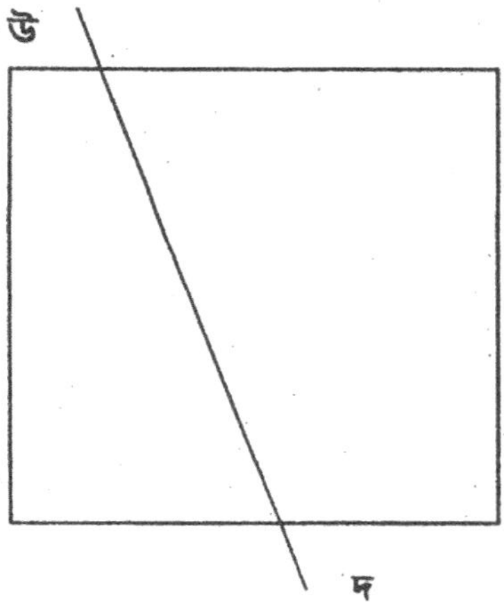

চিত্র নং 5

বিষম কোনবিশিষ্ট ভূমিখণ্ড অত্যন্ত ত্রুটিপূর্ণ এবং অনুপযুক্ত। এ ধরনের ভূমিখণ্ড বর্জন করাই যুক্তিযুক্ত। অবশ্য যদি বর্জন করা সম্ভব না হয়, তবে ভূমিখণ্ডের সংশোধন করা অবশ্য কতর্ব্য। বাস্তুকারেরা বিষম কোনবিশিষ্ট ভূমিকে গৃহনির্মাণ কার্যের অনুপযুক্ত বলে মনে করেন।

উপরোক্ত দিশাজ্ঞানের দ্বারা আপনি সহজেই যে কোন ভূমি বা ভূখণ্ডের দিক নির্ণয় করতে সক্ষম হবেন। নিজের জমির দিক সম্বন্ধে সন্দিহান থাকলে বাস্তুশাস্ত্র দুরূহ হয়ে উঠবে আপনার কাছে। বাস্তুশাস্ত্রের বিষয়বস্তু উপলব্ধি করতে অনেক সময় লেগে যাবে। অযথা জটিলতা সৃষ্টি হবে আপনার মনে এবং নিজের জমি সম্বন্ধে কোন ভুল ধারনার বশীভূত হয়ে কোনো অনুপযুক্ত পরিকল্পনা বানিয়ে নিতে পারেন। বাস্তুশাস্ত্রের উপযোগিতা বা যৌক্তিকতা উপলব্ধি করার জন্য দিশাজ্ঞান সম্বন্ধে সম্যক ধারণা দেওয়া হোল।

ভূমিখণ্ডের প্রকারভেদ

ভূখণ্ড বা ভূমিখণ্ড প্রকৃতির দান, মানুষ নিজের প্রয়োজন অন্যায়ী, জ্ঞাতে বা অজ্ঞাতে এই ভূখণ্ডকে কয়েকটি ভাগে ভাগ করেছে। সমস্ত পৃথিবীর ভূমিখণ্ড মহাদেশ, দেশ, প্রান্ত, জেলা, নগর, পাড়া এবং অবশেষে ছোট-ছোট ভূমিতে বিভাজিত হয়েছে।

এইভাবে বিভিন্ন ভাগে বিভাজিত ভূখণ্ড ছোট-ছোট বিভিন্ন আকারের ভূমি বা ভূখণ্ড হিসেবে আমাদের হাতে আসে। এর মধ্যে কিছু ভূখণ্ড শ্রেষ্ঠ, কিছু মধ্যম এবং বাস্তুদোষযুক্ত হয়ে থাকে। অতএব ভূখণ্ড নির্বাচনের সময় অত্যন্ত সতর্কতা অবলম্বন করা উচিত। এ বিষয়ে শাস্ত্রে উল্লিখিত একটি সুন্দর শ্লোকের বর্ণনা করা হলো ঃ-

চতুরস্রাঁ দ্বিপাকারম্ সিহোক্ষাশ্রেমরূপিণীম্।
বৃতঞ্চ ভদ্রপীঠঞ্চ ত্রিশূলং লিংগসন্নিভম্।।
প্রাসাদধ্বজ কুম্ভাদি দেবানামপি দুর্লাভাম।।
সুরজাকার সদৃশ্যাম্ সর্পমণ্ডুক সর্পিনীভ্।
খরাজগর সংডকাশং বকঙ্কি পিঠরূপিনীম্।।
মুদ্‌গরামাং যথো লুককাক সর্প নিভাম্তমা।
শুকরোষ্ট্রাজ সদৃশাং ধনুঃ পরশুরুপিনীম্।।
কৃকলাস শবাকায়ং দুর্গভ্যাম্ বা বিবর্জসেত্।
মনোরমা যথা ভূমিঃ পরিক্ষেত পযত্নতঃ।।

- বিশ্বকর্মা প্রকাশ

যে সব বর্গাকার ভূমির আকার হাতী, সিংহ, যাঁড় ও ঘোড়ার মত হয় এবং ত্রিশূল ও শিবলিঙ্গাকার হয় অথবা যে সব ভূমির আকার ধ্বজা বা কুম্ভের মত হয়, সেই সব ভূমি দেবতাদের কাছেও দুর্লভ হয়।

যে সব ভূখণ্ড ত্রিকোণ, শকটাকার (গাড়ী), কুলো, মৃদঙ্গা কিংবা চিমটার মত কিংবা সাপ, ব্যাং, গাধা, অজগর, বক, পেঁচা, কাক, শুওর, উট, ছাগল, ধনুক, কাঁকড়া বা মুগুর আকৃতির হয়, তার সেখানে গমন করা রীতিমত দুঃসাধ্য বা দুঃখযুক্ত – সে সব স্হান বিনা দ্বিধায় ত্যাগ করা উচিত। আর যেসব স্হান বা ভূমি মনোরম, তাকে যত্নসহকারে পরীক্ষা করাই বাঞ্ছনীয়।

সাধারণ নিয়মে, আয়তাকার, বৃত্তাকার এবং চৌকো ভূমিখণ্ডকে শ্রেষ্ঠ বলে মানা হয়। আয়তাকার ভূমিতে নিবাস করলে বসবাসকারী সর্বসিদ্ধিদায়ক হয়। তার অধিকাংশ কঠিন কাজ অত্যন্ত সরলতার সঙ্গো সম্পন্ন হয়। চৌকো জমিতে বসবাস করলে বসবাসকারী ধনশালী হয়। এ ব্যক্তির অনায়াসে ধনপ্রাপ্তি যোগ ঘটে। বৃত্তাকার জমিতে বসবাসকারী বুদ্ধিদায়ক হয়। অর্থৎ জমির গুণেই তার বুদ্ধি সদা জাগ্রত থাকে এবং নিজের বুদ্ধির জোরেই সে তার সব সমস্যার সমাধান করতে পারে। তাহলে্ দেখা যাচেছ, ভূমির গুণে কিছু ব্যক্তির মধ্যে কেউ হচেছ সর্বসিদ্ধিকারী, কেউ অনায়াস ধনশালী আবার কেউ বা তীক্ষ্ণবুদ্ধির অধিকারী।

যে সব ভূমির পিঠ সমান ও সুন্দর হয়-সেইসব ভদ্রপীঠ ভূমি সর্বকল্যাণকারী বলে মানা হয়। সেই স্হানে বসবাসকারী ব্যক্তির কল্যাণ স্বয়ং ঈশ্বর করে থাকেন।

প্রাচীন ঋষি ও আচার্যদের মতে যেকোন ভূমিখণ্ডের পরীক্ষা সর্বপ্রথমে মাপাজোপ করে নয়–দৃষ্টি দিয়ে করা উচিত। দৃষ্টি বা চোখ পঞ্চ জ্ঞানেন্দ্রিয়ের মধ্যে সর্বশ্রেষ্ঠ। দৃষ্টিকে অত্যন্ত প্রখর এবং সজাগ তত্ত্ব বলে মানা হয়। দৃষ্টির সম্পর্ক সরাসরি মস্তিস্ক এবং তার সঙ্গে সম্বন্ধিত প্রজ্ঞার সঙ্গে। দৃষ্টি যা দেখে মস্তিস্ক তারই ব্যাখ্যা করে। দৃষ্টি ভুল দেখলে মস্তিস্কও ভুল করে ফেলবে । তাই বাস্তুশাস্ত্রে দৃষ্টি খুব বেশী গুরুত্ব রাখে। দৃষ্টির সম্পর্ক সরাসরি প্রজার সঙ্গে ,তাই দৃষ্টি অতীন্দ্রিয় শক্তিকে জাগ্রত করে। সুতরাং প্রখর নজর বা দৃষ্টিতে যে জমি হৃদয়ে স্হান করে নেয়–তার শ্রেষ্ঠত্ব বা সৌন্দর্য্য সম্বন্ধে কোন সন্দেহই থাকে না। অনেক দিক থেকেই সে ভূমি শ্রেষ্ঠ হয়ে দাঁড়ায়। এ ধরনের মনোরম ভূমি গৃহনির্মাণের উপযোগী।

লতা এবং ঔষধি যুক্ত স্বাস্থ্যবর্ধক বৃক্ষ যেমন নিম, পলাশ কিংবা মধুর সুগন্ধ যুক্ত মাটি, কোমল ভূমি বা মাটি বা নির্মল বায়ুপূর্ণ ভূমিতে যদি কোন পথিক তার ক্লান্তি দূর করার জন্য বিশ্রাম নেয় এবং তাতে তার ক্লান্তি দূর হয়, তাহলে সে জমি অতি উত্তম এবং সেই জমিতে যে বসবাস করবে সে পঙ্কিল ধরিত্রীতে থেকেও স্বর্গের সুখ উপভোগ করবে।

সুতৃপ্ত ভোজন যেমন শরীরের ভিতর প্রবেশ করে আত্মাকে সুখী এবং শরীরকে সুস্হ রাখে, তেমনি আনন্দদানকারী ভূমি মনের সঙ্গে-সঙ্গে শরীরকেও শীতল করে।

অতএব এ থেকে বোঝা গেল যে, সব রকমের জমি কিন্তু বাসানুপোযোগী হয় না। বাস্তুশাস্ত্রে সবার আগে জমির পরীক্ষা করার একটি প্রথা চলু আছে। এই জমি পরীক্ষার পরই ভূমিখণ্ডের চয়ন বা বাছাই হয়ে থাকে। আকার-প্রকারের অনুসারে কোন্ ভূমি গ্রাহ্য বা কোন্ ভূমি অগ্রাহ্য সে সম্বন্ধে জ্ঞান থাকা জরুরী।

উত্তম এবং গ্রহণযোগ্য ভূমি সম্বন্ধে নীচে আলোচনা করা হোল ঃ–

বর্গাকার বা চৌকো সমকোণ ভূখণ্ড

বর্গাকার বা চৌকো সমকোনযুক্ত ভূমিখণ্ডকে বাস্তুশাস্ত্রমতে সর্বশ্রেষ্ঠ বলে গণ্য করা হয়। এই জমিতে বাস করলে গৃহস্বামী মানসিক এবং আর্থিক দিক থেকে সুখ ও শান্তিতে থাকে।

আয়তাকার সমকোন ভূখণ্ড

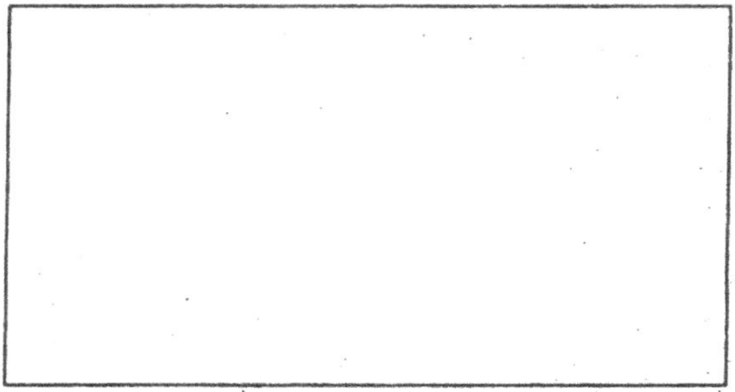

আয়তাকার সমকোণ যুক্ত ভূখণ্ডকে বাস্তুশাস্ত্রমতে উত্তম বলে মানা হয়। আয়তাকার ভূখণ্ডে একটা জিনিষ খেয়াল রাখা উচিত, যাতে জমির দীর্ঘতা প্রশস্ততার 1:2 থেকে খুব বেশী লম্বা না হয়। এই ধরনের জমিতে বসবাসকারী গৃহস্বামী সুখী এবং সম্পন্ন জীবন যাপন করে।

বৃত্তাকার ভূখণ্ড

বৃত্তাকার ভূমিখণ্ডগুলো সমকোন নয়। 360° ডিগ্রী কোনসম্পন্ন হয়ে থাকে। বাস্তুশাস্ত্রে এই ধরণের জমিগুলোকে শ্রেষ্ঠ এবং দুর্লভ বলে মানা হয়। এই ধরনের ভূমিতে শুধু গৃহস্বামীই নয়, তার সম্পূর্ণ পরিবারই সুখী থাকে।

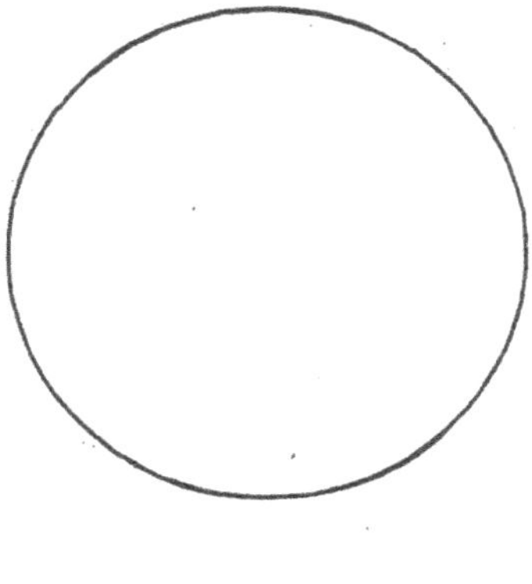

ভূমির বিভিন্ন প্রকারভেদ

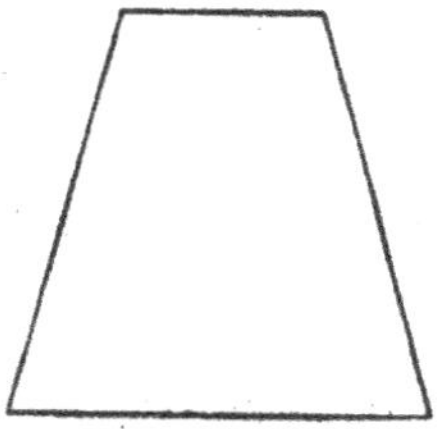

চতুষ্কোণ কূলো আকারের জমি

এই জমিকে ভালো বলা হয় না। এই জমিতে যারা থাকবেন, তারা সব সময়ই কোন-না-কোন ভ্রমের শিকার হবেন। যে কোন ভুল বোঝাবুঝি তাদের জীবনে চলতেই থাকবে।

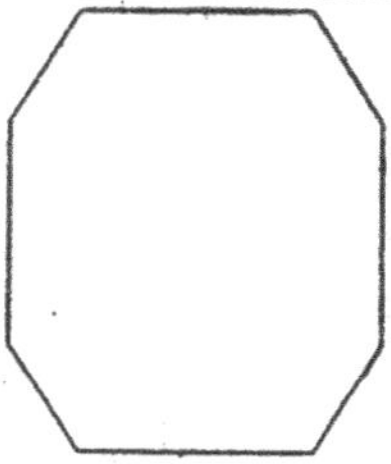

অষ্ঠকোনাত্মক লম্বা ভূখণ্ড

এই ভূখণ্ড কষ্ট এবং পীড়া প্রদান করে। তাই এই ধরণের ভূমি পরিত্যাজ্য। এই ভূমিতে বসবাসকারী ব্যক্তিকে নানা সমস্যা ও কষ্টের শিকার হতে হয়। প্রতি পদক্ষেপেই উকিল এবং ডাক্তারের শরণাপন্ন হতে হয়।

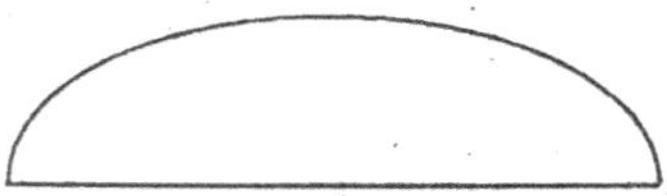

দুই কোনবিশিষ্ট ধনুকাকার ভূখণ্ড

বাস্তুশাস্ত্রে এ ধরনের ভূমিখণ্ডও বসবাসের অনুপযোগী। এই জমিকে শত্রুবৃদ্ধির জমি বলে মানা হয়।

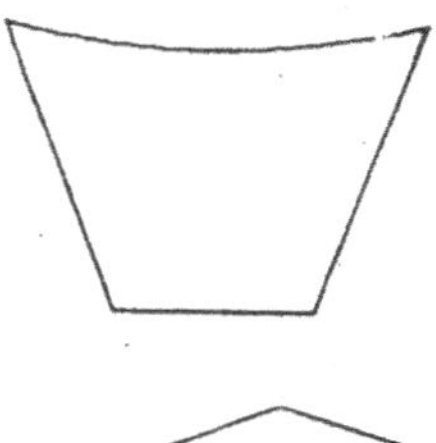

বালতি-সদৃশ ভূখণ্ড

এই ভূমিতে বাস করলে গৃহস্বামী দরিদ্র ও ঋনগ্রস্হত হয়।

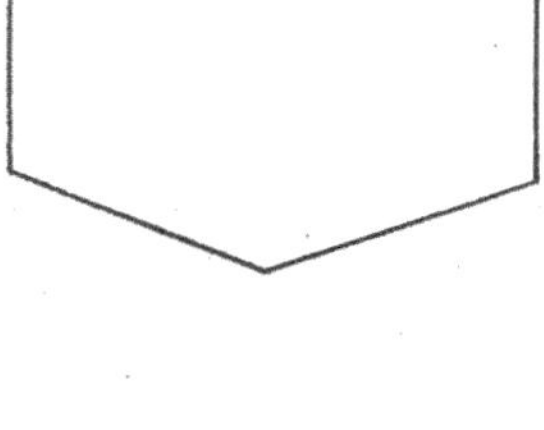

মৃদঙ্গাঁকার ভূখণ্ড

এই ধরণের ভূমিতে বসবাস করলে গৃহস্বামী পরস্ত্রীর প্রতি আকৃষ্ট হয় এবং গৃহের ধন সম্পদ নষ্ট করে ফেলে।

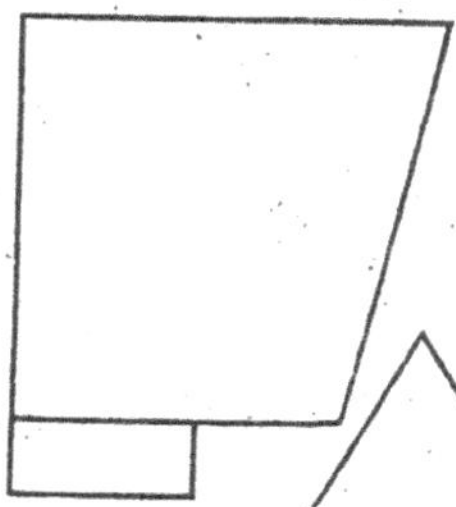

কাকমুখী ভূখণ্ড

এই জমিকে উত্তম বলে মানা হয়। এখানে বাস করলে গৃহস্বামীর ধনবৃদ্ধি হয়।

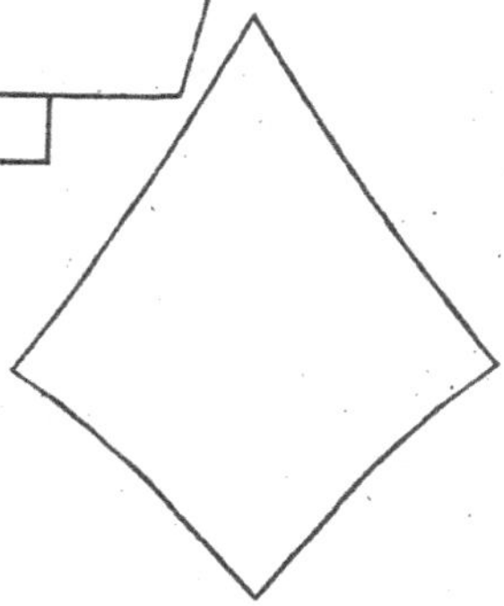

কোনাত্মক ভূখণ্ড

এই ভূমিখণ্ডকে মন্দ হিসাবেই ধরা হয়। এই জমিতে থাকলে স্বামী এবং স্ত্রীর মধ্যে অনবরত, অকারণে ঝগড়া দানা বাঁধতে থাকে।

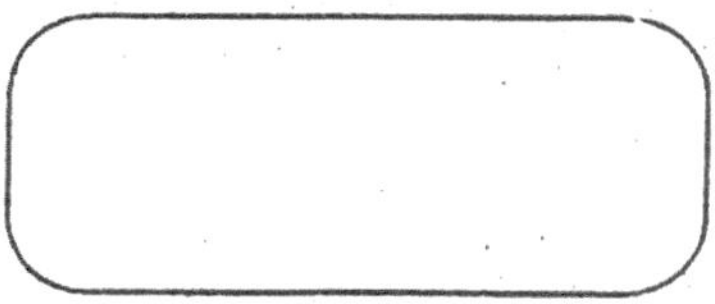

ক্যাপসূলাকার ভূখণ্ড

এই ধরণের জমিগুলি ভাল এবং মন্দের মিশ্রিত ফল দান করে। এখানে নিবাসকারী ব্যক্তি মানসিক অবসাদে ভুগতে থাকে আর সব ব্যাপারেই উদাসীন হয়ে পড়ে।

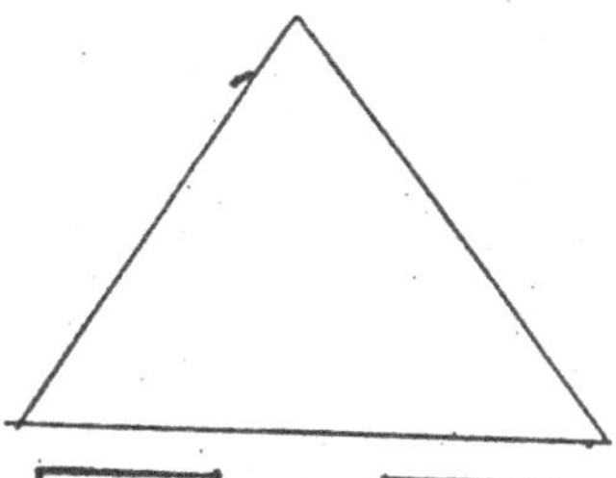

ত্রিকোণাকার ভূখণ্ড

এই ধরণের জমিকে অশুভ মানা হয়। এখানে বসবাস করলে নিবাস-কারীর পক্ষে ধনসম্পদ সঞ্চয় করা কোনমতেই সম্ভব নয়।

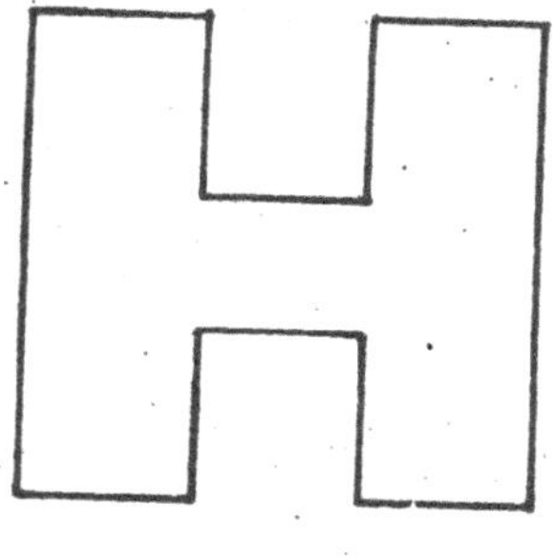

H-আকারের ভূখণ্ড

এই ধরণের ভূমিখণ্ড বসবাসের উপযোগী হয় না। যদিও আমি ব্যক্তিগতভাবে এ ধরণের ভূমি কখনও দেখিনি, তবু কিছু-কিছু বাস্তুশাস্ত্রকার এর উল্লেখ করেছেন।

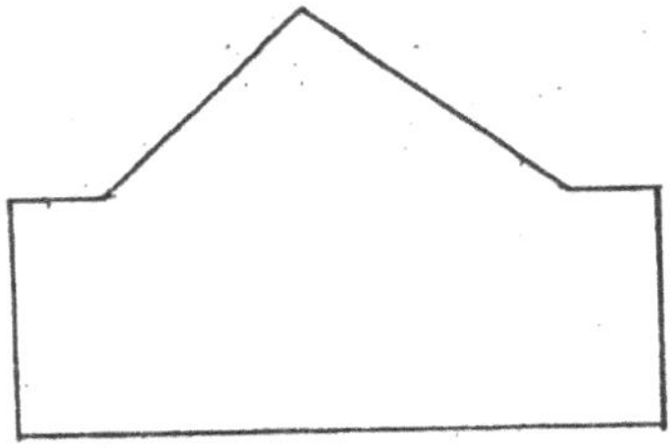

মন্দিরাকার ভূখণ্ড

এই জমিতে যারা বাস করবেন তারা আত্মভোলা প্রকৃতির লোক হবেন। এই জমির বহু গৃহস্বামীকে আমি বিরক্ত হয়ে গৃহত্যাগ করতে দেখেছি।

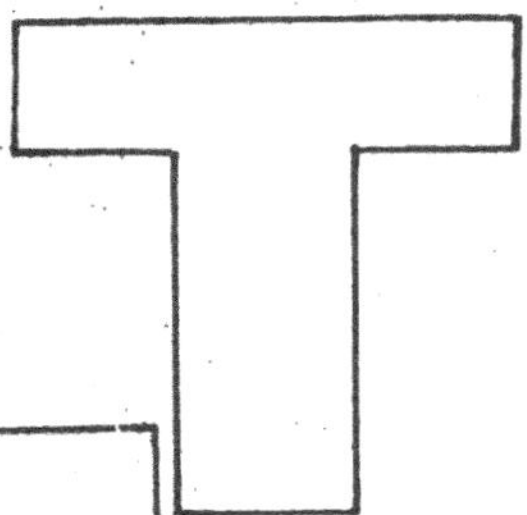

T-আকারের ভূখণ্ড

এই ধরণের জমিতে গৃহ নির্মাণকারী ব্যক্তিকে আমি চার বা পাঁচ বছরের মধ্যে বাড়ী বিক্রি করে দিতে দেখেছি। সুতরাং বলা যায়, এই রকম জমির ক্ষেত্রে পঞ্চম ক্রেতা অনেকটা ঠিকঠাক থাকে।

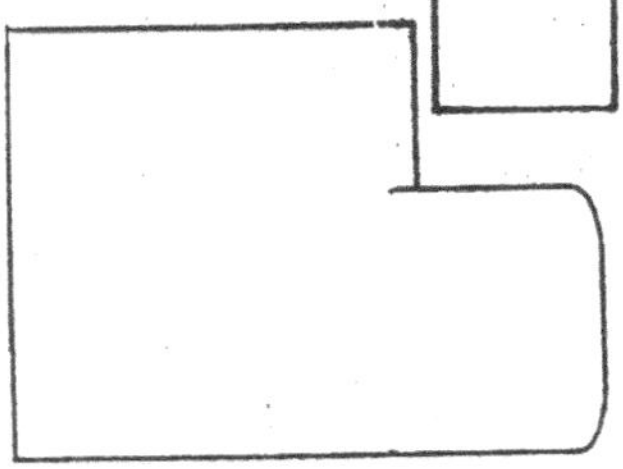

পাখাসদৃশ ভূখণ্ড (পেখমদার ভূমি)

এই জমি অত্যন্ত খারাপ জমি। এখানে শুধু অর্থনষ্ট হয়। এখানে যারা বসবাস করবেন, শেষপর্যন্ত তাদের ভিখিরী হতেও দেখেছি।

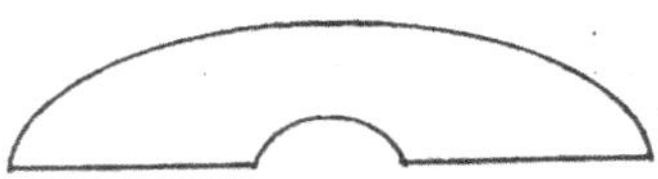

অর্দ্ধচন্দ্রাকার ভূখণ্ড

এই ধরণের ভূমির সন্ধান নিতান্তই দুর্লভ। এই ধরণের ভূমির বর্ণনা বাস্তুকরেরা করে গেছেন বটে, কিন্তু বাস্তবে এর সন্ধান আজও আমি পাইনি।

উপরোক্ত চিত্রগুলিতে সে সব জমির বিবরণ দেখানো হল, তা আসলে আধুনিক কালে খুব কমই পাওয়া যাবে।

যে লোকেরা জমি কিনে প্লট বানিয়ে বিক্রি করে, তারা সমস্ত প্লট চৌকো-চৌকো করেই বিক্রি করে। কারণ খদ্দেরা চৌকো জমিই বেশী পছন্দ করে। তাছাড়া চৌকো করলে প্লটগুলো তাড়াতাড়ি বিক্রিও হয়ে যায়।

সুতরাং ভূমিখণ্ডকে প্লট বিভাজিত করার সময় এদিকে লক্ষ্য রাখা উচিত, যাতে কোন জমির আকার উপরিবর্ণিত আকারের মত অদ্ভূত না হয়ে যায়। এই ধরনের প্লট বিক্রি হতে চায় না আর এর কোন সংস্কারও করা চলে না। বিশেষ সংযোগবশতঃ এই ধরনের প্লট যদি কোথা থেকে বেরিয়েও পড়ে, তাতে ভবন নির্মাণ না করে খালি ছেড়ে দেওয়াই ভাল।

বিভিন্ন রাস্তার উপর স্থাপিত জমি বা ভূখণ্ড

রাস্তা এবং দিকের কারণে বিভিন্ন ধরণের দিকমুখী জমি পাওয়া যায়। রাস্তা এবং দিকের পরিবর্তণের কারণে ভবনের গৃহস্বামী আলাদা-আলাদা ফল পেয়ে থাকেন। তাছাড়া যে কোন জমির বৈশিষ্ট্য তার দিক এবং সন্নিহিত রাস্তার উপর নির্ভর করে। জমিতে প্রবেশ করার রাস্তা যে দিকে অবস্থিত বা ভূখণ্ডের সদর দরজা যে দিকে থাকে, সেই জমিকে সেই বিশেষ দিশামুখী বলা হয়।

একই রাস্তার উপর বিভিন্ন ভূখণ্ড

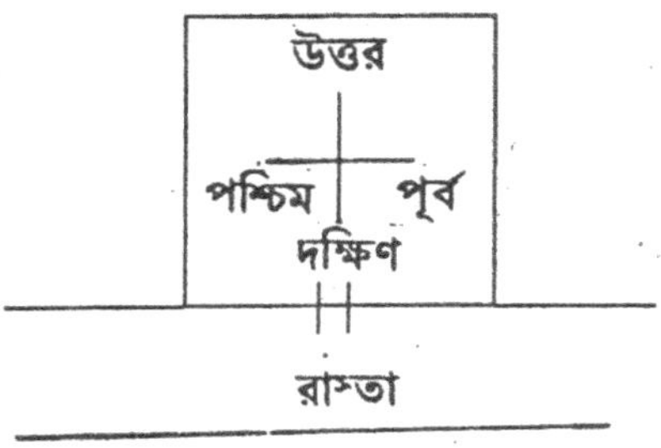

এক দিকের রাস্তার উপর অবস্থিত দক্ষিণমুখী ভূমি ঃ–
এই জমিটি সাধারণ মানের। দক্ষিণ দিককে যমের দুয়ার বলা হয়। সুতরাং এ জমি যথাসম্ভব না কেনা উচিত।

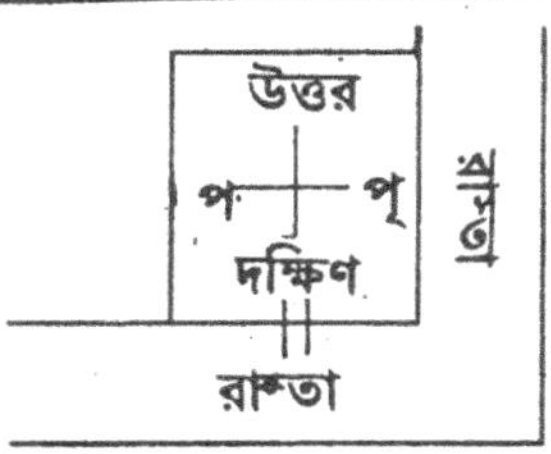

দুদিকে রাস্তাওয়ালা দক্ষিণমুখী ভূমি ঃ–
এই জমি উত্তম। এতে বসবাসকারী লোককে আমি বেশীর ভাগ ডাক্তার হতে দেখেছি। এই জমি ব্যবসায়ীদের জন্যও শুভ। এখানে জমিতে প্রবেশের রাস্তা একটাই।

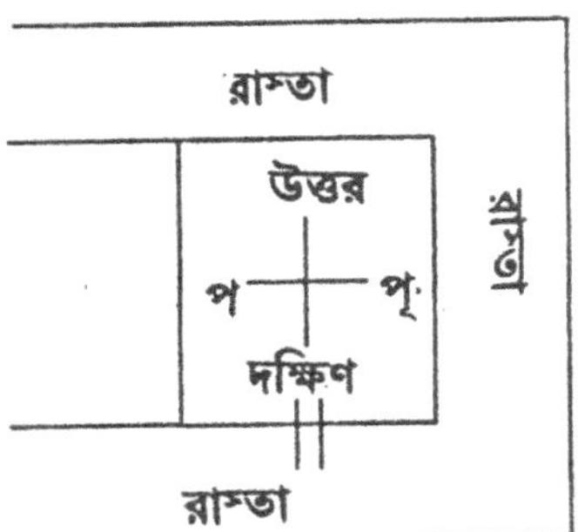

তিন দিকে রাস্তাওয়ালা দক্ষিণমুখী ভূমিঃ–
এই জমি লোহার ব্যবসায়ীদের পক্ষে অতি উত্তম। ব্যবসায়ীদের নতুন প্রজন্ম এখানে ফুলে ফেঁপে ওঠে।

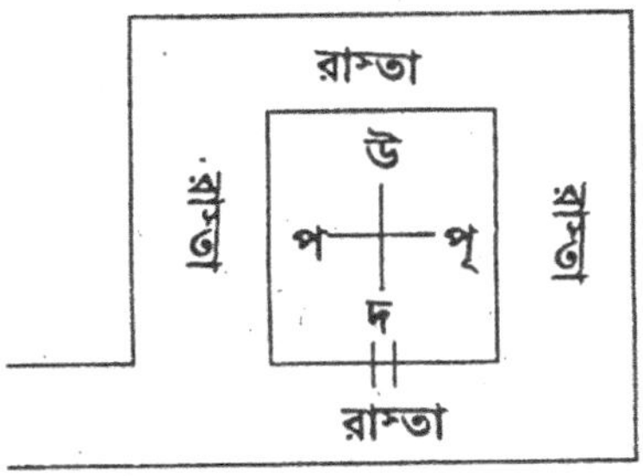

চার দিকে রাস্তাওয়ালা দক্ষিণমুখী ভূমি ঃ– এই ধরণের জমি পানের দোকানের জন্য সর্বশ্রেষ্ঠ। তাছাড়া টি.ভি. রেডিও প্রভৃতি ব্যবসায়ীদের জন্যও এটি লাভদায়ক। এখানেও জমিতে প্রবেশের রাস্তা একটিই।

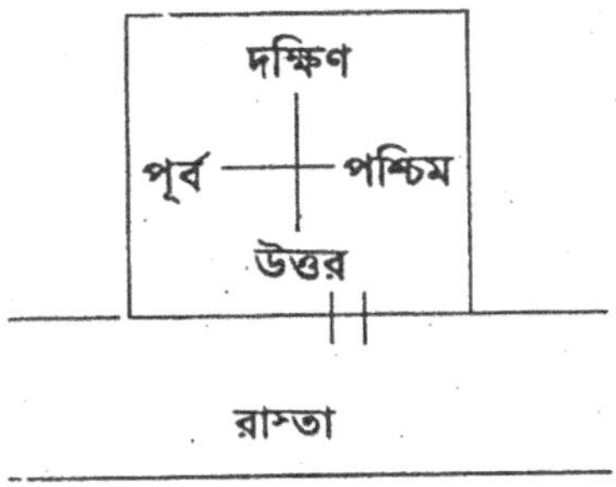

এক দিকে রাস্তাওয়ালা উত্তরমুখী ভূমি ঃ– এই জমি পারিবারিক লোকের জন্য সাধারণ হিসাবে বলা হয়। মধ্যম শ্রেণীর পরিবার এখানে সুখী থাকতে পারে। কিন্তু ধনীরা এখানে সুখী থাকবে না, কারণ তাদের চাহিদা অনেক বেশী।

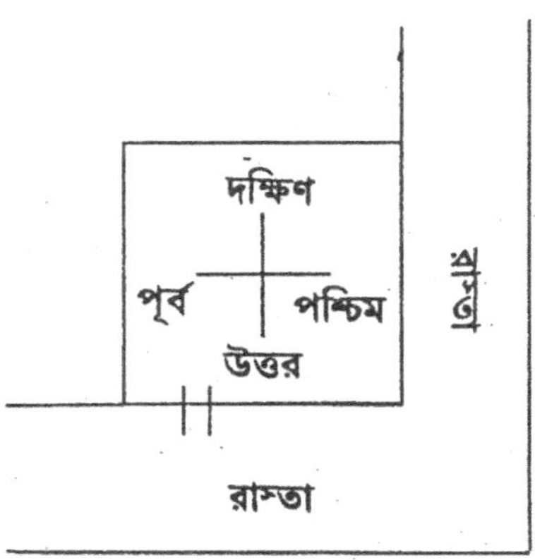

দু দিকে রাস্তাওয়ালা উত্তরমুখী জমি ঃ– এই জমি গৃহস্থ লোকের জন্য উত্তম। এখানে যারা বসবাস করবে তারা মোটামুটি শান্তিপূর্ণ জীবনই অতিবাহিত করবে বলে বাস্তুকারদের বিশ্বাস।

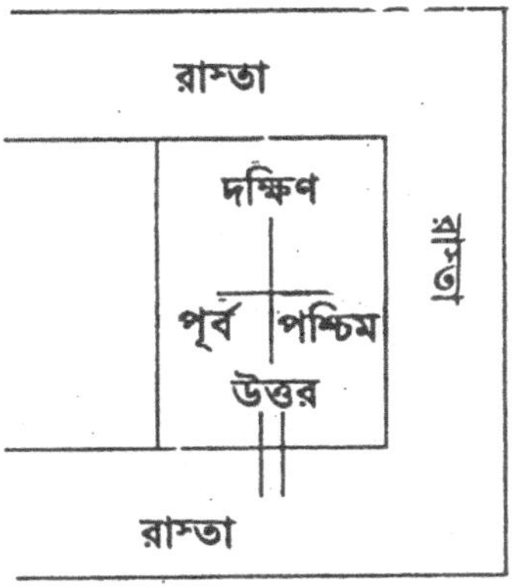

তিন দিকে রাস্তাওয়ালা উত্তরমুখী ভূমি ঃ-
এই জমিকে ব্যবসার দৃষ্টিতে উত্তম বলে মানা হয়। এখানে সিনেমা হল খুব ভাল চলবে। হোটেল এবং রেস্টুরেন্টের জন্য এই জমি রীতিমত স্বর্গ। এখানেও জমিতে প্রবেশের রাস্তা একটাই।

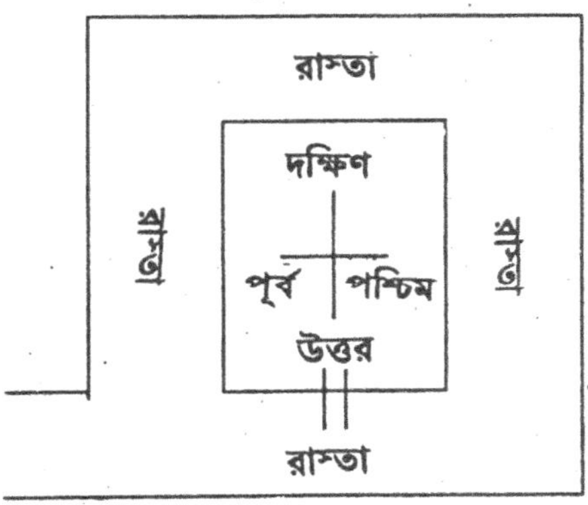

চার দিকে রাস্তাওয়ালা উত্তরমুখী ভূমি ঃ-
এই জমি উত্তম মানের গৃহস্থ এবং ব্যবসায়ীর জন্য সমানভাবে লাভদায়ক। এই জমিতে বসবাসকারী ব্যক্তির চতুর্দিক থেকে লাভ হবার যোগ। এখানেও রাস্তা একটাই থাকবে।

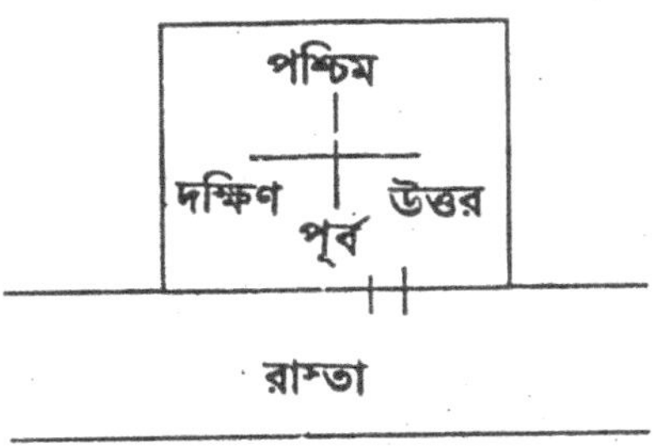

এক দিকে রাস্তাওয়ালা পূর্বমুখী ভূমি ঃ-
এই জমি শুভ ফলদায়ক ও উত্তম। এই ভূমিতে বসবাসকারী ব্যক্তি আজীবন নীরোগ আর সুস্থ থাকে। এখানেও রাস্তা একটাই।

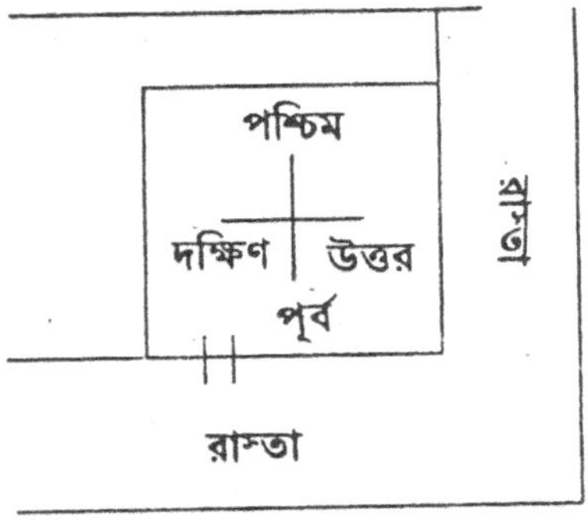

দু দিকে রাস্তাওয়ালা পূর্বমুখী ভূমি ঃ–
এই জমি পরিবার এবং ওষুধের দোকানের জন্য শ্রেষ্ঠ বলে মানা হয়। এখানেও রাস্তা একটাই থাকে।

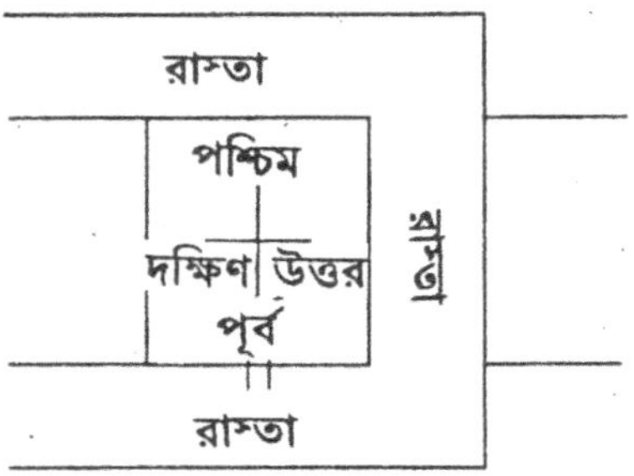

তিন দিকে রাস্তাওয়ালা পূর্বমুখী ভূমি ঃ–
এই জমি পরিবার, সিনেমা হল, হোটেল, রেস্টুরেন্ট, নার্সিংহোম এবং স্কুলের জন্য সর্বশ্রেষ্ঠ। এই ধরনের জমিতে স্বয়ং ইন্দ্রবাস করে বলে মানা হয়।

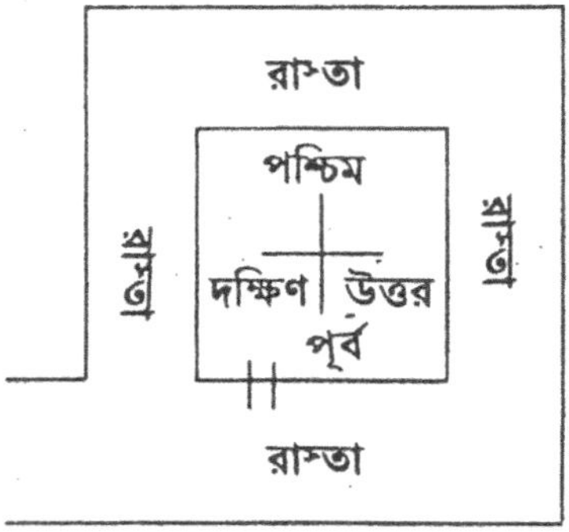

চার দিকে রাস্তাওয়ালা পূর্বমুখী জমি ঃ–
এই ধরণের জমি বড় ধরনের ব্যবসার জন্য সর্বোত্তম। জমির মধ্যে এই ধরণের জমি অদ্বিতীয়। এই ধরণের জমি আমি জীবনে একবারই দেখেছি। এ জমি বাস্তবিকই খুব দামী এবং সহজে পাওয়া যায় না।

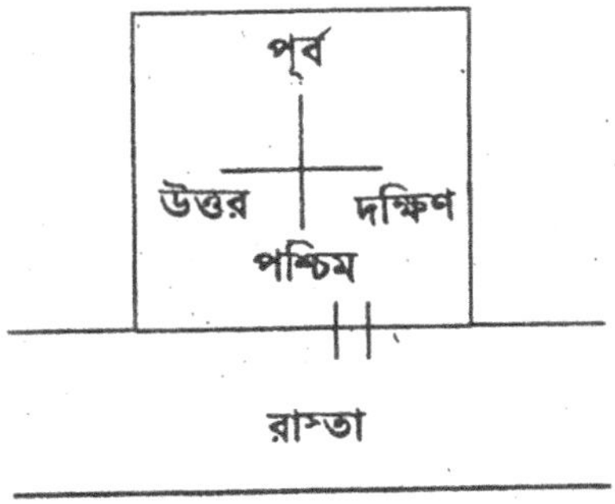

এক দিকে রাস্তাওয়ালা পশ্চিমমুখী ভূমি ঃ–
এই ধরণের জমি গৃহস্হদের জন্য উত্তম এবং এই জমি সহজলভ্য।

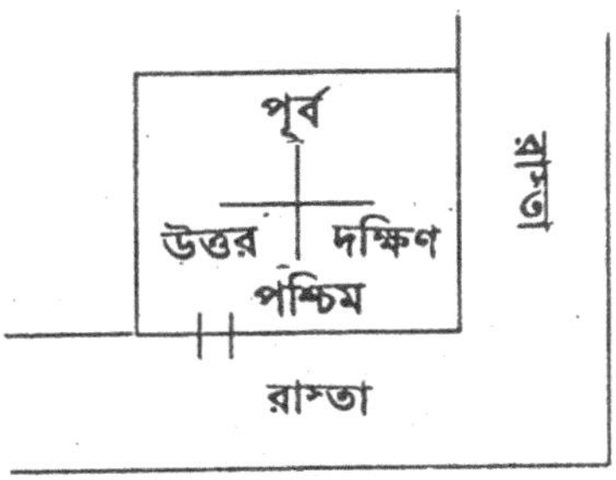

দু দিকে রাস্তাওয়ালা পশ্চিমমুখী ভূমি ঃ–
এই ধরণের জমি উত্তমশ্রেণীর। এই জমি ব্যবসায়ী এবং গৃহীদের জন্য সমানভাবে লাভদায়ক।

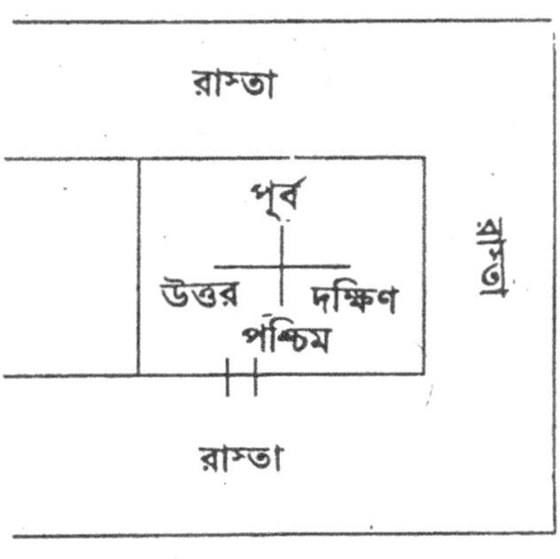

তিন দিকে রাস্তাওয়ালা পশ্চিমমুখী ভূমি ঃ–
এই জমি উত্তম। ব্যবসায়ীদের জন্য তো অত্যন্ত লাভদায়ক। এই জমিতেও রাস্তা একটাই ভেতরে যাবার।

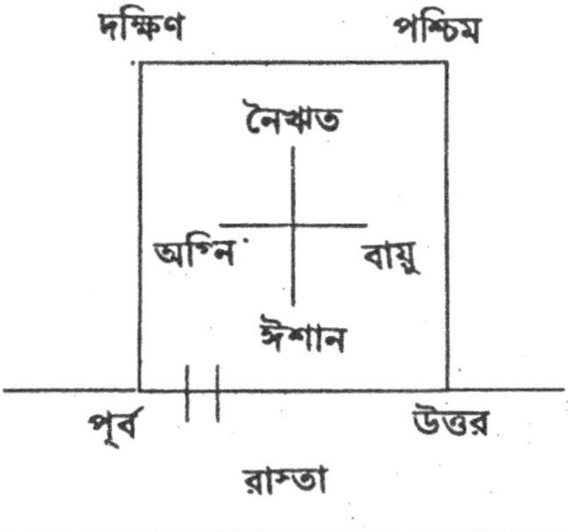

এক দিকে রাস্তাওয়ালা ঈশানমুখী ভূমি ঃ–
এ ধরণের জমি প্রবেশের দৃষ্টিতে ভালো নয়। ঈশান কোনকে উপাসনা গৃহ বলে মানা হয়। সুতরাং একমুখী রাস্তা ইশানমুখী জমির জন্য ভালো নয়। এখানে রাস্তা একটাই থাকে।

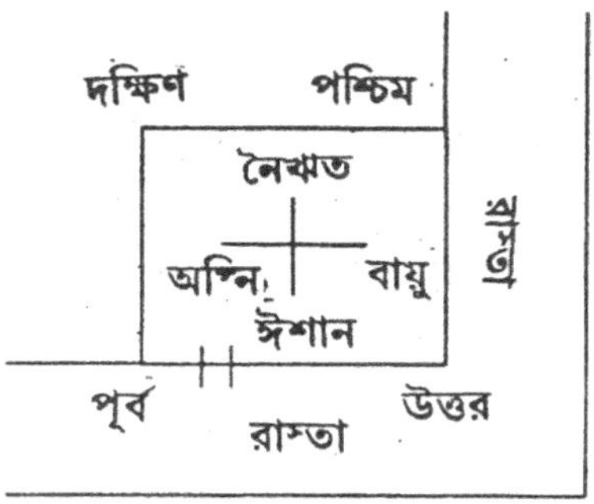

দু দিকে রাস্তাওয়ালা ঈশানমুখী ভূমি ঃ–
এই জমিগুলি খুবই সাধারণ মানের। পরিবারের জন্য এই জমি মাঝারি ফল প্রদান করে। এইখানেও জমিতে প্রবেশের রাস্তা একটাই থাকে।

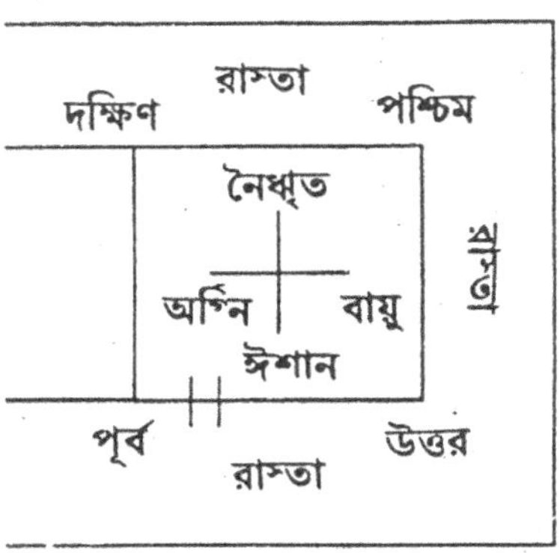

তিন দিকে রাস্তাওয়ালা ঈশানমুখী ভূমি ঃ–
এই জমি গৃহী, ব্যবসায়ী এবং ক্ষুদ্র শিল্পপতিদের জন্য উত্তম বলে মানা হয়।

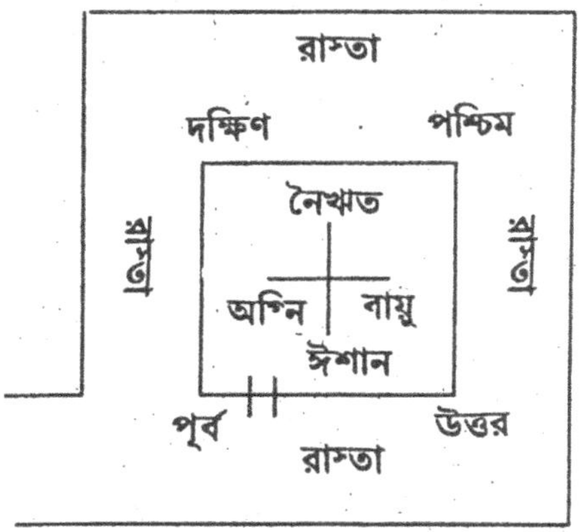

চার দিকে রাস্তাওয়ালা ঈশানমুখী ভূমি ঃ–
এই জমি ব্যবসায়ীদের জন্য শুভ ফল প্রদান করে। এখানেও প্রবেশের রাস্তা একটাই।

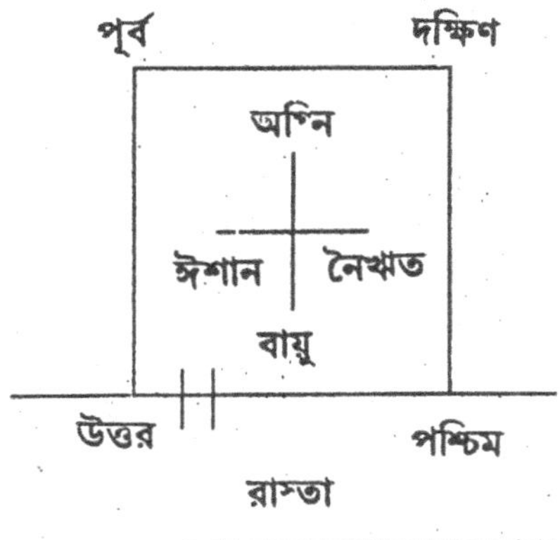

এক মুখী রাস্তাওয়ালা বায়ুমুখী ভূমি ঃ–
এ জমি কিন্ত ভালো বলে মানা হয় না। এখানে বসবাসকারী ব্যক্তি সদাচঞ্চল থাকবে। প্রবেশের রাস্তা এখানেও একটা।

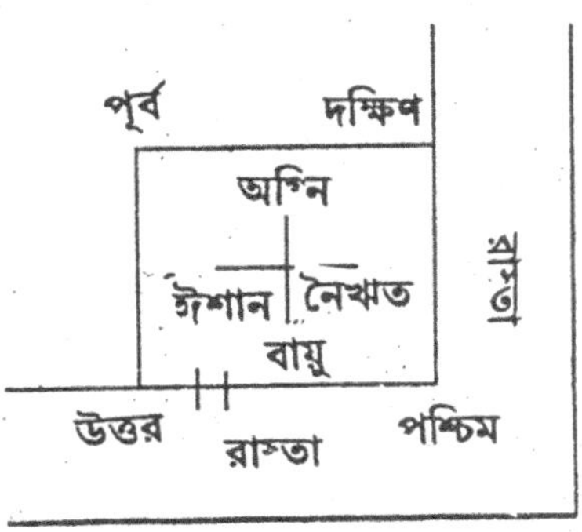

দু দিকে রাস্তাওয়ালা বায়ুমুখী ভূমি ঃ–
এ ধরণের জমি মোটামুটি ভালই। এখানে প্রবেশের দ্বার একটা।

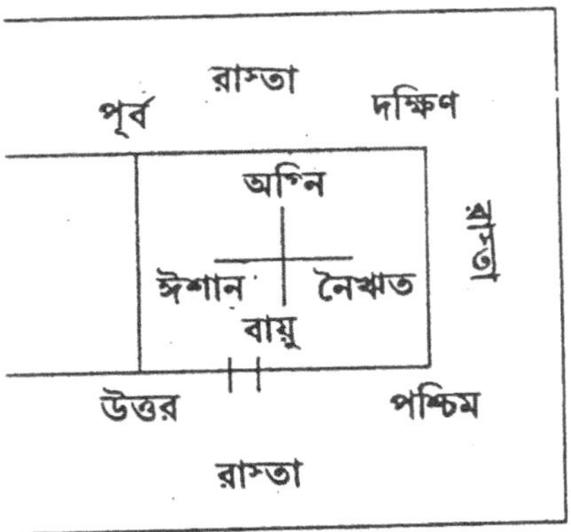

তিন দিকে রাস্তাওয়ালা বায়ুমুখী ভূমি ঃ–
এই ধরণের ভূমিকে মাঝারী বলে গণ্য করা হয়। এই স্থানে যারা বসবাস করে, তাদের যাত্রাসুখ লাভ হয়।

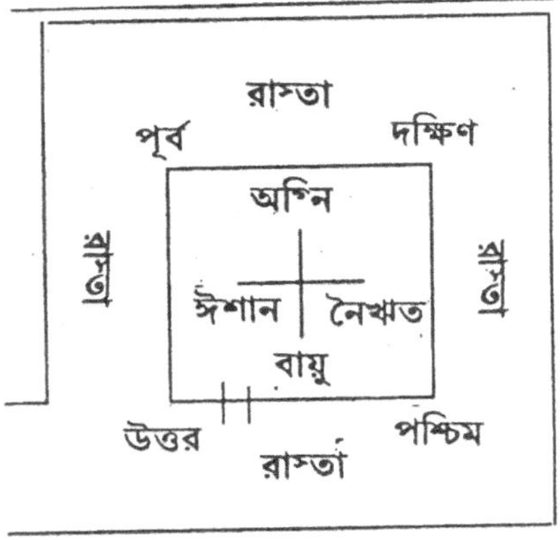

চার দিকে রাস্তাযুক্ত বায়ুমুখী ভূমি ঃ–
এই ধরণের জমিকে ভাল বলে ধরা হয় না। শুধুমাত্র রেসর্ট বা কটেজ তৈরীর জন্য উপযুক্ত জমি এটা। এখানে ভবন নির্মাণ যথোপযুক্ত হবে না। প্রবেশদ্বার শুধুমাত্র একটিই।

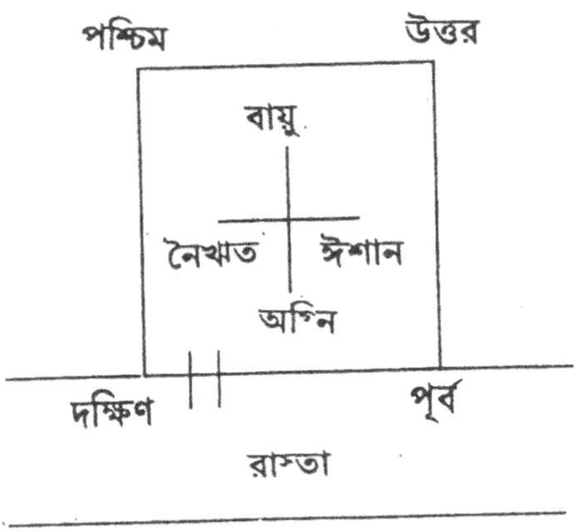

এক দিকে রাস্তাযুক্ত অগ্নিমুখী ভূমি ঃ–
এই ধরণের জমি লোহার ফ্যাক্টরী, ইঁটের ভাটা, চুনের কারখানা, রং-এর কারখানা, ওয়েলডিং-এর কারখানা, হোটেলের জন্য উপযুক্ত।

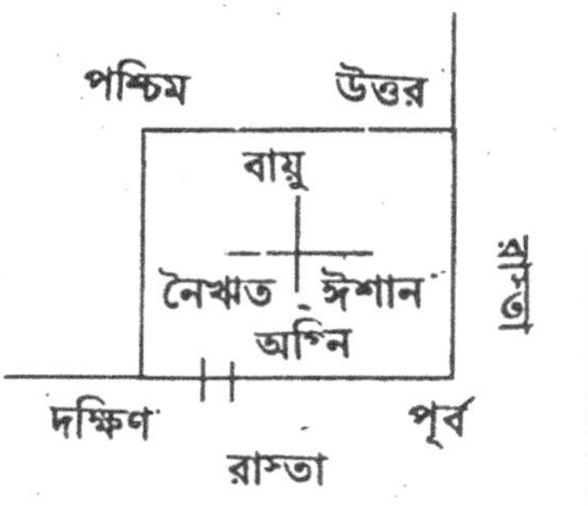

দু দিকে রাস্তাযুক্ত অগ্নিমুখী ভূমি ঃ–
এই জমিও গৃহনির্মাণের উপযুক্ত নয়। লোহার কারখানা বা লোহার ভারী মেশিন আছে, এমন কারখানার জন্যই এ ধরণের ভূখণ্ড উপযুক্ত।

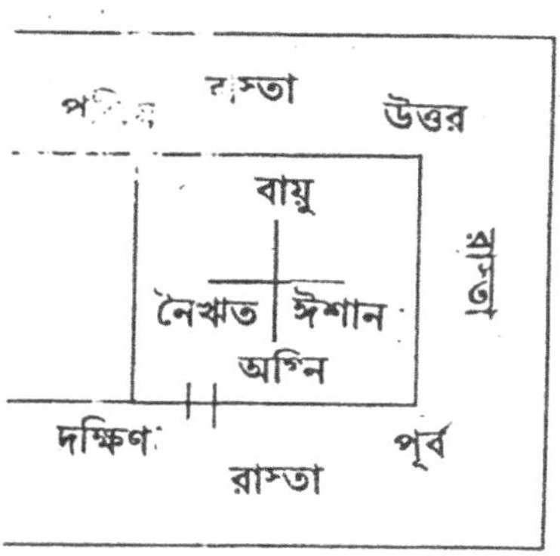

তিন দিকে রাস্তাযুক্ত অগ্নিমুখী ভূমি ঃ–
এই জমিও ব্যবসার পক্ষে ভাল। বিশেষ করে মদের দোকান হলে দোকানের মালিক প্রচুর ধনবান হবে। ব্যবসা তাকে স্বর্গের সুখ প্রদান করবে। মদের দোকান বা বার চালাবার জন্য এর থেকে ভাল জমি আর হয় না।

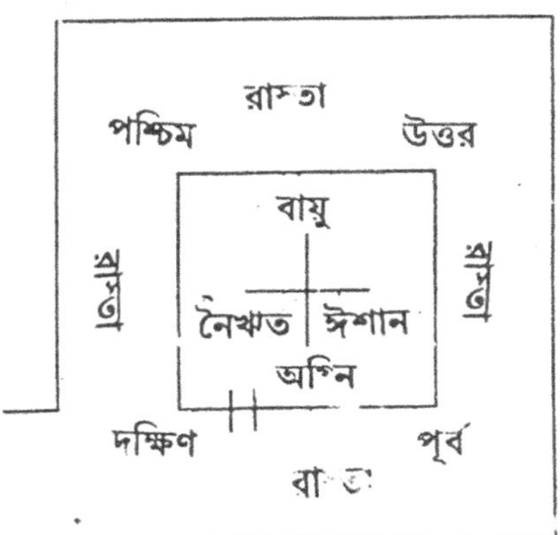

চার দিকে রাস্তাযুক্ত অগ্নিমুখী ভূমি ঃ–
এই জমি বিদ্যুৎ তৈরীর কারখানা, টি. ভি. তৈরীর কারখানা, টেলিফোন ভবন বা ফ্যাক্টরীর জন্য সর্বোত্তম। কোন গৃহী লোকের এখানে বাস করা উচিত নয়। প্রবেশপথ একটিই থাকে এই জমিতে। এই জমিতে গৃহস্থরা থাকলে অনবরত চুরি হবে আর চাকরও টিকবে না।

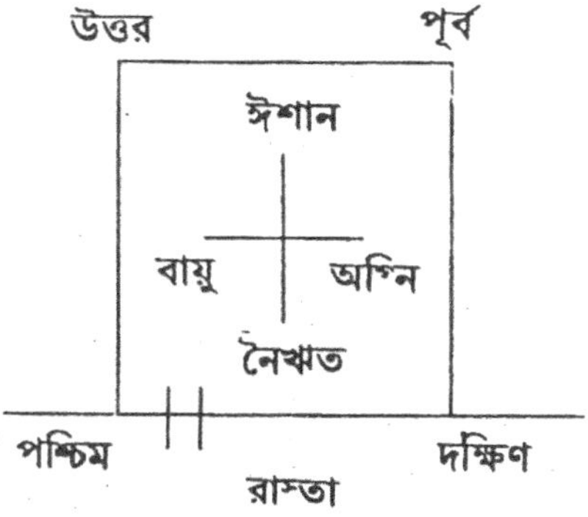

এক দিকে রাস্তাযুক্ত নৈঋৃতমুখী ভূমি :–
এ ধরণের জমিকে ভাল বলা হয় না। এখানে বসবাসকারী ব্যক্তিদের সব সময় এক অদ্ভূত দুর্গন্ধের অনুভূতি লেগে থাকবে। মনে হবে যেন কাছে কোন পচা-গলা জানোয়ারের দেহ আছে তার তা থেকেই দুর্গন্ধ ছড়াচ্ছে বাতাসে। এই জমি দুঃখদায়ক।

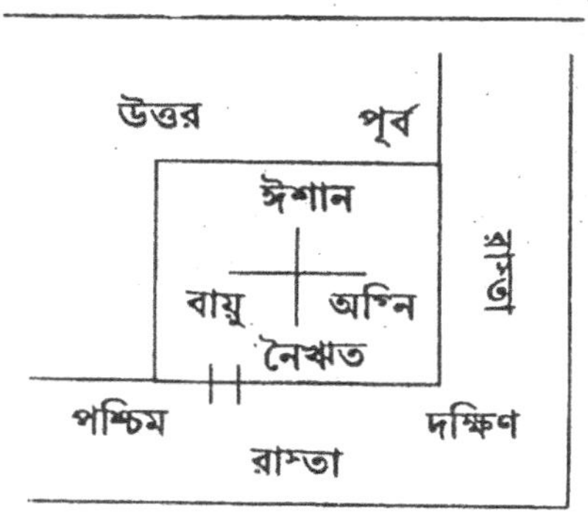

দু দিকে রাস্তাযুক্ত নৈঋৃতমুখী ভূমি :–
এই জমি নেহাত মাঝারী। এ জমি ব্যবসাদারদের জন্য ঠিক কিন্তু গৃহস্থদের জন্য ঠিক নয়। এখানেও প্রবেশ পথ একটিমাত্র।

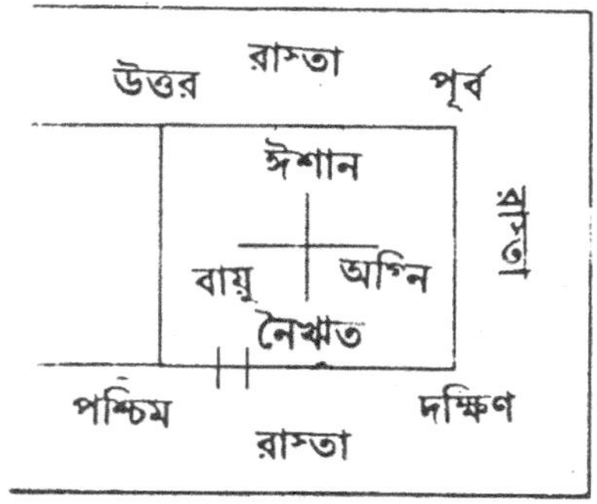

তিন দিকে রাস্তাযুক্ত নৈঋৃতমুখী ভূমি :–
এই জমি ব্যবসার উপযোগী জমি। ডাক্তারের অপারেশন থেকে জিনিযপত্র বিক্রী পর্যন্ত সবই খুব ভাল হবে। যদি এই জমির উপর নার্সিং হোম নির্মাণ হয় তো জমির মালিক যথেষ্ট লাভবান হবেন। নার্সিং হোমের জন্য এর থেকে ভাল জমি আর হতেই পারে না। প্রবেশ পথ একটাই থাকে।

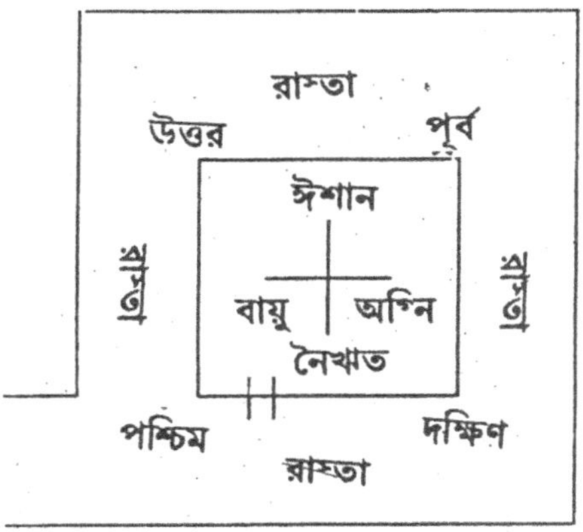

চার দিকে রাস্তাযুক্ত নৈঋতমুখী ভূমি ঃ– এই জমি বসবাসকারী ব্যক্তিদের প্রথম জেনারেশনের জন্য শ্রেষ্ঠ জমি এবং দ্বিতীয় জেনারেশনের জন্য ভাল নয়। দ্বিতীয় বংশজের পক্ষে এখানে বাস করা মোটেই সম্ভব নয়। যদিও বা থাকে মামলা মোকদ্দমায় ওরা জেরবার হয়ে যাবে। এমনি দ্বিতীয় বংশের জাতকরা এই জমিতে বাস করলে পাগল পর্যন্ত হয়ে যেতে পারে। এই ভূমিখণ্ড শুধুমাত্র প্রথম জেনারেশনের জন্য উত্তম, দ্বিতীয় জেনারেশনের জন্য অতি নিকৃষ্ট। প্রবেশপথ এখানেও একটিই।

এতক্ষণ আমরা উপরোক্ত যে সব ভূমিখণ্ডের কথা আলোচনা করলাম, সে সবই একই রাস্তার উপর অবস্থিত ভূমিখণ্ড। এদের মধ্যে কিছু জমির তো অস্তিত্বই নেই। যদি বা দু-একটা মেলে তা নিতান্তই নগণ্য। কিন্তু অধ্যয়ণ করতে গেলে এদের বর্ণনা জরুরী। এগুলি একই রাস্তা ভূমিকে বেষ্টন করে এক, দুই, তিন অথবা চার দিকে ঘুরে এসেছে। এই রকম বিভিন্ন দিকে নানা রাস্তার সন্ধিস্থলে নানা প্রকারের ভূমিখণ্ড হয়। যেমন ঃ–

ভূমি খণ্ডের দুইদিকে দুই রাস্তা (সরকারী রাস্তা)

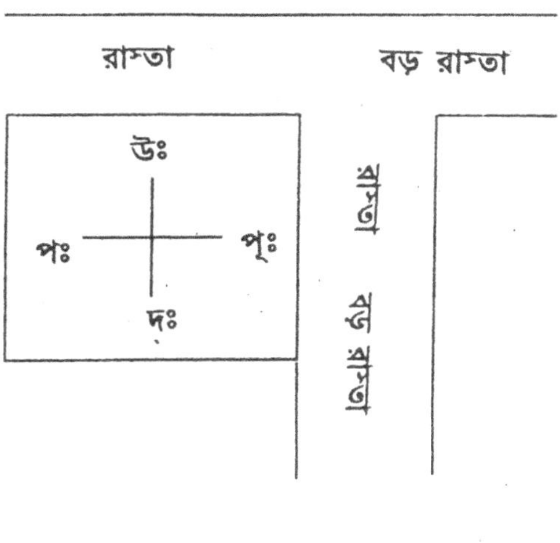

ধনদানকারী ও শ্রেষ্ঠ ভূমি .

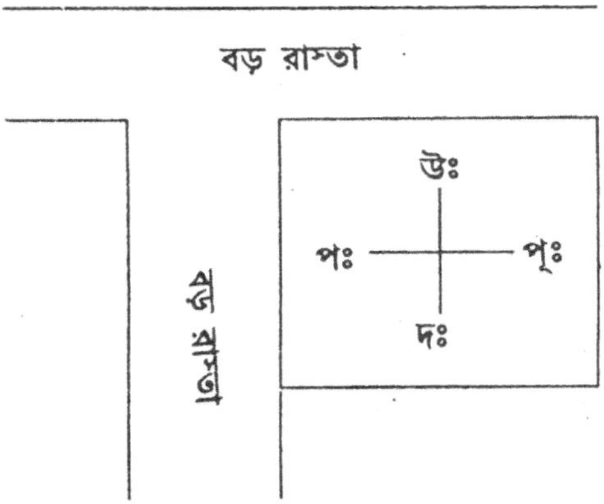

উত্তম সন্তানদায়ক এবং সন্তান বৃদ্ধিকারক ভূখণ্ড

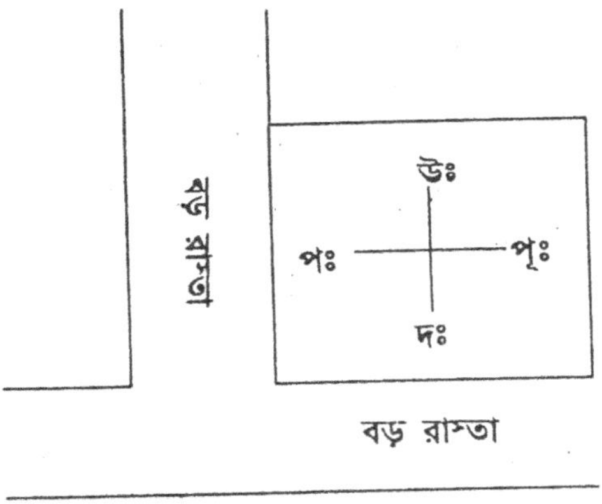

শান্তিদায়ক এবং মাঝারী ধরণের ভূমি।

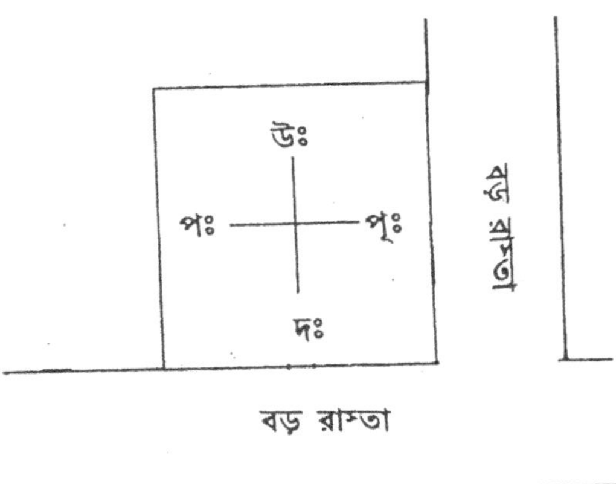

এই ভূমিখণ্ড নিকৃষ্ট এবং ত্যাজ্য।

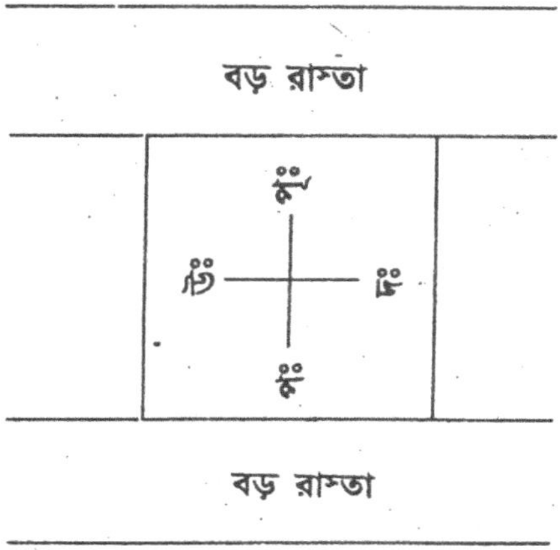

এই ভূমিখণ্ড উত্তম।

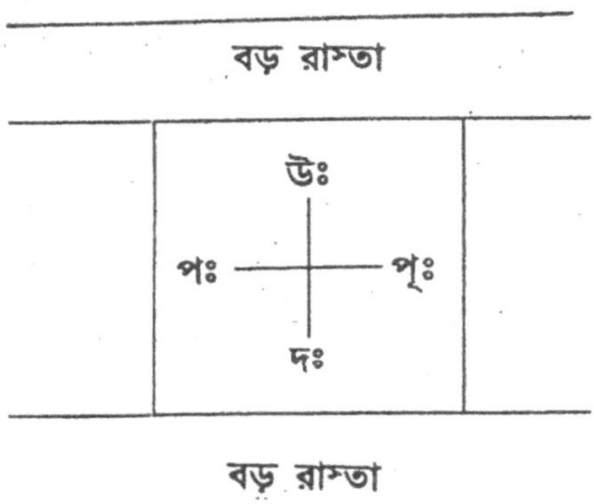

উত্তম ভূখণ্ড। মধ্যবিত্ত পরিবারের জন্য উপযুক্ত।

ভূমিখণ্ডের তিন দিকে তিন ভিন্ন ভিন্ন সরকারী রাস্তা

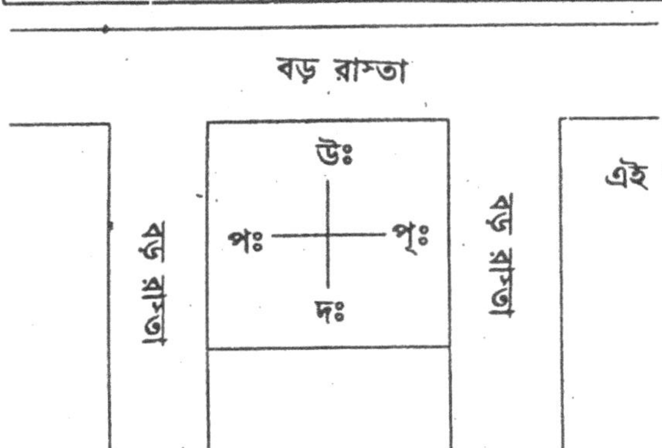

এই ভূমিখণ্ড অনিষ্টকারক।

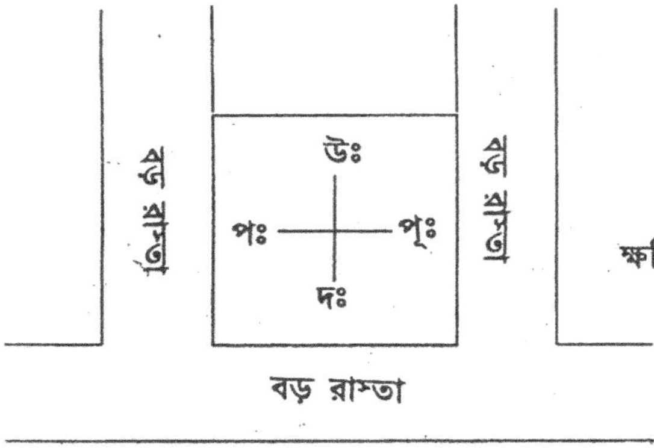

ক্ষতিকারক ভূমিখণ্ড।

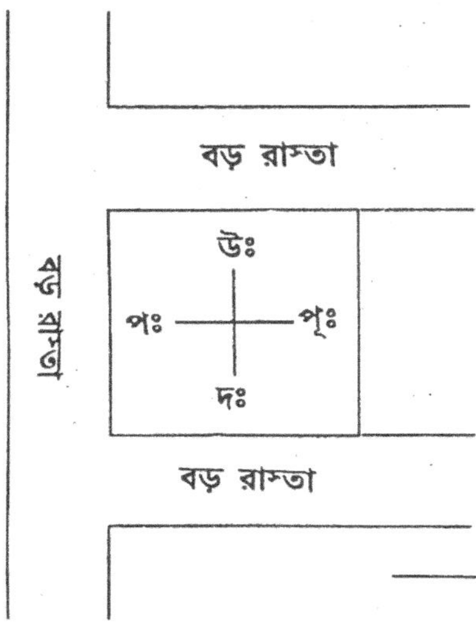

এই ভূমিখণ্ড গৃহস্বামীর অনর্থই ডেকে আনে। তাই এই জমি ত্যাগ করাই উচিত।

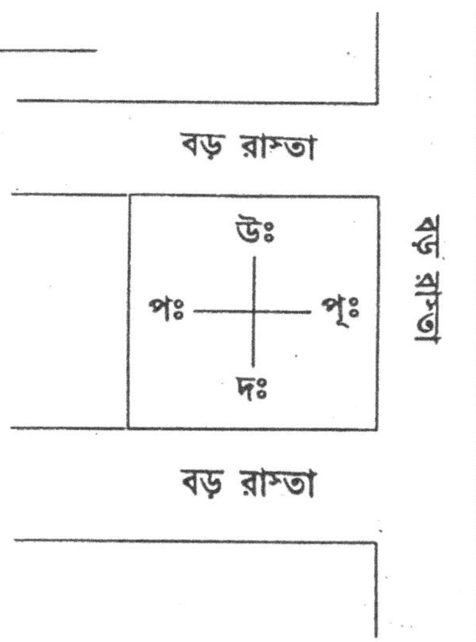

ভূমিখণ্ডের চারদিকে চারটি সরকারী রাস্তা

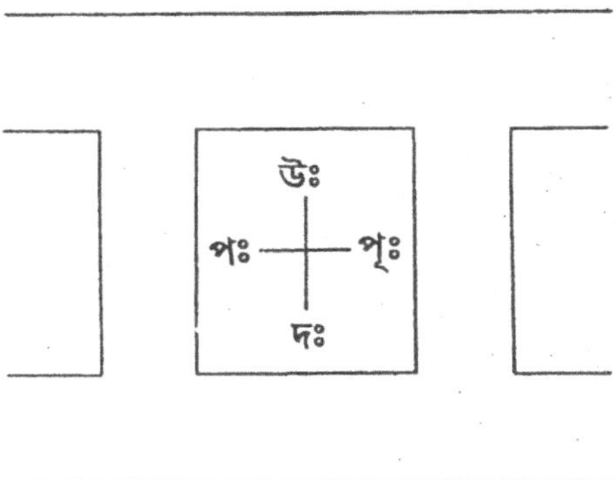

চারটি রাস্তা বিশিষ্ট ভূমিখণ্ডের মধ্যে এই ভূমিখণ্ডকে সর্বশ্রেষ্ঠ বলে ধরা হয়। এই ভূখণ্ডের গৃহস্বামী কখনও গরীব থাকতে পারে না।

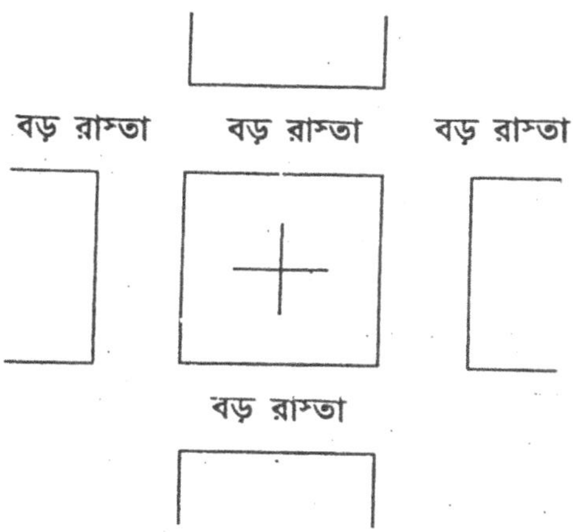

চারটি সরকারী রাস্তার সংযোগস্থল যাকে চলতি কথায় 'মোড়' বলে, এরকম চার মোড়বিশিষ্ট ভূখণ্ড অত্যন্ত দুর্লভ। গৃহস্থের জন্য এ ধরনের জমি উপযোগী হয় না। ব্যবসায়িক প্রতিষ্ঠান, হোটেল ইত্যাদির জন্য এই জমি উৎকৃষ্ট। বিভিন্ন কোম্পানী বা ব্যবসায়িক প্রতিষ্ঠানের বহুতলবিশিষ্ট অফিস বিল্ডিং নির্মাণ-এর জন্য উপযুক্ত।

বিভেদযুক্ত ভূমিখণ্ড বা ছেদযুক্ত ভূখণ্ড

ভূমিদোষ নানা ধরণের হতে পারে, কিন্তু ভূমিখণ্ডে মার্গ বা রাস্ত- জনিত যে ত্রুটি থাকে, তাকেই বিদীর্ণ ভূমিখণ্ড বা বিভেদযুক্ত ভূমিখণ্ড বলা হয়। জমিতে, ত্রুটিপূর্ণ রাস্তা ও ত্রুটিপূর্ণ দিকের মিলনের ফলেই এই বিভেদযুক্ত ভূমি তৈরী হয়। এমনিতেও জমিতে মন্দির, বৃক্ষ, নোংরার স্তূপ, পোষ্ট, তার, নালা, পতাকা ইত্যাদির জন্য ভূমিতে বিভেদের সৃষ্টি হলে তা দোষপূর্ণ হয়। কিন্তু এ অধ্যায়ে আমরা শুধু ভূমিতে রাস্তাজনিত বিভেদের সম্বন্ধেই আলোচনা করব।

কোন জমিতে যদি পথযুক্ত বিভেদ সৃষ্টি হয়, তো সেটা ত্যাগ করাই যুক্তিযুক্ত। কারণ বিভেদপূর্ণ জমি সব সময়ই দোষপূর্ণ।

কোন-কোন বাস্তুশাস্ত্রকার অবশ্য জমি ঈশান কোনে বিভেদপূর্ণ হলে তাকে খারাপ বলে মানেন না। কিন্তু যত আমি দেখেছি রাস্তাজনিত বিভেদদোষ বা 'মার্গভেদ দোষ গৃহস্থদের জন্য রোগ এবং ব্যবসায়ীদের জন্য আর্থিক টানাটানির জন্ম দেয়।

নীচের ছবিতে সুস্পষ্ট ভাবে পথ-বিভেদ দোষ দেখানো হল।

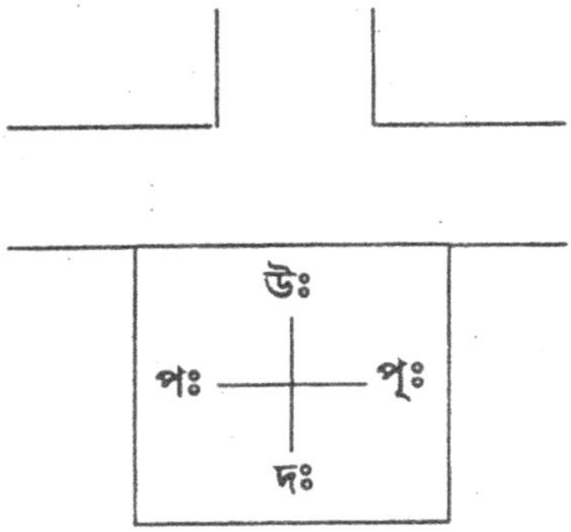

উত্তরমুখী জমি যদি ঈশান কোন থেকে বিভেদযুক্ত হয়, তো একে সাধারণ দোষ বলা হয়। এ ক্ষেত্রে নিজের জমির ঈশান ক্ষেত্র যদি খালি ছেড়ে দেওয়া হয়, তাহলে তা দোষমুক্ত হতে পারে। এবার এই দোষমুক্তি জমি অনায়াসেই আপনি ব্যবহার করতে পারেন।

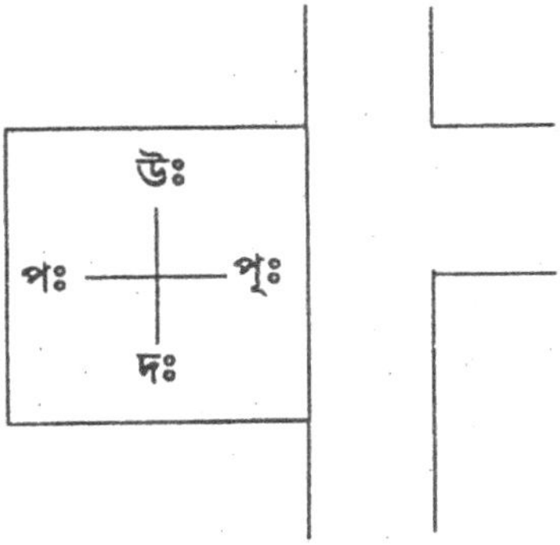

পূর্বমুখী জমির উপর যদি ঈশান ক্ষেত্র থেকে বিভেদ দোষ থাকে, তাহলে একেও সাধারণ দোষ বলেই মানা হয়। এখানেও আপনি সামনের কিছু জমি এবং উত্তর ঈশানের দিকে কিছু জমি ছেড়ে বাকী জমিতে গৃহ নির্মাণ করাতে পারেন।

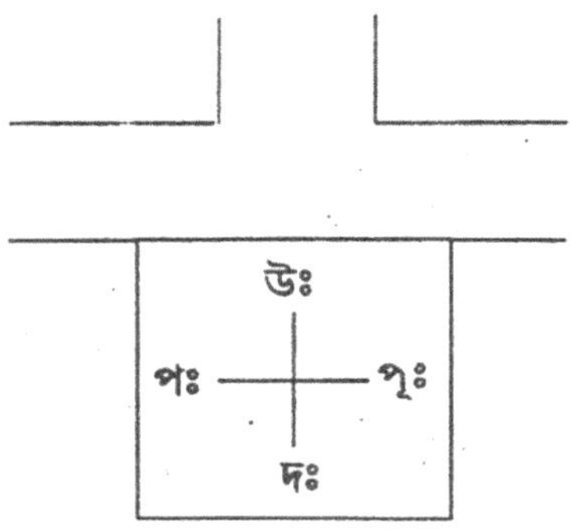

উত্তরমুখী জমির উপর ঠিক মাঝামাঝি যদি বিভেদ সৃষ্টিকারী রাস্তা থাকে, তাহলে এই জমি খুব বেশী দোষপূর্ণ। এই জমি বর্জন করাই যুক্তিযুক্ত। স্বয়ং কলহদেবীর অধিষ্ঠান এটা। যে কোন দিন এখানে স্বামী-স্ত্রীর মধ্যে বিরোধ বেধে যেতে পারে।

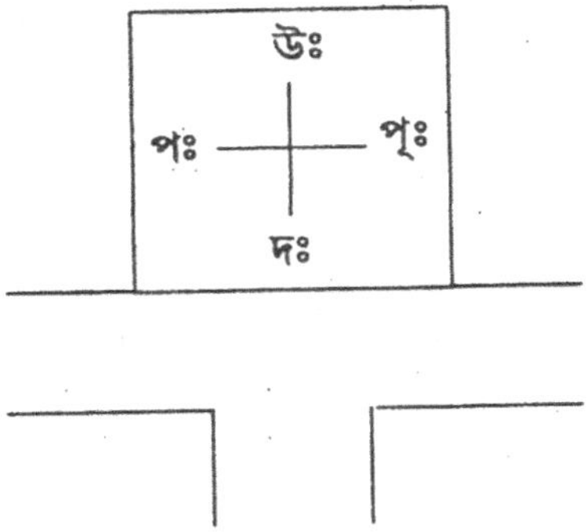

দক্ষিণমুখী জমির উপর যদি ঠিক মাঝামাঝি বিভেদ থাকে তো এই জমিকেও ত্রুটিপূর্ণ বলে ধরা হয়। এটিও বর্জনীয়। এই জমিতে বাস করলে কলহমুক্ত থাকলেও আর্থিক টানাটানির শিকার গৃহস্বামীকে হতেই হবে।

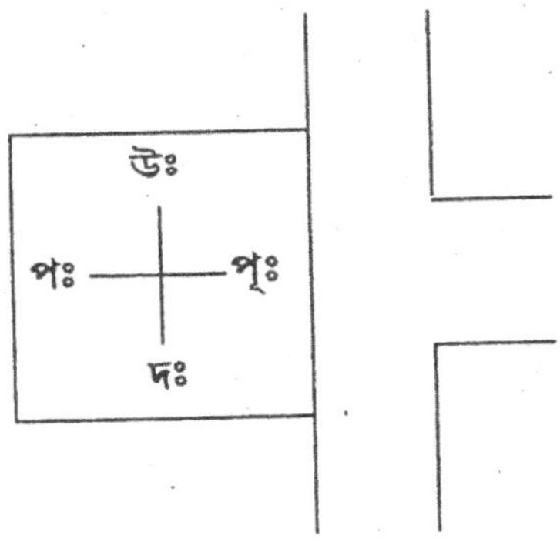

পূর্বমুখী জমির উপর যদি মাঝ বরাবর ছেদ থাকে তো এই জমি দোষপূর্ণ। একে ত্যাগ করাই উচিত। এখানে বসবাসকারী ব্যক্তিদের আমি রোগ-শোকে হামেশাই কাতর থাকতে দেখেছি। এই গৃহের লক্ষ্মী হিসেবে যে মেয়ে থাকে, সে বিয়ের আগেই পালিয়ে যায়। অভিভাবকরা তার বিবাহ দেব্যার সুযোগই পান না। এক কথায়, গৃহলক্ষ্মীর মতিভ্রম হতে দেখা যায়।

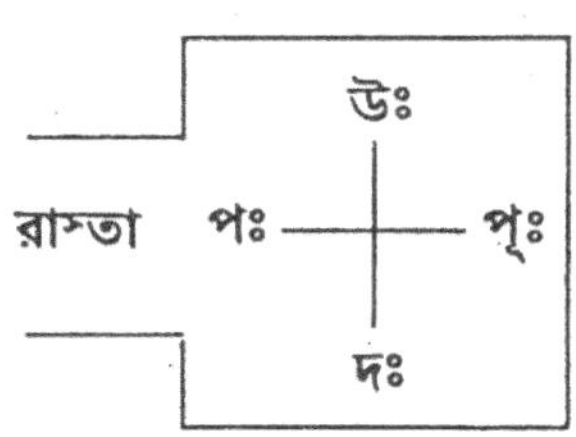

পশ্চিমমুখী ভূমির ঠিক মাঝ বরাবর যদি ছেদ থাকে, তো সে জমি অবশ্য বর্জনীয়। এই জমির বাসিন্দারা মানসিক অবসাদগ্রস্ত থাকবেন।

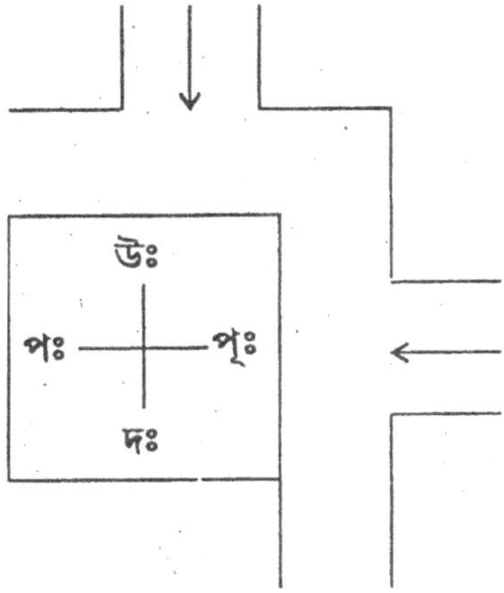

পূর্বমুখী জমিতে যদি পূর্ব এবং উত্তর দিকে ছেদ থাকে তো সেই জমিও বর্জনীয়। কারণ শাস্ত্রমতে এই জমিতে সাপ এবং নানা বিষাক্ত পোকার আনাগোনা হবে। সুতরাং এখানে থাকলে গৃহের সদস্যদের মৃত্যু সাপের কামড়ে বা বিষ খেয়ে হতে পারে। এই ধরণের জমিতে যদি লোহার কারখানা থাকে তো চুল্লী থেকে লোহা গায়েব হয়ে যেতেও আমি দেখেছি। অর্থাৎ এমত অবস্হায় ফার্নেস বন্ধ হয়ে যাবারই কথা।

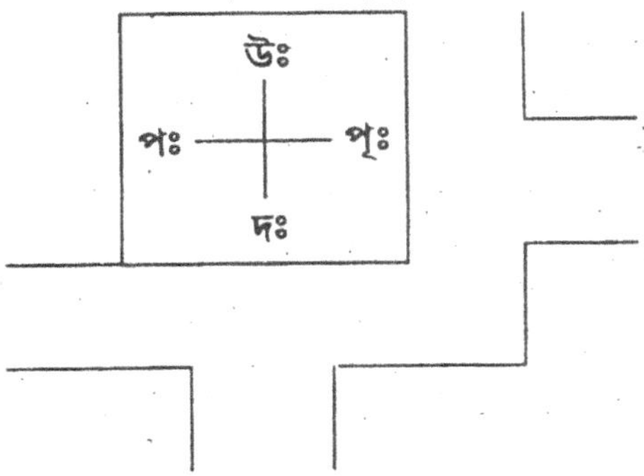

পূর্বমুখী জমিতে যদি পূর্ব এবং দক্ষিণ দিকে ছেদ থাকে তো সেই ভূখণ্ডও বর্জনীয়। এই ধরণের জমিতে মৃত্যু বাস করে বলে বাস্তুকারদের বিশ্বাস। এই জমি গৃহস্হকে দেউলিয়া করে দিতে পারে।

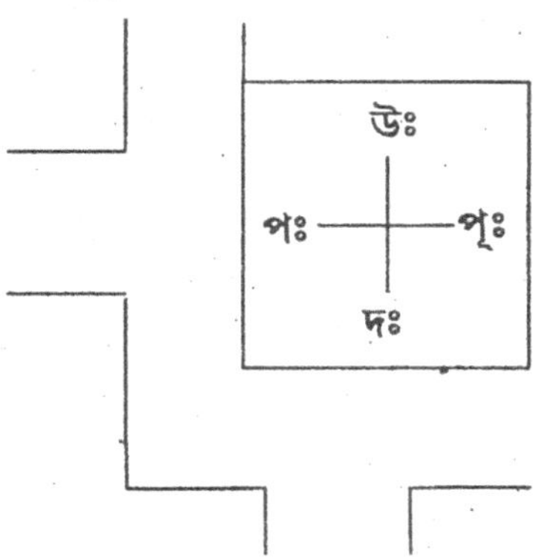

দক্ষিণমুখী জমিতে যদি দক্ষিণ এবং পশ্চিম দিকে ছেদ থাকে, তো এই জমিও ত্যাগ করা উচিত।

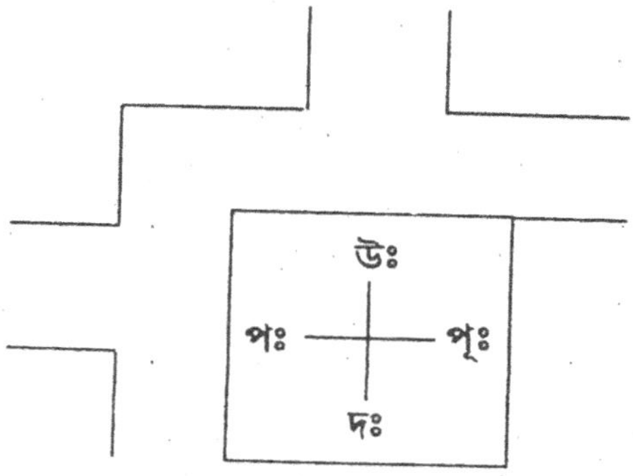

যদি উত্তরমুখী জমিতে উত্তর এবং পশ্চিম দিকে বিভেদ থাকে তো এই জমিও বর্জনীয়। এই জমিতে থাকলে অত্যন্ত খরচ এবং বদনামের মুখোমুখি হতে হয়। এই জমির বাসিন্দাদের সমস্ত যশ বদনামের অন্ধকারে তলিয়ে যাবে।

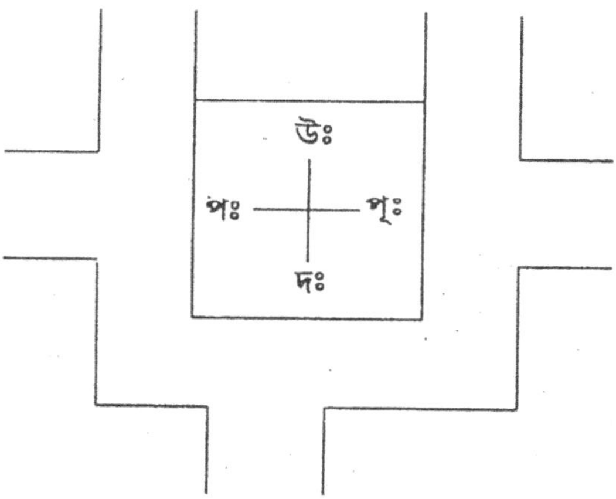

যদি পূর্বমুখী জমিতে পূর্ব, পশ্চিম এবং দক্ষিণ দিকে পথছেদ থাকে তো এই জমিও ত্রুটিপূর্ণ। কেবলমাত্র লোহার ব্যবসায়ীরাই এ জমি কাজে লাগাতে পারবেন।

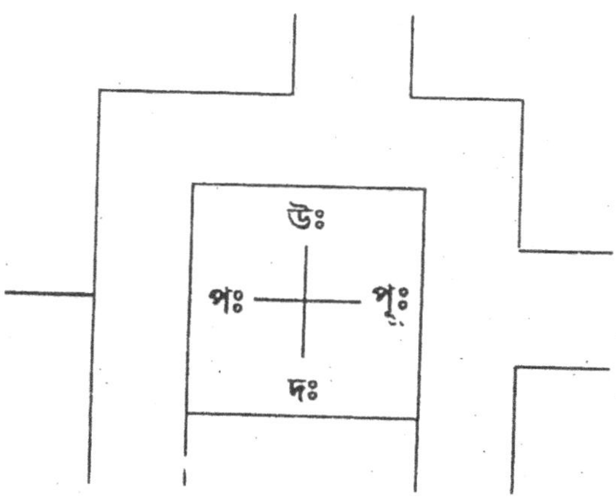

পশ্চিমমুখী ভূমিখণ্ডে যদি পশ্চিম, পূর্ব এবং উত্তর দিকে পথছেদ থাকে তো এই ভূমিও ত্রুটিপূর্ণ। কিন্তু এই জমিকে সিমেন্টের গুদাম হিসেবে ব্যবহার করা যেতে পারে। হলিডে হোমের জন্যও এই জমি উপযুক্ত।

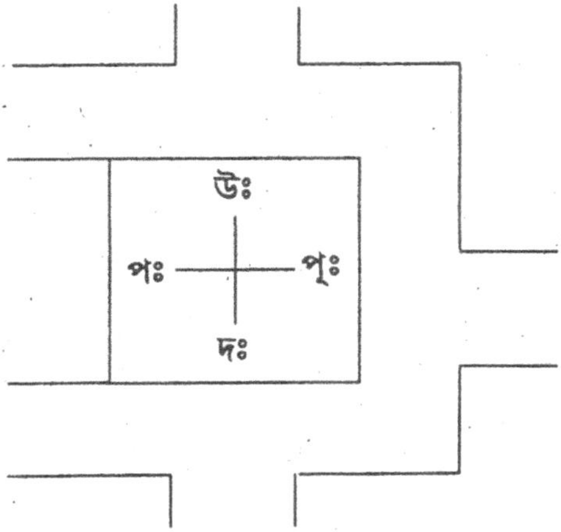

দক্ষিণমুখী ভূমিখণ্ডে যদি পূর্ব এবং উত্তর দিকে পথছেদ থাকে তো এই জমিও পরিত্যাজ্য। এই ধরনের জমিতে গৃহ নয়, ফর্নিচারের শো-রুম যথেষ্ট ফলপ্রসূ হতে আমি দেখেছি। এই রকমই একটা জমিতে আমি ভয়ানক আড়ম্বরপূর্ণ ফার্নিচার শো-রুম দেখেছিলাম, যার মালিক এই দোকান থেকেই বহু দোকান কিনে নিয়ে আজ কোটিটাকার মালিক হয়েছে।

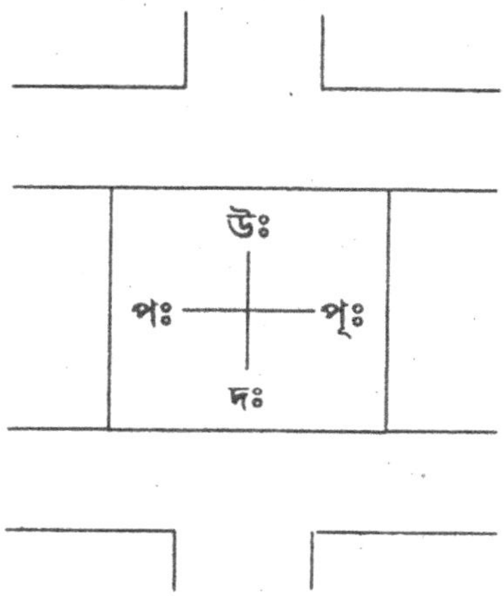

যদি কোন জমির দুই দিকে ঠিক মাঝখান বরাবর রাস্তাছেদ উত্তর এবং দক্ষিণ দিক ধরে হয়–তাহলে এ জমিও দোষপূর্ণ। এ জমির বাসিন্দারা নানা সমস্যার সম্মুখীন হন। তাই এ জমিও বর্জনীয়।

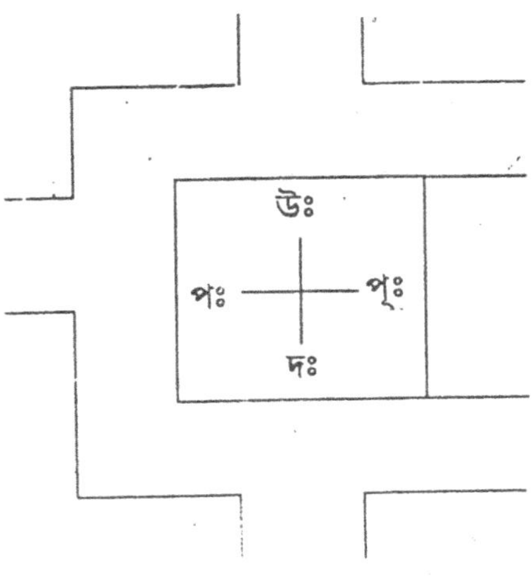

যদি পশ্চিমমুখী ভূমি উত্তর পশ্চিম এবং দক্ষিণ দিকে পথছেদ যুক্ত হয় তো সে জমিও বর্জনীয়। এই জমিতে বসবাসকারী ব্যক্তিরা নানান ভ্রমের শিকার হতে থাকেন।

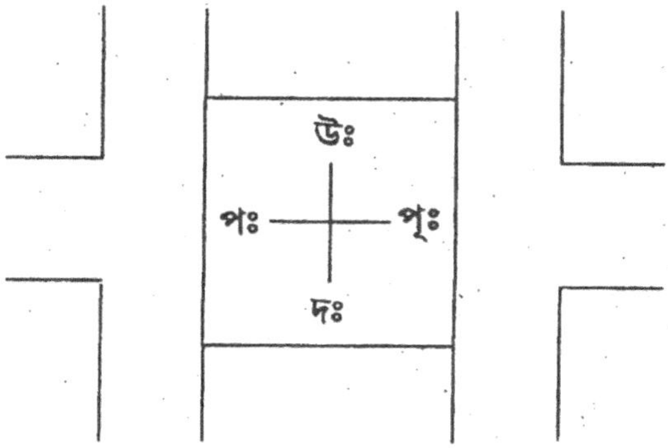

যদি কোন ভূখণ্ড পূর্ব পশ্চিম দিকে পথছেদযুক্ত হয় তো এই জমিও দোষপূর্ণ এবং ত্যাজ্য। এই জমিতে বসবাসকারী ব্যক্তির জীবনে পরিবারিক সুখ কখনই আসে না। বিবাহ বিচ্ছেদ না হবার পরও চাকরী বা অন্য কোনো কারণে স্বামী-স্ত্রী দূরে দূরে থাকবেন। ছেলেমেয়েরাও মা-বাবার থেকে যে কোন কারণে দূরে থাকবে।

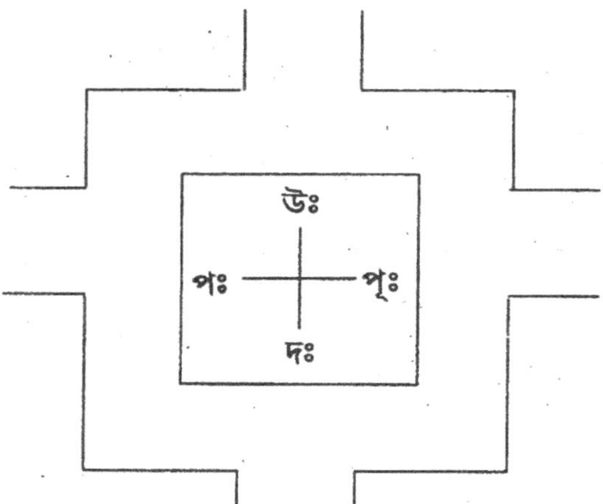

যদি কোন জমিতে চারদিক থেকে পথছেদ হয় তো এই জমি খুব বেশী দোষপূর্ণ। এ জমিতে বসবাস করলে সব সময়ই দুর্ঘটনার শিকার হতে হবে। গৃহস্বামীর বারবার অপারেশন হবে। শরীরের উপর অনেক সেলাই পড়বে। সুতরাং এ জমিও বর্জনীয়।

এতক্ষণ আমরা বিচ্ছেদ জমি ও দোষপূর্ণ জমি নিয়ে আলোচনা করলাম। উপরোক্ত সব জমিই ক্রুটিপূর্ণ এবং বর্জনীয়। অবশ্য যতগুলো দোষ-ক্রুটির কথা আলোচনা করে আমরা বিভেদযুক্ত জমির কথা বললাম, বাস্তবে তা কমই দেখা যায়। যে সব শিল্পপতি বা প্রোমোটার প্লট বা জমির ছোট-ছোট টুকরো করেন, তারা এই ধরণের জমিতে প্লট বানাবার ভুল কখনই করবেন না। এরকম করলে জমির বর্বাদী ছাড়া আর কোন কিছুই সম্ভব হবে না। এই ধরণের জমি বর্জনীয়। বাস্তু কি ? বাস্তুজ্ঞান নিয়ে সবিস্তারে আলোচনার জন্যই আমি সমস্ত দোষ বা ক্রুটির সম্পূর্ণ বিবরণ দিলাম।

বন্ধ বা কানা গলি শেষ জমি বা ভূমি খণ্ড

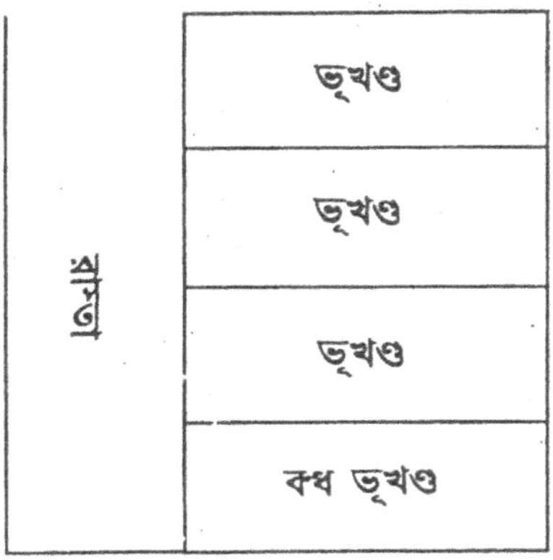

এই ধরণের ভূমিখণ্ড কিন্তু আমাদের কাছে খুব অপরিচিত নয়। প্রায়ই চোখে পড়ে। আজকাল ছোটো-ছোটো ভূমি খণ্ড নিয়ে যে সব কো-অপারেটিভ কলোনী তৈরী হচ্ছে, যেখানে এ ধরণের জমি নিশ্চয়ই চোখে পড়বে। কো-অপারেটিভ কলোনিতে অনেক প্লট থাকে, তাই প্লট বন্টনের সময় অনিবার্যভাবে এ ধরণের প্লট তৈরী হয়। রাস্তার শেষ প্লট বলে প্লটটি এক কোনে পড়ে। বাস্তুমতে, এ ধরণের প্লটকে ভালো মনে করা হয় না। এই প্লট বসবাস ও ব্যবসার জন্য ভালো নয়। অতএব রাস্তাশেষের প্লট না কেনাই যুক্তিযুক্ত।

মন্দির দ্বারা ছেদ–কোনো ভূমির আশে পাশে মন্দির বা দেবালয় থাকাটা শুভ লক্ষণ নয়। এই দোষকে মন্দিরছেদ বলা হয়। মন্দিরের দূরত্ব প্লটের দ্বিগুণ হওয়া উচিত। মন্দিরের ছায়া ভূমিখণ্ডের বা প্লটের উপর পড়লে গৃহস্বামী সংসারের প্রতি উদাসীন থাকবে এবং অবশেষে বিরক্ত হয়ে সংসার ত্যাগ করাও বিচিত্র নয়।

বৃক্ষ দ্বারা ছেদ–ভূমিখণ্ডের আশেপাশে বট, অশ্বত্থ বা কোন বড় গাছ থাকা উচিত নয়। বিশেষতঃ ভূমিখণ্ডের সদর দরজার কাছে এ ধরণের বড় গাছ থাকলে পরিবারের অকল্যাণ হয়। জমির থেকে এ ধরণের গাছের দূরত্ব এমন হওয়া উচিত, যাতে গাছের ছায়া জমির উপর না পড়ে। প্রাতঃকালীন সূর্যরশ্মি ভূমিখণ্ডের উপর পড়লে ভূমির বাসিন্দারা সুস্থ ও নীরোগ থাকে।

বৃক্ষচ্ছেদকে ভূমির গুরুত্বপূর্ণ ত্রুটি বলে মনে করা হয়। এই দোষ স্বাস্থ্যের জন্য ক্ষতিকারক। বাস্তুশাস্ত্রীরা ভূমির পশ্চিম দিশায় বৃক্ষ রোপণের কথা বলেছেন। পশ্চিমের গাছ গৃহে শীতলতা প্রদান করে।

জমিতে কূয়ো থাকলে লক্ষ্য রাখতে হবে যাতে কুয়োর উপর দিনের প্রথম এবং দ্বিতীয় প্রহরের ছায়া না পড়ে। প্রথম এবং দ্বিতীয় প্রহরের ছায়া কূয়োর জলকে অশুদ্ধ করে এবং জলপান করার সময় দুর্গন্ধ লাগে।

অন্যান্য ত্রুটি

ভবনের আশে-পাশে বিশেষ করে সদর দরজার বা মুখ্যদ্বারের সামনে নালা-নর্দমা, নোংরা ফেলার জায়গা থাকা উচিত নয়।

পূর্ব, উত্তর বা ঈশান কোনে বা তার আশে-পাশে কোনো সাইনবোর্ড, পাথর, স্তম্ভ, বিদ্যুতের পোস্ট বা কোন কাঁটাযুক্ত লতাগাছ না থাকা উচিত।

ভবনের দক্ষিণ বা পশ্চিম দিকে পুকুর, নদী-নালা অথবা জলের ট্যাঙ্ক, কুয়ো বা অন্য কোন ধরণের জলাশয় থাকলে ভবনটি দোষপূর্ণ হয়।

বৃহৎসংহিতাতে জলাশয়কে ঈশান অথবা উত্তর দিকে রাখবার নির্দেশ দেওয়া হয়েছে।

প্রাধ্যাদিস্থ সলিলে সুতহানিঃ শিখিময়ং রিপুময়শ্চ।
স্ত্রী কলহঃ স্ত্রীদৌষ্টয়ং নৈস্ত্যং বিত্তাত্মজবিবৃদ্ধিঃ।।

- বৃহৎসংহিতা

অর্থাৎ–

'ভবনের বিভিন্ন দিকে জলাশয় থাকলে যথাক্রমে নিম্নরূপ ফল লাভ করা যায়–

ক) পূর্বদিকের জলাশয় পুত্রহানি করায়।
খ) দক্ষিণ-পূর্বের জলাশয় অগ্নিভয় করায়।
গ) দক্ষিণের জলাশয় শত্রুভয় ঘটায়।
ঘ) দক্ষিণ-পশ্চিমের জলাশয় স্ত্রীকলহ ঘটায়।
ঙ) পশ্চিমের জলাশয় স্ত্রী ধৃষ্টতারজন্ম দেয়।
চ) উত্তর-পশ্চিমের জলাশয় ধন হানিকারক।
ছ) উত্তর-পূর্বের জলাশয় পুত্রবৃদ্ধি করে।
ঝ) উত্তরের জলাশয় ধনদায়ক হয়।

বাস্তু ভিটে বা বাস্তু জমি

বাস্তুশাস্ত্র অনুসারে বাস্তু বলতে জমির এক বিশেষ টুকরোকে বোঝায়, যার উপর মানুষ বসবাসের জন্য গৃহ নির্মান করতে পারে।

উপরের শব্দগুলি হল বস্তু শব্দটির সংক্ষিপ্ত পরিভাষা। এখন প্রশ্ন হচ্ছে গৃহ বা ভবন নির্মাণের জন্য কোন বিশেষ জমি বাস্তু জমি কি না জানার জন্য নিম্নলিখিত বিষয়গুলি বিশ্লেষণ করা উচিত।

প্রথমতঃ জমিটি বর্ষার জলে ডুবে যায় কিনা দেখতে হবে। বর্ষার জলে ডুবে গেলে ওই জমি বাস্তু জমি হিসাবে লাভপ্রদ হয় না। এ ধরণের জমিকে বাস্তু জমি বানাবার জন্য মাটি ঢেলে মাটির লেবেল বা তল উঁচু করতে হবে। অথবা কয়েক বছর জমিটি ফেলে রাখতে হবে, যাতে বর্ষার জল পড়ে জমির মাটি ভরাট হয়ে চেপে বসে যায়। খুব বেশী ভালো হয় যদি শীতের সময় এই জমিতে ভারী রোলার চালানো যায়।

যেসব নীচু জমিকে কৃত্রিমরূপে উঁচু করে বাস্তু জমি বানানো হয়, সেসব জমিতে সহজে জলের লেবেল পাওয়া যায়। অর্থাৎ এসব মাটিতে সহজে নলকূপ তৈরী করা যায়। তবে দেখা গেছে এই ধরণের তৈরী করা বাস্তু জমির জল অত্যন্ত ক্ষারমিশ্রিত ও নোংরা হয়। নলকূপ যতই গভীর করা হোক্ না কেন মিষ্টি জল পাওয়া যায় না। কলকাতার সল্ট লেক সিটি এর উৎকৃষ্ট উদাহরণ।

আধুনিক কারিগরিতে তৈরী কলকাতার সবচেয়ে সুন্দর ও ঐশ্বর্য্যশালী জায়গা হলো সল্ট লেক সিটি বা বিধান নগর। কিছু বছর আগে জায়গাটি নোনা জলের কিলে ভরা

ছিল, তাই-ই জায়গাটির নাম সল্ট লেক সিটি। কলকাতার নামী-দামী লোকেরা এবং বিত্তবান লোকেরা এখানে বাস করেন। কিন্তু প্রত্যেক বাসিন্দা জলের কষ্ট পেতে থাকেন। তাদের খাবার জল অর্থাৎ মিষ্টি জল বাইরে থেকে আনা হয়।

ঠিক এর বিপরীত অবস্থা মধ্যপ্রদেশের রায়পুর শহরে। রায়পুর শহর অত্যন্ত গরম এলাকায় পড়ে এবং এখনাকার এম.জি. রোড শহরের সবচেয়ে উঁচু জায়গায় অবস্থিত। এখানকার জল খেয়ে আমি দেখেছি। অত্যন্ত মিষ্টি এবং স্বাদযুক্ত এই জল। এই এলাকায় নলকূপ খোঁড়ার পর কঠিন পাথর বের হতে থাকে। পাথর বা শিলা থাকার জন্য এখানকার মাটি অত্যন্ত শক্ত। মাটিতে কোনো ফাঁপা ভাব নেই। কড়া এবং ঠোস মাটির জন্য এখানকার জল স্বাস্থ্যকর ও সুস্বাদু। কিন্তু এখানকার জলবায়ু অত্যন্ত শুষ্ক, রুক্ষ ও গরম। গরমের দিনে এখানে লু চলে। বাস্তুশাস্ত্র বলে পাযান মাটি ভেঙ্গো যে জল বের হয়, সে জল অত্যন্ত নির্মল ও পবিত্র হয়। তাই রায়পুরে লোকে বায়ু পরিবর্তন করতে এলে তাদের শরীর সুস্থ ও চাঙ্গা হয়।

অতএব, বাস্তুযোগ্য ভূমিখণ্ড চয়ন করার সময় সর্বপ্রথম জমির উচ্চতা দেখা উচিত।

দ্বিতীয়তঃ, হাওয়ার গতি কোন্ দিকে দেখতে হবে। অর্থাৎ ভূমিখণ্ডে হাওয়া সঠিক দিশায় বইছে কিনা দেখতে হবে। হাওয়ার গতি ও দিশা সঠিক না হলে ভূমিটি বায়ুদোষে দূষিত হয়। বায়ুদোষ আছে কিনা দেখার জন্য ভূমির উত্তর-পশ্চিম দিশার উপর নজর রাখতে হবে। ভূমির উত্তর-পশ্চিম দিকে কোন বিষাক্ত জিনিষের কারখানা বা কোন দুর্গন্ধযুক্ত নালী থাকা উচিত নয়। উত্তর-পশ্চিম দিকে কোন নোংরা দুষিত জিনিষ থাকলে তার দুর্গন্ধ ও গ্যাস সারা ভূমির পরিবেশ দূষিত করে তোলে।

দেখা গেছে যদি ভূমির উত্তর-পশ্চিম বা বায়ু দিশায় মদের কারখানা, ইঁটের ভাটি বা সিমেন্টের কারখানা বা সারের অথবা অন্য কোন রাসায়নিক পদার্থের কারখানা থাকে, তাহলে ওই ভূমির নিবাসীরা মদের দুর্গন্ধে, ভাঁটির ধোঁয়ায়, সিমেন্টের ধূলো ও রাসায়নিক পদার্থের গ্যাসে সারা বছর অসুস্থ থাকে। ইট ভাটার ধোঁয়ায় মানুষের শরীরে টি.বি.-র মত ভয়ানক রোগ হতে পর্যন্ত আমি দেখেছি।

এই কারণেই কোনো নতুন কলোনী বা শহর বানাবার পরিকল্পনা করার সময় যে বাস্তু জমি চয়ন করা হবে তার উত্তর-পশ্চিম বা বায়ুদিশার প্রতি বিশেষ নজর রাখা উচিত।

উত্তর-পশ্চিম দিক থেকে হাওয়া দক্ষিণ পূর্বের দিকে চলে। অতএব হাওয়ার গতিপথ দেখে শহর বা কলোনীর বাস্তু জমি চয়ন করা উচিত।

আমি এশিয়ার সবচেয়ে বড় কারখানা ভিলাই স্টীল প্ল্যান্ট বা ভিলাই ইস্পাত সংযন্ত্র দেখেছি। এই কারখানা ভিলাই শহরের ঠিক আগ্নেয় কোনে অবস্থিত অর্থাৎ কারখানার

উত্তর-পশ্চিম কোনে ভিলাই শহরটিকে নির্মাণ করা হয়েছে। সে জন্য এতবড় লোহার কারখানা থাকা সত্ত্বেও শহরটি প্রদূষণমুক্ত। কারণ হাওয়া উত্তর-পশ্চিম থেকে দক্ষিণ পূর্বের দিকে বয়। সেজন্য কারখানার বিষাক্ত হাওয়া শহরের দিকে যায় না। অতএব বাস্তু জমি চয়ন করার সময় ভূমির চার দিকের প্রতি বিশেষ নজর রাখা উচিত।

সুতরাং প্রাথমিক স্তরে আমরা দেখলাম যে, বাস্তু জমি চয়ন করার জন্য প্রথমেই দেখতে হবে ভূমিখণ্ডের মাটির লেবেল। দ্বিতীয়তঃ, হাওয়ার বেগ অনুসারে জমির দিশা দেখতে হবে। এবার আমরা তৃতীয় গুরুত্বপূর্ণ বিষয়ে আলোচনা করব। তৃতীয় বিষয়টি হলো ভূমিখণ্ডের দৃঢ়তা বা মজবুতির পরীক্ষা করা।

ভূমিখণ্ড কতটা মজবুত তার পরীক্ষা করার জন্য প্রথমে দেখতে হবে যে ভূমিটি চয়ন করা হচ্ছে সেটিতে ঘাস, ঝাড় বা কোনো বড় গাছ আছে কিনা ? বাস্তুযোগ্য জমি চয়ন করার সময় শুধু আশেপাশের দিকেই নয়, জমির মধ্যবর্ত্তী দিকেও নজর রাখতে হবে। যদি ভূমিটিতে কোন বড় গাছ যেমন আম, জাম, কাঁঠাল, নিম থাকে, তাহলে বুঝতে হয়ে ভূমিতে জলের লেবেল খুব কাছাকাছি আছে। নলকূপ খুঁড়লে জল সহজেই পাওয়া যাবে।

ভূমিটিতে বড় গাছ না থেকে যদি ছোট গাছ বা ঝাড় থাকে, তাহলে দু-তিনটে ছোট গাছ বা ঝাড় একসাথে ধরে টানুন। এই টান দিলে গাছগুলি যদি খুব তাড়াতাড়ি উঠে আসে, তাহলে ভাববেন জমিটি ভাল নয়। গাছগুলি তুলতে যদি একটু কষ্ট হয়, তাহলে ভাবতে হবে খুব সাধারণ স্তরের জমি আর অনেকক্ষণ প্রয়াস করার পরও যদি গাছগুলি টেনে বার করা না যায়, তাহলে ভাবতে হবে জমিটি সর্বোৎকৃষ্ট।

এ ছাড়া জমিতে তুলসী, মানিপ্ল্যান্ট বা যে কোন লতা গাছ লাগিয়ে দেখতে পারেন। মানিপ্ল্যান্ট বা লতা গাছ অত্যন্ত সংবেদনশীল হয়। মানিপ্ল্যান্ট যে জমিতে সুন্দর হয়ে বেড়ে ওঠে বা অনেকদিন পর্যন্ত্য বাঁচে তাহলে ভাবতে হবে যে জমির মাটি ভালো।

তুলসী গাছ ভালো মাটিতেই সুন্দর হয়ে ফলে-ফুলে বেড়ে ওঠে। তাই কৌন ভূমিতে তুলসী গাছ ভাল হয়েছে মানে ভূমিটি বাসযোগ্য। বৈজ্ঞানিক দৃষ্টিতেও তুলসী গাছ স্বাস্থ্যবর্ধক জমিতে বেঁচে থাকে।

এ ছাড়াও জমির ভালো-মন্দ পরীক্ষা করার জন্য আর একটা পরীক্ষা করতে পারেন। যে জমিটি চয়ন করেছেন ওই জমিতে এক ফুট লম্বা, এক ফুট চওড়া ও একফুট গভীর গর্ত খুঁড়ুন। এবার গর্ত থেকে বেরোন পুরো মাটি আবার গর্ত ভরে দিন। গর্তটিতে মাটি ভরার পরও যদি মাটি কম পড়ে অর্থাৎ গর্তটি পরিপূর্ণভাবে না ভরে থাকে, তাহলে ভাবতে হবে জমিটি বাস্তুযোগ্য নয়।

যদি গর্তটি পুরো ভরে যায় তাহলে জমিটি সাধারণ শ্রেণীর বাস্তুযোগ্য আর যদি গর্ত

ভরাট করার পরও মাটি বাঁচে তবে সে জমি বাস্তুর জন্য সর্বোশ্রেষ্ঠ বলে মনে করা হয়।

বাস্তুজমির উপযুক্ততা পরীক্ষা করার জন্য আর একটি পরীক্ষা হলো জমিতে একটি দেড় ফুট লম্বা, দেড় ফুট চওড়া ও দেড় ফুট গভীর গর্ত খুঁড়ুন। এবার এই গর্তে জল ভরে দিন। জল ভরার পর তিন মিনিট পর্যন্ত অপেক্ষা করুন। তিন মিনিট পর জলের অবস্থা দেখুন। যদি গর্তটি শুকিয়ে যায় অর্থাৎ একটও জল না থাকে, তাহলে ভাবতে হবে জমিটি অত্যন্ত নিকৃষ্ট, বাস্তুর উপযুক্ত নয়। এ ধরণের জমিতে গৃহ নির্মাণ উচিত নয়। এবার যদি অর্ধেক জল শুকিয়ে যায় অর্থাৎ দেড় ফুট গর্তে আধ ফুট পর্যন্ত জল থাকে, তবে ভাবতে হবে জমিটি সাধারণ শ্রেণীর বাস্তুযোগ্য। অর্থাৎ এই জমিতে আপনি বাড়ী বানাতে পারেন।

গর্তের জল যদি যেমনকে তেমনই থাকে অর্থাৎ একটুও না শুকোয় তাহলে জমিটি সর্বশ্রেষ্ঠ বাস্তু জমি। এ ধরণের ভূমিতে বাড়ী বানালে বহু দিন পর্যন্ত বাড়ী সুন্দর এবং মজবুত থাকবে।

ওপরের প্রয়োগগুলোর সাহায্যে জমি কতটা মজবুত তার যাচাই করে নেওয়া সম্ভব।

এবার মাটির রং সম্বন্ধে আলোচনা করব। বিভিন্ন স্থানের ভূমি বিভিন্ন রং-এর হয়। জমির রং অনুসারেই ভূমি বাছাই বা বাড়ীর ভিত রাখা হয়।

সাদা জমি – যে স্থানের জমি দূর থেকে সাদা দেখায়, সেই জমিকে সর্বশ্রেষ্ঠ বলা হয়। এ ধরনের জমির ভিত যথেষ্ট মজবুত হয়। এই জমির ধারণ ক্ষমতাও বেশী হয়। পশ্চিম বাংলার প্রায় সব জমিই সাদা হয়।

তাছাড়া এই ধরনের জমি উর্বর ও খুব ভরাট প্রকৃতির হয়। এখানকার বাড়ীগুলোও তাই যথেষ্ট মজবুত। এই মজবুতীর কারণেই এখানে মেট্রো রেল তৈরী করার সিদ্ধান্ত নেওয়া হয়।

লাল জমি–সাদা মাটির পরই লাল মাটিকে ভাল মাটি বলে মানা হয়। এই মাটি সাধারণতঃ উঁচু এবং শুকনো জায়গাতেই পাওয়া যায়। বিহার, উত্তর প্রদেশ, দিল্লী এবং মধ্যপ্রদেশের জমি গুলি এই ধরনের লাল মাটি যুক্ত।

সাদা মাটির মত এই জমির মাটিও ঘন এবং মজবুত। এই ধরনের মাটিতে বাড়ির ভিত খুব গভীর করার দরকার পড়ে না। এই মাটিতে কাঁকড়ের ভাগ বেশী থাকে। একে স্থানীয় ভাষায় 'মুরম' ও বলা হয়। এই 'মুরম' দিয়ে কাঁচা রাস্তা খুব ভালই তৈরী হয়। কারণ যত বৃষ্টিই হোক না কেন, কাদার সৃষ্ঠি হয় না এই লাল মাটিতে।

কালো মাটি–এই মাটি অত্যন্ত নরম হয়। মুর্তি বানাবার জন্য মৃৎশিল্পীরা এই মাটিই ব্যবহার করেন। কালো মাটি নরম হবার কারণে বাড়ীর ভিত খুব সাবধানে করতে হয়।

এই মাটি বৃষ্টির জলে একেবারে খুলে কাদা-কাদা হয়ে যায়। এ রকম মাটি চাষীদের কাছে একদম সোনার মতন। ফসলের জন্য এই মাটি অত্যন্ত লাভজনক। কিন্তু এই মাটিযুক্ত জমিতে গৃহনির্মাণ করলে তা আদৌ টেঁকসই হবে না।

বেলে বা বালি মাটি–এই মাটি গৃহ নির্মাণের জন্য একদম উপযোগী নয়। এই ধরণের মাটিতে ফাটল ধরার সম্ভাবনা খুব বেশী। যদি এই মাটিতে গৃহ বানাতেই হয়, তাহলে অনেক পরীক্ষা-নিরীক্ষা চালাবার পরই এই মাটি কাজে লাগানো উচিত। তবে এই মাটিতেও কালো মাটির মত গৃহ টেঁকসহ হয় না।

এই ধরনের মাটির পরীক্ষা এবং প্রকার ভেদ জানার পরই আমরা সুযোগ্য ভূমিখণ্ডের চয়ন বা বাছাই সঠিক ভাবে করতে পারব। কিন্তু ভূমি খণ্ডও দিক্ অনুসারে সঠিক হওয়া প্রয়োজন এবং বাস্তু সিদ্ধান্ত বা বাস্তু নিয়ম তার উপর খাটে কি না তাও দেখতে হবে।

পরিবারের সবার মনের মত বই

ডায়মন্ড পকেট বুক্সের সমর্থ প্রকাশন

আপনাদের সবার মনকে খুশীতে ভরিয়ে তোলার মত চির সবুজ বই!

কৌতুক
- পার্টি জোকস
- সেরা জোকস
- ফিল্মী জোকস
- মজার জোকস
- অফিস জোকস
- কলেজ জোকস
- নির্বাচিত জোকস
- লাভারস জোকস
- আধুনিক জোকস
- আজকের জোকস
- ছোটদের জোকস
- ল'ইয়ারস জোকস
- মধ্যরাত্রির জোকস
- পলিটিক্যাল জোকস
- জোকস জোকস আর জোকস
- ইঞ্জিনিয়ারস জোকস
- প্রফেশনাল জোকস
- সবার জন্য জোকস
- আকবর-বীরবল কাহিনী

খেলা
- ক্রিকেট কিভাবে খেলে
- জুডো-কারাটে

রন্ধন পুস্তিকা
- নিরামিষ রান্নার বই
- মোগলাই রান্নার বই
- পাঞ্জাবী রন্ধন পুস্তিকা
- ভারতীয় রন্ধন পুস্তিকা
- চাইনিজ রন্ধন পুস্তিকা
- আমিষ রান্নার বই
- দক্ষিণ ভারতীয় রন্ধন পুস্তিকা
- আচার এবং চাটনি
- আইসক্রিম, কেক ও প্যাটিস

সেক্স
- বয়ঃসন্ধিতে যৌনতা
- নর-নারীর যৌনজীবন
- নিজের যৌনশক্তি বাড়ান
- যৌনসংক্রান্ত ১০১টি প্রশ্নোত্তর
- কামসূত্র

চিকিৎসা
- স্ত্রীরোগের চিকিৎসা
- ডায়মন্ড বিউটি কেয়ার গাইড
- গর্ভকালীন ও মাতৃত্বের পরে শরীরের যত্ন
- মল

স্বাস্থ্য
- লম্বা হবার উপায়
- সু-স্বাস্থ্যের জন্য যোগ
- ওজন কমান, সুস্থ থাকুন

বিভিন্ন
- ডায়মন্ড হস্তরেখা গাইড
- সংখ্যাতত্ত্ব
- ডায়মন্ড জ্যোতিষবিদ্যা গাইড
- দক্ষ গৃহ-অলংকরণ
- রান্নাঘর সংলগ্ন বাগান
- বাচ্চাদের ৩৫০০ নাম
- ম্যাজিকের খেলা

মশলা
- হিং • নুন
- হলুদ মশলা
- লবঙ্গ, এলাচ, সুপারী
- জোয়ান, মৌরী, গোলমরিচ
- দারচিনি, যষ্টিমধু, তেজপাতা, তিল
- তুলসী

নিরামিষ খান সুস্থ থাকুন
- আখ • অশ্বত্থ
- পেঁপে • নিম
- আম • ফুল • মুলো
- পিঁয়াজ • আমলকী
- মধু • বেল
- শুকনো ফল
- চা ও কফি
- নারকেল • শাক ও সব্জী • দুধ, দই, মাখন
- ছোলা, গম, চিনাবাদাম

আশা করি ওপরের বইগুলো আপনাদের সবার মনের মত হবে।

PUBLISHED BY : DIAMOND POCKET BOOKS (P) LTD.
X-30, OKHLA INDUSTRIAL AREA (PH-II) NEW DELHI-20

DISTRIBUTOR : VISHAL BOOK CENTRE
4, TOTTEE LANE, CALCUTTA-16 PH. : 2447816

বাস্তু সিদ্ধান্ত বা নিয়মাবলী

অত্যন্তং বুদ্ধিদং নৃণামী মানপ্রাগুদকহলবাম্।
অন্যদিক্ষু প্লবং তেধাম্ শম্বদত্যন্তহানিদম্।।

– নারদ সংহিতা

নারদসংহিতাতে ভূমি চয়নের ব্যাপারে বলা হয়েছে যে, ভূমির ঢাল উত্তর-পূর্ব বা পূর্বের দিকে হওয়া উচিত। জমির ঢাল উত্তর-পূর্ব বা পূর্ব দিকে হলে পরিবারের অত্যন্ত উন্নতি হয়। অন্য দিকে যদি জমির ঢাল থাকে তো তা অত্যন্ত ক্ষতিকারক।

সুতরাং জমি পছন্দ করার পর গৃহনির্মাণের জন্য যে জমি পছন্দ করতে হবে, বাস্তু শাস্ত্রের নিয়ম এর উপর খাটবে কি খাটবে না এটা দেখা নিতান্ত অনিবার্য্য।

যদি ভূমিখণ্ডের উপর বাস্তুশাস্ত্রের নিয়ম বা সিদ্ধান্ত না খাটে, তাহলে তাকে ত্যাগ করাই বাঞ্ছনীয়।

জমির ভিতরের প্লটকে মাথায় রেখে আশপাশের জমির লেবেলকে নজরে রাখা উচিত।

ভূখণ্ডের তল, জমির কোন, জমির আকার-প্রকার, ক্ষেত্রফল, বাস্তু সিদ্ধান্ত বা প্রিন্সিপল-এর অন্তর্গত উপযোগী হওয়া উচিত।

ভূমিখণ্ড চয়নের ব্যাপারে সাবধানবানী

(১) যে ভূখণ্ড আমরা চয়ণ করব, তা চৌকো হওয়া উচিত।
(২) ত্রিকোণ জমি উপযোগী হবে না।
(৩) যদি জমিটি কোনযুক্ত হয়, কিন্তু তার দৈর্ঘ্য এবং প্রস্হ সঠিক মাপের হয় তাহলে

সেই জমি দোষমুক্ত।

(৪) ভূখণ্ড ভাঙ্গাচোরা বা এবোড়ো-খেবড়ো না হওয়া উচিত।

(৫) প্লট উত্তর-পূর্ব ঈশানের দিকে হলে ভাল হয়।

(৬) যদি ভূমিখণ্ড বাস্তু নিয়মের অন্তর্গত না হয় তো এই ধরনের জমিকে ভালভাবে নিরীক্ষণ করা উচিত। যাতে তাতে কোন সংস্কার বা পরিবর্তন আনা যায়। নতুবা ত্যাগ করাই ঠিক।

(৭) বৃত্তাকার বা গোল ভূমিখণ্ড পছন্দ করা উচিত নয়।

জমির কোন

(১) যদি জমির চারটে কোন সমান এবং ৯০° হয় তাহলে তাকে সর্বশ্রেষ্ঠ জমি বলে মনে করা হয়।

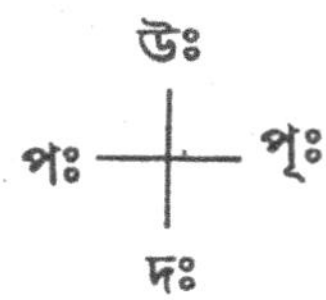

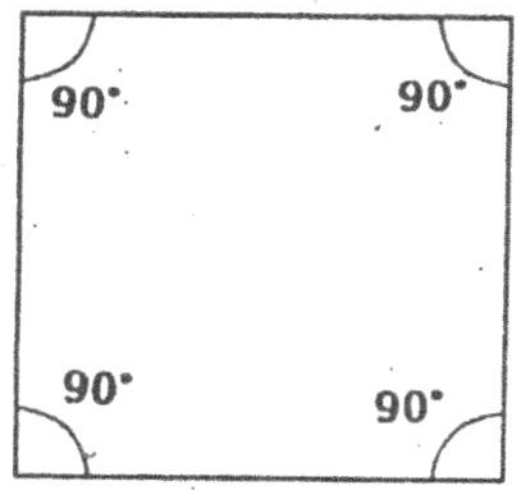

(২) দক্ষিণ-পশ্চিমের কোন ৯০° হওয়া অনিবার্য।

(৩) উত্তর-পশ্চিমের কোন ৯০° বা তার বেশী হওয়া উচিত। এর থেকে কম যেন কোনমতেই না হয়।

(৪) দক্ষিণ-পূর্ব কোন ৯০° বা তারও বেশী হতে পারে, কিন্তু কম কখনই নয়।

(৫) উত্তর-পূর্ব কোন ৯০° ডিগ্রী বা তার থেকে একটু কম হলেও চলবে, কিন্তু ৯০°-র বেশী যেন না হয়। এটা খুবই জরুরী।

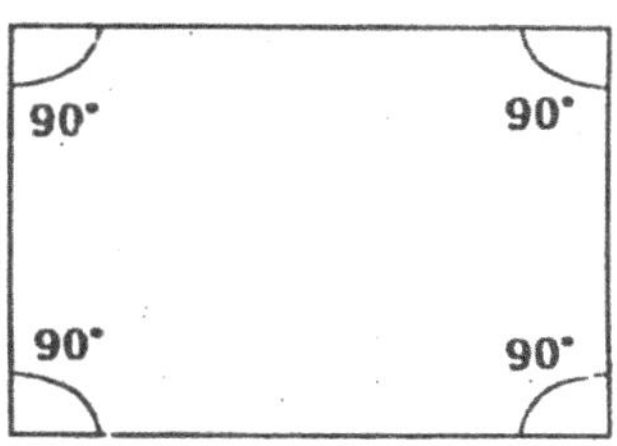

আয়তাকার চার সমকোন বিশিষ্ঠ। প্রস্হ ঃ দৈর্ঘ্য ২ ঃ ১ থেকে কম অর্থাৎ জমিটির প্রস্হ দৈর্ঘ্যের চেয়ে বেশী।

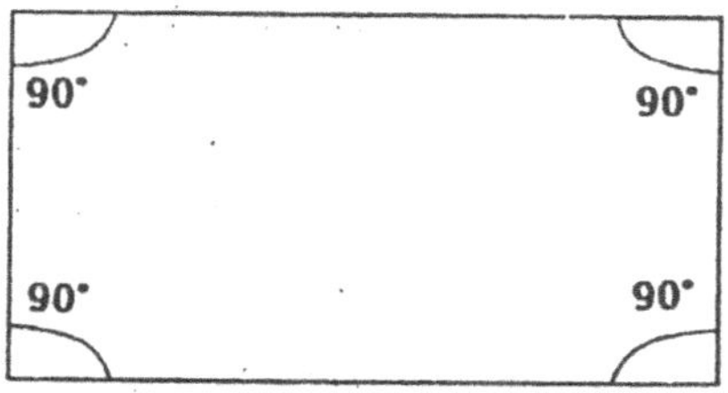

আয়তাকার চার সমকোন বিশিষ্ট জমি। প্রস্থ ঃ দৈর্ঘ্য ১ ঃ ২ এর দৈর্ঘ্য প্রস্থের থেকে বেশী।

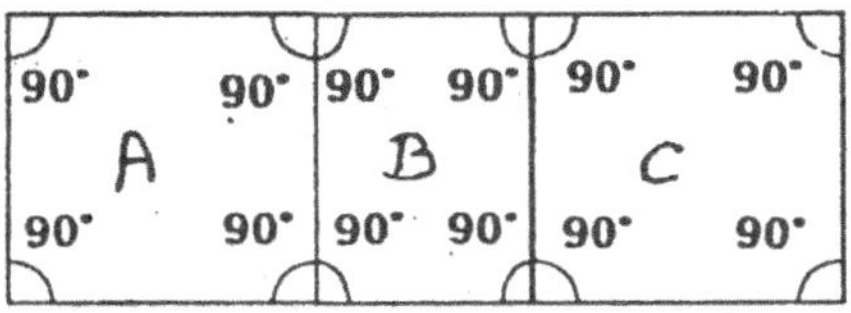

A. ভূমিখণ্ড ৯০° কোন যুক্ত চৌকো ধরনের।

B. ভূমিখণ্ড ৯০° চৌকো প্লট কিন্তু A এবং C-এর থেকে ছোট। দুটো প্লটের মাঝখানে ঐইরকম ৯০° ডিগ্রী কোনযুক্ত চৌকো জমিকে ভাল বলে ধরা হয় না।

C. ভূমিখণ্ড ৯০° ডিগ্রীর হবে যা প্রায় A-র সমতুল্য।

কোনের লাভ এবং ক্ষতি

(১) ভূমিখণ্ডের ঢাল বা স্ল্যাণ্টিং ঈশান বা পূর্ব দিকে যদি হয় তা অত্যন্ত বুদ্ধিদায়ক হয়। অর্থাৎ এ প্লটের বাসিন্দারা সব সময়ই শুভ বুদ্ধি দ্বারা চালিত হবে–অশুভ জিনিষের ছায়াও তাদের মধ্যে পড়বে না এবং সমাজে বুদ্ধিমান বলে গণ্য হবে। জমির ঢাল অন্য দিকে থাকলে তা অত্যন্ত ক্ষতিকারক হবে।

(২) যদি ভূখণ্ড পূর্ব দিকে ঢালু থাকে তো সেখানে স্বয়ং লক্ষ্মীবাস করে। অগ্নি কোনে শোক, দক্ষিণে মৃত্যু, নৈঋতে ভয়ানক আতংক এবং পশ্চিমে কলহ, বায়ুতেও মৃত্যু, উত্তরে বংশবৃদ্ধি এবং ঈশান কোনে রত্ন সঞ্চয় আছে বলে ধরা হয়।

(৩) যে জমি মাঝখানে উঁচু তা নিবাসযোগ্য নয়, সুতরাং ত্যাজ্য। এই জমি গৃহস্বামীকে যন্ত্রণাই দেবে। তাছাড়া এই জমির গৃহস্বামীর খুন হবারও আশংকা থাকে।

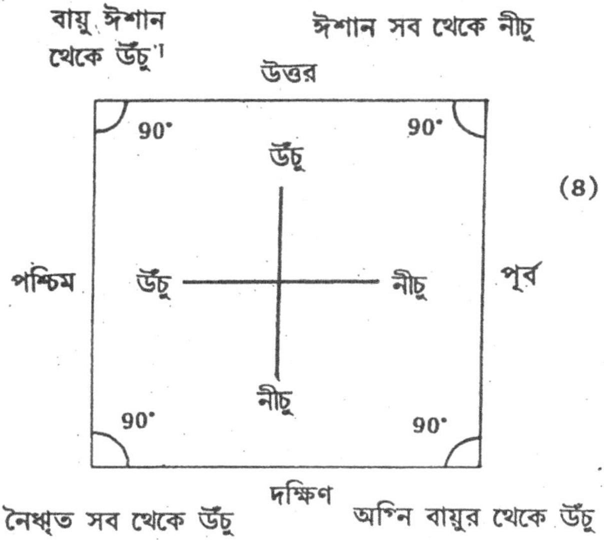

(৪) দক্ষিণ দিকে ঢালু এমন জমি রোগগ্রস্ত জমি। এখানের বাসিন্দারা অকালমৃত্যুর শিকার হবে। এই জমি উত্তর থেকে উঁচু থাকা জরুরী।

(৫) ভূমিখণ্ড যদি চার দিকে উঁচু আর মাঝখানে নীচু হয়, তাহলে এ জমিকে পশুনাশক বলা হয়। এই জমিতে পশুপালন সম্ভব নয়, কারণ পশু মৃত্যুর হার এখানে খুব বেশী।

(৬) নৈঋৃত কোন জমির মধ্যে সব থেকে উঁচু থাকা উচিত।

(৭) পশ্চিম দিক পূর্ব দিকের থেকে উচ্চ স্হানে থাকবে।

(৮) অগ্নিকোন বায়ুকোণের থেকে একটু উঁচু থাকা ভাল।

(৯) বায়ুকোন ঈশান কোনের থেকে উঁচু হবে।

(১০) কোন কোন বাস্তুশাস্ত্রকার বায়ু এবং অগ্নি কোনকে সমান্তরাল কোন হিসেবে রাখার পরামর্শ দিয়েছেন।

ভূমিখণ্ডের কোনগুলির বৃদ্ধি এবং হ্রাস

কখনও-কখনও কোন ভূমিখণ্ডের কোনগুলোর মধ্যে বেশ কিছু হ্রাস এবং বৃদ্ধি দেখা যায়। এই হ্রাস-বৃদ্ধির প্রভাব কিন্ত জমি অথবা ভূমিখণ্ডের ওপরেও পড়ে। সুতরাং এদিকেও খেয়াল রাখতে হবে যত্ন সহকারে। যদি কোনের বৃদ্ধি উত্তর বা পূর্ব দিকে হয় তো তা শ্রেস্ঠ। তাছাড়া সমস্ত কোন সমান হতে হবে।

বিশেযতঃ দক্ষিণ-পশ্চিম কোন ৯০° ডিগ্রী সমকোনে হতেই হবে। এ ব্যাপারে ঢিলেমি দিলে চলবে না। ভূমি ৯০° না থাকলে করে নিতে হবে।

ভূমিখণ্ডের দৈর্ঘ্য এবং প্রস্হ ন্যূনতম ১ঃ২ অনুপাতে হওয়াই উচিত। এর অন্যথায় জমি কুফল দান করে। সুতরাং জমির দৈর্ঘ্য প্রস্হের থেকে বেশী না হওয়াই উচিত।

নিম্ন অঙ্কিত চিত্রে উত্তর-পূর্ব দিকে কোনের বৃদ্ধি হলে জমির আকার কি দাঁড়ায় তা দেখাবার চেষ্টা করা হয়েছে।

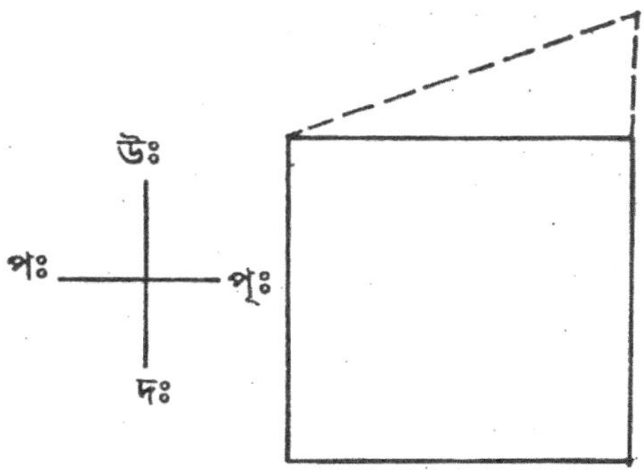

উত্তর থেকে ঈশান কোনের বৃদ্ধিকে শ্রেষ্ঠ মানা হয়।

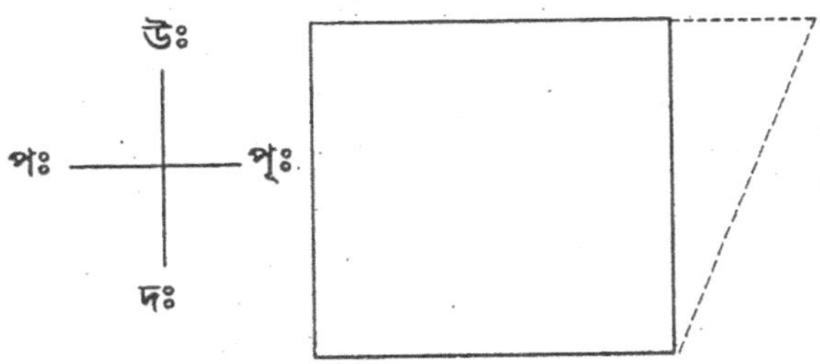

পূর্ব আর ঈশান-পূর্ব ক্ষেত্রের বৃদ্দিকে শ্রেষ্ঠ মানা হয়।

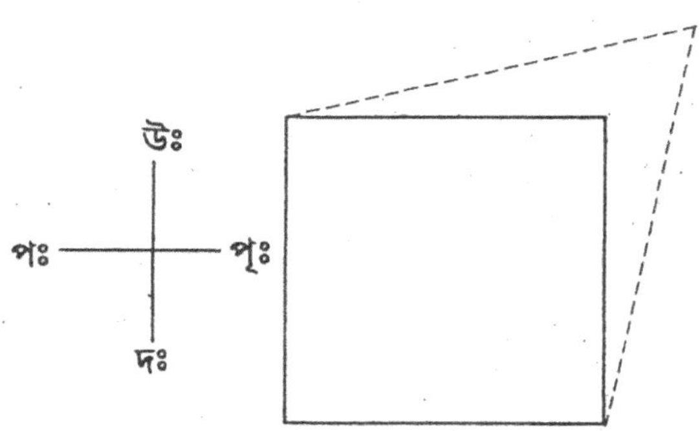

উত্তর, পূর্ব এবং ঈশান ক্ষেত্রের বৃদ্ধিকে শ্রেষ্ঠ মানা হয়।

উপরোক্ত কোনগুলি ঈশান কোনের দিকে বৃদ্ধি পেয়েছে। এই ঈশান কোনে বৃদ্ধিযুক্ত কোনকে শ্রেষ্ঠ মানা হয়।

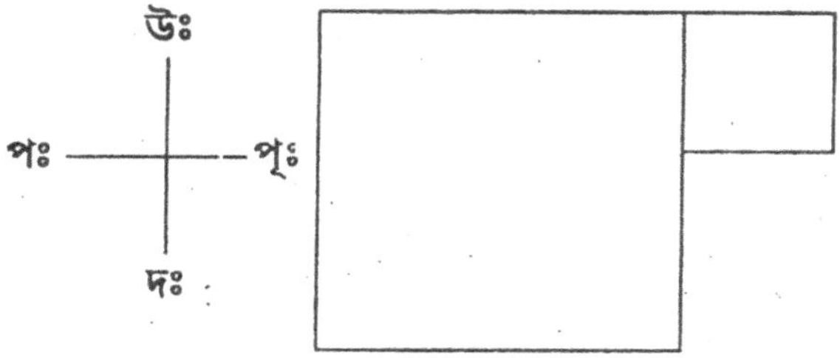

পূর্ব দিক থেকে ঈশান ক্ষেত্র চৌকো আকারে বৃদ্ধি পেলে তাকে শ্রেষ্ঠ বলে মানা হয়।

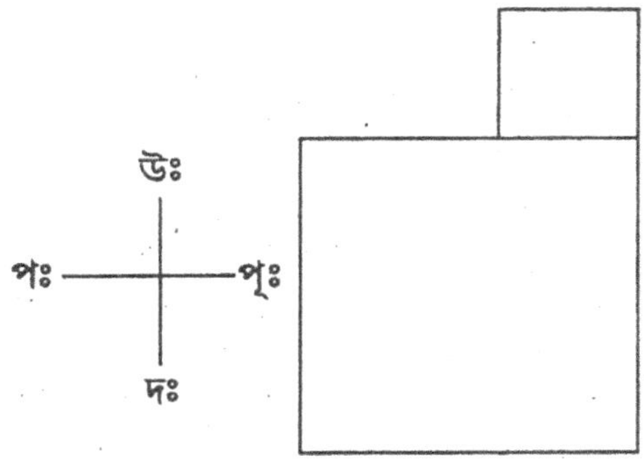

উত্তর দিক থেকে ঈশান ক্ষেত্রের উপর চৌকো কোন বৃদ্ধি পেলে তা অতি উত্তম।

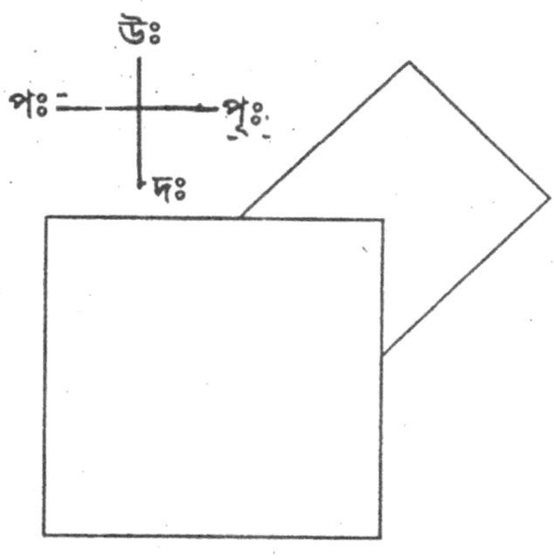

উত্তর এবং পূর্ব দুই দিক দিয়ে ঈশান কোনের দিকে চৌকো বৃদ্ধিকে সর্বশ্রেষ্ঠ মানা হয়।

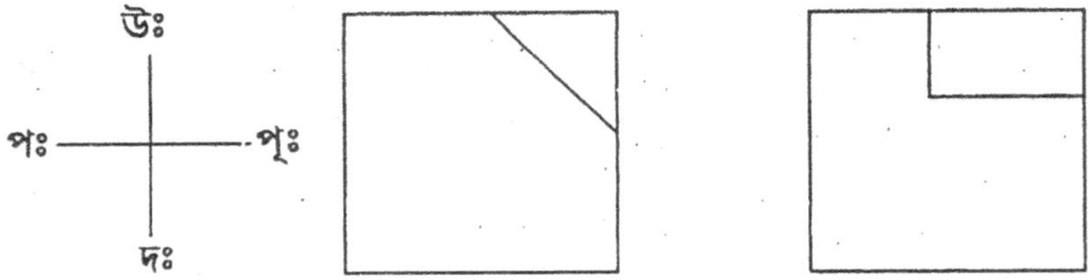

ঈশান কোনের ভিতর দিক দিয়ে কাটা ভূমিখণ্ডে যদি গৃহ নির্মাণ করা হয় তবে গৃহস্বামীর জীবনে সুখ-সমৃদ্ধি আসে না আর বংশের বৃদ্ধিতে অবরোধ সৃষ্টি হয়।

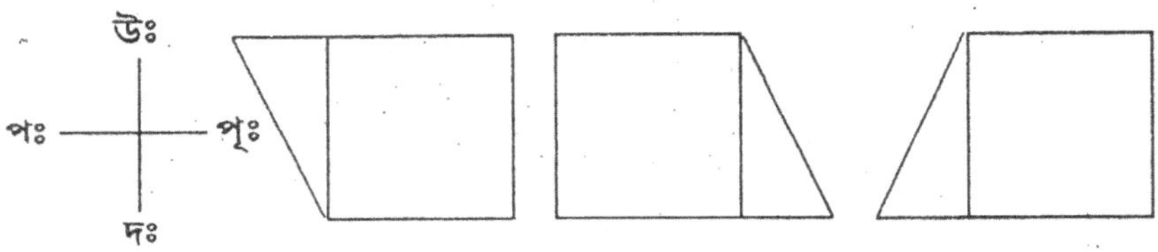

বাস্তুশাস্ত্র মতে, বায়ু, অগ্নি এবং নৈঋত কোন বসে গেলে তা শুভ হয় না। কোনগুলিকে ৯০° ডিগ্রী মাকে সোজা করে নিলে 'কোন-দোষ' দূর হয়ে যায়।

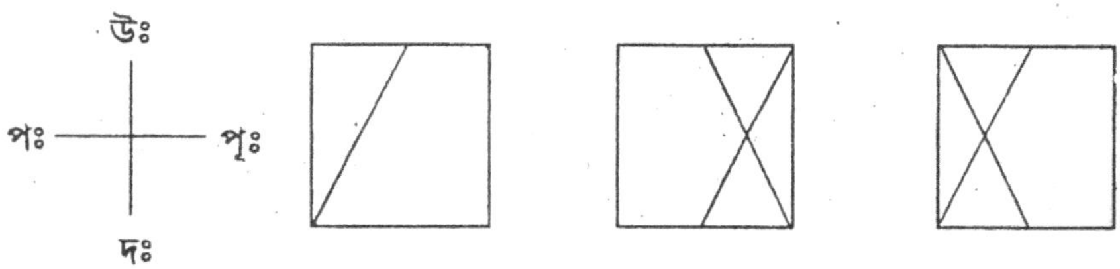

বায়ু

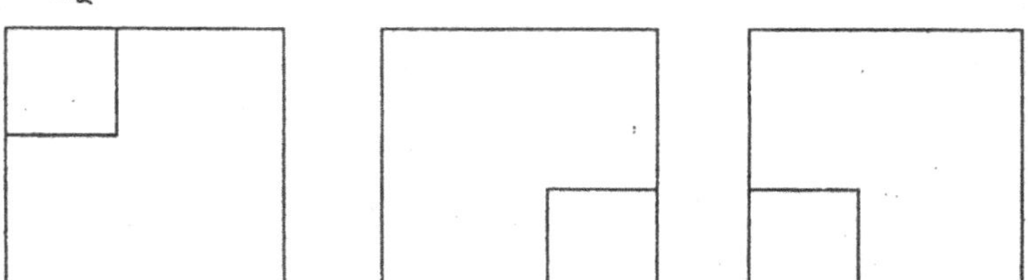

অগ্নি নৈঋত

উপরোক্ত কোনগুলো বায়ু, অগ্নি, নৈঋৃত দিকে কখনও ত্রিকোন এবং কখনও চৌকো হয়ে ভিতর দিকে কম আছে। এইরকম কম কোন যুক্ত ভূমিখণ্ড বাস্তুশাস্ত্র মতে ঠিক নয়। এই কোনগুলিকে ৯০° ডিগ্রী মাপে শোধন করে সেই জমি ব্যবহার করা উচিত।

শূরমহার্ঠ দ্বারা লেখা গ্রন্থ 'রাজমার্তণ্ড'-র অনুসারে কিছু ভূমির আকার এমন হয় যে, দিক সঠিক হবার পরেও তা কেনা শুভ হয় না। অর্থাৎ দিক এবং কোনের কিন্তু জমির শুভাশুভের উপর যথেষ্ঠ প্রভাব থাকে।

পরিবেশ এবং দিক্

পরিবেশ অনুসারে ভূমিখণ্ডের মুখ কোন্ দিকে আছে, সেটা লক্ষ্য রাখাও জরুরী।

আগেই বলা হয়েছে পূর্ব এবং উত্তরমুখী ভূমিখণ্ডকে শ্রেষ্ঠ বলে মানা হয়। পশ্চিম এবং দক্ষিণমুখী ভূখণ্ডকে সাধারণ শ্রেণীভুক্ত জমি বলে ধরা হয়।

যদি ভূমিখণ্ডের মুখ পশ্চিম এবং দক্ষিণে হয় তাহলে গৃহ নির্মাণের সময় সতর্ক থাকতে হবে। সেই জমিতে বাড়ী বানাবার সময় আপনার আর্কিটেক্টকে নিম্নলিখিত নির্দেশ দেওয়া দরকার, যাতে সে দিক এবং ভূমিখণ্ডের দিকে খেয়াল রেখে টেকনিকী দৃষ্টিভঙ্গিতে ভাল প্ল্যান করতে পারে ঃ–

পূজা বা উপাসনা গৃহ	–	ঈশান কোন
রান্নাঘর	–	দক্ষিণ-পূর্ব
বাথরুম	–	পূর্ব
ডাইনিং রুম	–	পশ্চিম
শোবার ঘর	–	দক্ষিণ-পশ্চিম
টয়লেট	–	দক্ষিণ বা দক্ষিণ-পশ্চিম
পশু-গৃহ	–	উত্তর-পশ্চিম
ঘি, তেল বা তরল পদার্থ	–	পূর্ব বা দক্ষিণ-পূর্ব
পড়ার ঘর	–	পশ্চিম অথবা দক্ষিণ-পশ্চিম।
প্রবেশ	–	পূর্ব
বাগান	–	উত্তর

জলের ট্যাঙ্ক বা কূয়া বা জলাধার	–	ঈশান
জল যাবার নালী	–	বায়ু
সেফ্‌টি ট্যাঙ্ক	–	বায়ু
বৈঠকখানা	–	অগ্নি
খোলা বারান্দা বা লন	–	ঈশান
জানলা	–	অনুপাত অনুসারে
দরজা	–	অনুপাত অনুসারে
ঘুলঘুলি	–	বাইরের দিকে খোলে এমন ঘরগুলোতে থাকবে।

কূয়োর অবস্থান

যে কোন গ্রাম, কলোনী অথবা বাড়ীর অগ্নি কোন, নৈঋত কোন বা বায়ু কোনে কূয়া আদৌ বানানো উচিত নয়। কারণ এই কোনে কূয়ো বানালে প্রতিনিয়ত ভয় এবং আতংকের আশংকা থাকবে। তাই ছোট ছেলে বা স্ত্রীলোকের জন্য এই কূয়ো ব্যবহার করা কষ্টকর হবে।

এই তিনটি কোন ছেড়ে ঈশান কোনে বা উত্তর বা পূর্ব কোনেও কূয়ো খনন কার্য্য শুভ বলে মানা হয়। কিছু নিয়ম এবং সবাধানবানী নীচে দেওয়া হল ঃ–

(১) পূর্বে বা উত্তরের দিকে কূয়োর অবস্থান হতে হবে।

(২) যদি উত্তর দিকে কূয়ো হয় তো তা পূর্ব দিকে ঘেঁসে থাকলে ভাল হয়।

(৩) পূর্ব দিকে যদি কূয়ো হয় তো একটু উত্তর ঘেঁষা হলেও চলবে।

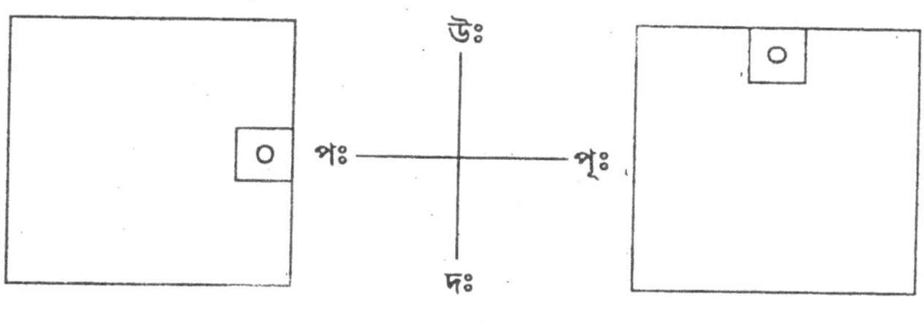

পূব এবং উত্তরের দিকে কূয়ো শান্তি প্রদান করবে।

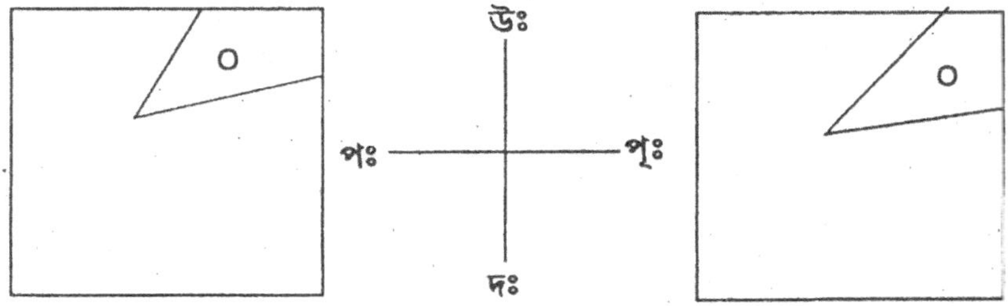

উত্তর-পূর্ব দিক ঘেঁষে নির্মিত কূয়ো উত্তম বলে মানা হয়। এই কূয়োর জল যারা ব্যবহার করবেন, তারা শান্তিতেই জীবন কাটাতে পারবেন।

(৪) ভূমিখণ্ডের ঠিক মাঝামাঝি কূয়ো থাকা উচিত নয়। কখনও- কখনও লোক কূয়োকে বাড়ীর ঠিক মাঝখানে বানিয়ে বসে। এটা আদৌ ঠিক নয়।

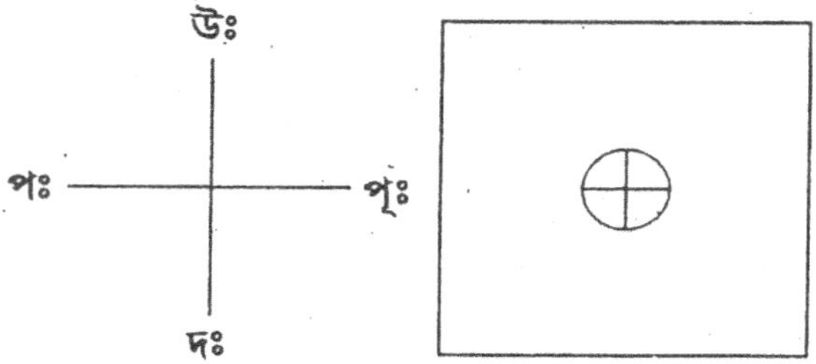

ভূমিখণ্ডের বা বাড়ীর ঠিক মধ্যবর্ত্তী স্হানে কূয়া খনন করা অনুচিত। এই কূয়া কলহের প্রতীক।

(৫) যদি কূয়ো পশ্চিম দিকে বা দক্ষিণ দিকে থাকে তো সেটা মোটেই শুভ নয়।

(৬) যদি উত্তর-পশ্চিম বায়ু বা দক্ষিণ-পূর্ব অগ্নি কোনে কূয়া থাকে তো সেটাও ঠিক নয়।

(অ) উত্তরী বায়ু বা পশ্চিমী বায়ু কোনে কূয়ো খনন করালে শত্রু, পীড়া, খারাপ স্বভাব, ধন হানি এবং স্বামী-স্ত্রীর মধ্যে কলহ উৎপন্ন হবে।

(ব) পূর্ব-অগ্নি এবং দক্ষিণী আগ্নেয় কোনে কূয়ো খনন করালে, নিবাসকারী ব্যক্তি আগুনের দহনে কষ্ট পেতে পারেন এবং নানা রোগের শিকারও হতে পারেন।

(৭) যদি কূয়ো প্রধান দরজার ঠিক উল্টো দিকে থাকে বা গেটের পেছনে হয় তাহলে সেটাও ঠিক নয়।

(৮) কূয়ো খননকার্য্যের সময় এই দিকে লক্ষ্য রাখা উচিত, যাতে জমির ভেতর দিকে যদি চৌকো করেও খোঁড়া হয়, কিন্তু জমির ওপরের অংশ যেন গোলাকারই থাকে। কারণ চৌকো আকারের কোন্ যদি ঈশান কোনে থাকে তা কিন্তু বক্র প্রভাব ফেলবে, যা বাস্তুশাস্ত্রের বিচারে শুভফলদায়ী হয় না।

বাস্তুগৃহ নির্মাণ

গৃহ নির্মাণের জন্য সর্বপ্রথমে ভূমি চয়ন বা জমি বাছাই করার প্রয়োজন হয়। বাস্তুমতে, জমি বাছাই হয়ে গেলে বৈদিক রীতি অনুসারে জমির শোধন বা পূজা করা দরকার। ভূমি পূজা করার পর ভবন নির্মাণ কাজে হাত লাগানো উচিত।

এতক্ষণ পর্যন্ত আপনারা গৃহ নির্মাণের আগে জমির দিক্ সম্বন্ধে বাস্তুজ্ঞান কি তা শিখেছেন। অর্থাৎ মাটি কি রকম ? জমি কি রকম ? প্লটই বা কেমন ? এখন আমি আপনাদের বলব বাস্তুগৃহ কাকে বলে, তার সিদ্ধান্ত কি এবং তাকে কি ভাবেই বা নির্মাণ করবেন।

সর্বপ্রথমে যে জমির উপর আপনি ভবন নির্মাণ করবেন, সেই জমি এবং তার চারপাশের জমিকে পরিস্কার করুন। যদি সম্ভব হয় তো জমির যে অংশে বাড়ী বানাবেন তার দ্বিগুণ দূর থেকে জমি পরিস্কার করিয়ে নিন। কেননা বিভেদ-যুক্ত দোষ বা ভেদ দোষ দ্বিগুণ দূর পর্যন্ত্য কাজ করে।

সবার আগে আপনি আপনার সম্পূর্ণ জমি ঘিরে চার দেওয়াল তুলে দিন। এই পাঁচিল তোলাও শুভ মূর্হুত দেখে হওয়া উচিত। পাঁচিল তোলার কাজ নৈঋত থেকে বায়ুকোনের তরফ থেকে শুরু করলে খুব বেশী ভাল হয়। এর পরই অগ্নির স্হান। অগ্নিকোনের দিক্ থেকে পাঁচিলের কাজও ভাল হয়। অগ্নি থেকে ঈশান এবং বায়ু থেকে ঈশান-এর দিকে বানানো উচিত। কারণ বাড়ী তৈরীর সময় প্রচুর জলের দরকার হয়, তাই ঈশান কোনে চার দেওয়াল তুলে দেবার পর জলের ব্যবস্হা করে নেবেন।

আজকাল নলকূপ-এর প্রচলনই সবথেকে বেশী এবং এ জিনিষটি কম জমিতে খুব ভাল জল দেয়। লক্ষ্য রাখা উচিত, চার দেওয়ালের মধ্যে দক্ষিণ এবং পশ্চিমের দেওয়ালের

উচ্চতা এবং প্রস্হ যেন উত্তর এবং পূর্বের দেওয়ালের থেকে বেশী থাকে।

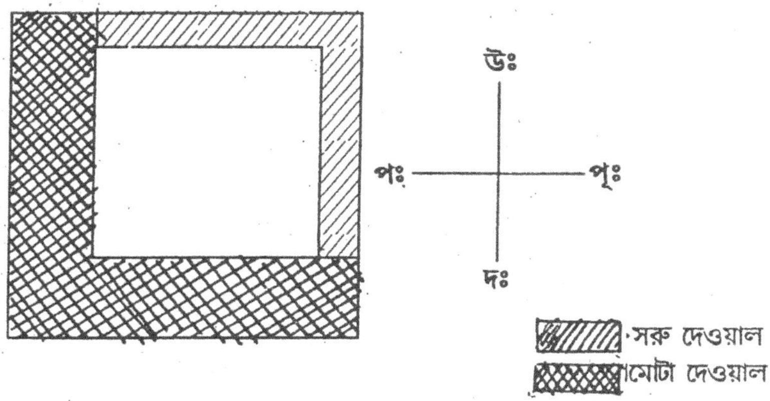

উপরোক্ত চিত্র অনুসারে বাস্তু দেওয়ালের প্রস্হ পশ্চিম এবং দক্ষিণে খুব বেশী এবং উত্তর পূর্বে কম থাকা উচিত।

দেওয়াল নির্মণ করার সময় খেয়াল রাখা উচিত যে, প্রথম নির্মাণ কাজ দক্ষিণ-পশ্চিম কোন্ থেকে শুরু করা উচিত এবং কাজ করতে-করতে দক্ষিণ-পূর্ব দিকে এগিয়ে যাওয়া উচিত বা উত্তর-পশ্চিমের দিকে এগিয়ে গিয়ে পরে দক্ষিণ-পূর্ব থেকে উত্তর-পূর্ব বা উত্তর-পশ্চিম থেকে উত্তর-পূর্ব দিকে এগোতে থাকা উচিত।

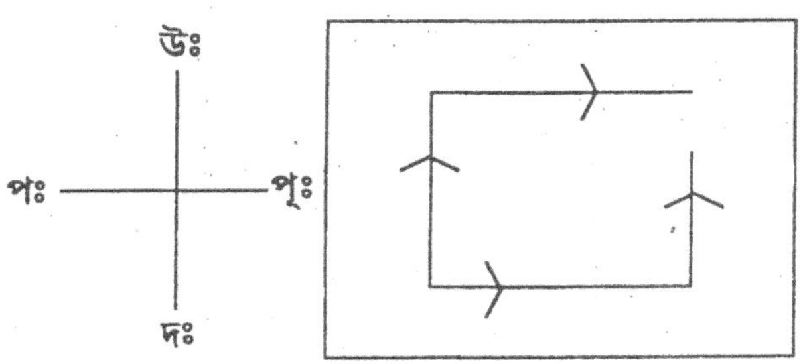

নির্মাণ কার্য এই চিত্র অনুযায়ী হওয়া উচিত।

এইভাবে চার দিকের দেওয়াল বা প্রাচীর শেষ করার পর জলের ব্যবস্হা করে নিতে হবে। এরপরই বাড়ী তৈরী কাজকে এগিয়ে নিতে হবে।

যদি আপনি কোন গুপ্ত কুঠুরী বা মাটির নীচের ঘর নির্মাণ করতে চান তো তাকে গৃহ নির্মাণের আগেই করে নিতে হবে। এই মাটির নীচের ঘর খুবই গুরুত্বপূর্ণ ঘর। গৃহের ভিত বা ভিটের ওপর প্রথম ঘর। সুতরাং এই ঘর বাস্তুনিয়মের অন্তর্গত হওয়া উচিত।

গুপ্ত কুঠুরী বা মাটির নীচের ঘর

বাড়ী বা ভবনের এটা প্রথম নির্মাণ। আপনাদের এটা জানা উচিত যে, বাস্তুশাস্ত্র কখনও গুপ্তকুঠুরী বানাবার অনুমতি দেয় না। কারণ গুপ্ত কুঠুরী বা মাটির নীচের ঘর বানালে গৃহে কেমন একটা রহস্যের গন্ধ থাকে।

তবু যদি এই গুপ্ত কুঠুরী বানানো অনিবার্য হয়ে পড়ে, তাহলে সব সময় তা উত্তর বা পূর্ব দিকে তৈরী করাই উচিত যা উপযুক্ত হবে। এই কুঠুরী দক্ষিণ এবং পশ্চিমে কখনই বানানো উচিত নয়।

মাটির নীচের ঘরে যাবার প্রবেশ দ্বার উত্তর বা পূর্ব দিকেই রাখা উচিত এবং যতদূর সম্ভব তা খোলা রাখাই যুক্তিযুক্ত।

মনে রাখবেন বাস্তু ভূখণ্ডের ঠিক মাঝামাঝি যাতে এই গুপ্তকুঠুরী নির্মাণ না হয়ে যায়।

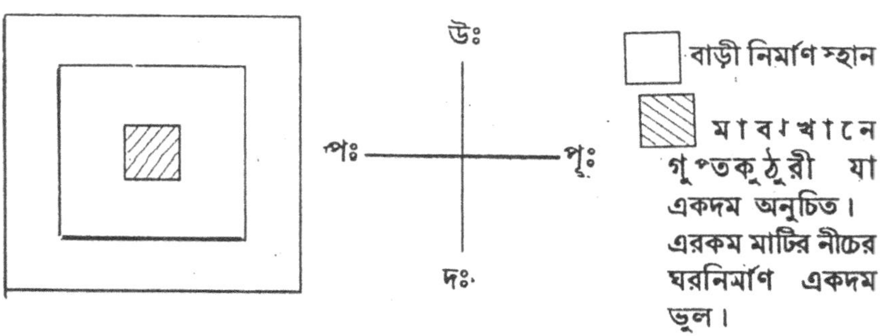

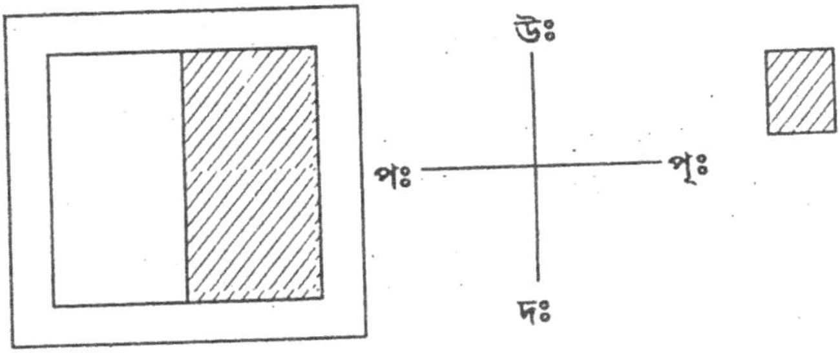

মাটির নীচের ঘর নির্মান ক্ষেত্র। পূর্বদিকে মাটির নীচের ঘর অপেক্ষাকৃত ভাল বলে মানা হয়।

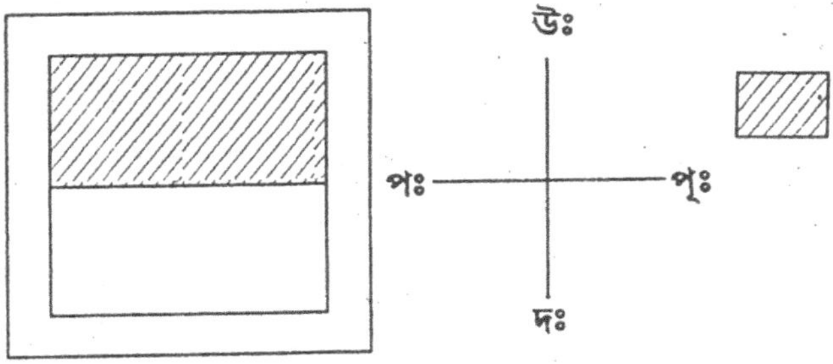

গুপ্ত কুঠুরীর নির্মাণ ক্ষেত্র। উত্তর দিকে মাটির নীচের ঘর ভাল বলে মানা হয়।

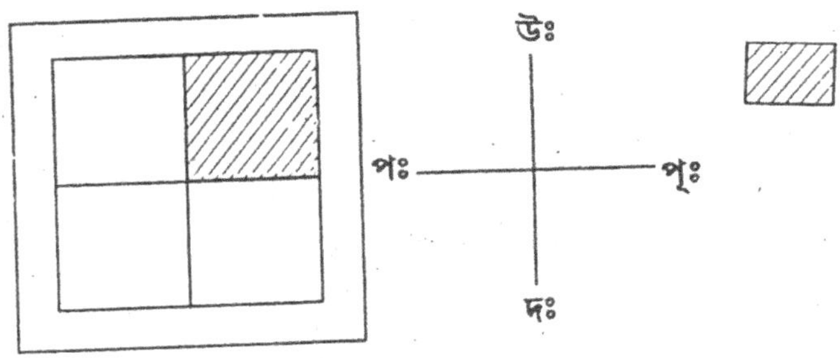

গুপ্তকুঠুরীর নির্মান স্হান। উত্তর-পূর্ব স্হান মাটির নীচের ঘর নির্মাণে উপযুক্ত স্হান বলে ধরা হয়।

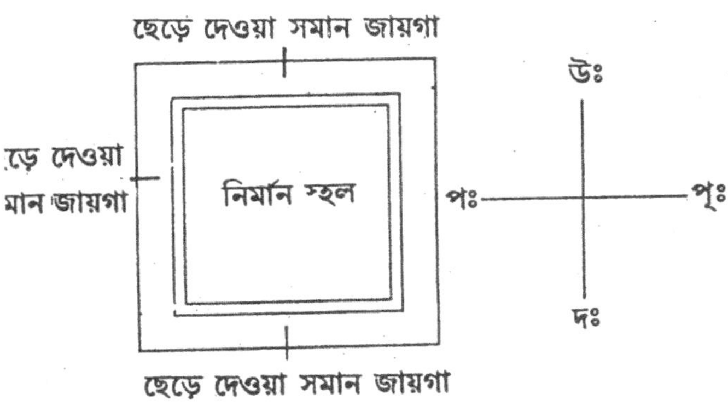

নিজের জমিতে বাড়ী তৈরীর সময় চার দিক থেকে সমান মাপের জায়গা ছাড়া উচিত।

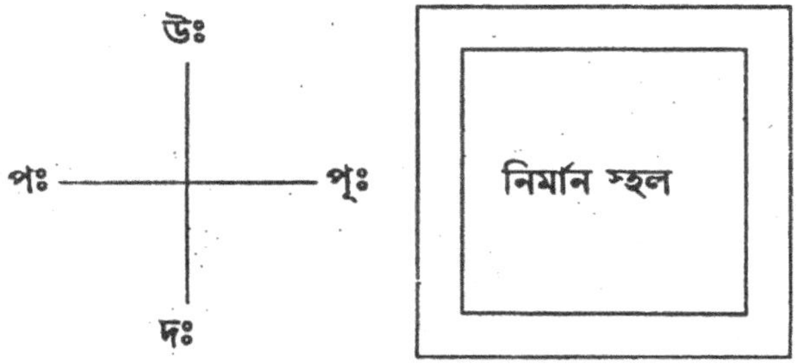

উত্তর বা পূর্বদিকে খুব বেশী খালি জায়গা ছাড়া আছে। এই নির্মাণ উপযুক্ত এবং এই স্হানের বাসিন্দারা ঋনমুক্ত থাকবে।

বাস্তুগৃহ নির্মাণের দিশা বা দিক

বাস্তুমতে, ভবন নির্মাণ করতে গেলে বাস্তু নির্মাণও অত্যন্ত জরুরী। বাস্তগৃহ নির্মাণ করার সময় কোন্ দিক থেকে তা শুরু করা উচিত, সে ব্যাপারে নানা মত আছে। কিন্তু আমি ব্যক্তিগতভাবে আমার অভিজ্ঞতা থেকে দেখেছি যে, যদি নির্মাণের প্রথম পংক্তি দক্ষিণ-পশ্চিম থেকে শুরু করা যায়, তো পরিণাম সুখের হয়। দক্ষিণ-পশ্চিমের পরে অন্য দিকে এগোনো উচিত।

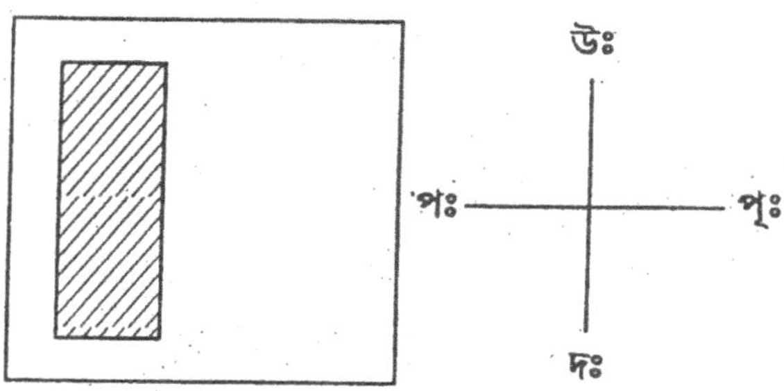

একশালা বাস্তু নির্মাণ—এই নির্মাণ পশ্চিম দিক থেকে শুরু হয়। এটা উপযুক্ত নির্মাণ।

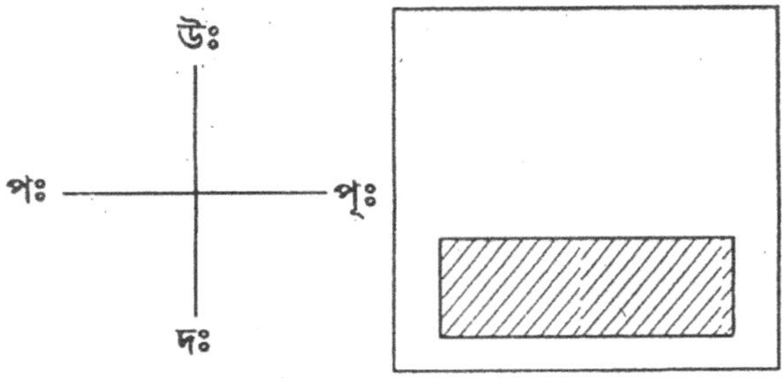

একশালা বাস্তু নির্মাণ—এই নির্মাণ দক্ষিণ থেকে শুরু হয়। এটিও শ্রেষ্ঠ নির্মাণ।

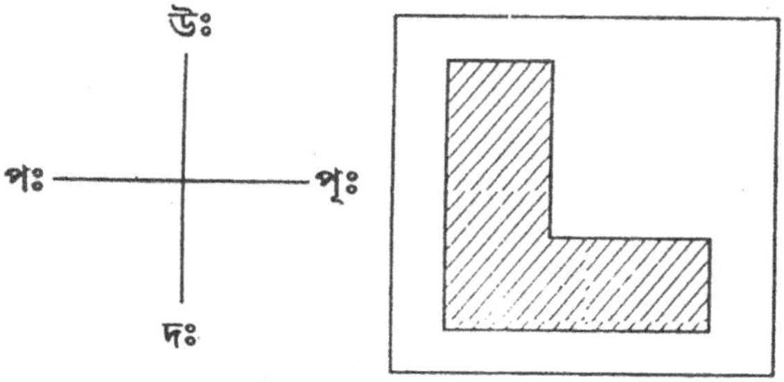

দ্বিশালা বাস্তু নির্মাণ—এই নির্মাণ দক্ষিণ-পশ্চিম থেকে শুরু হয়। এটিও উত্তম নির্মাণ।

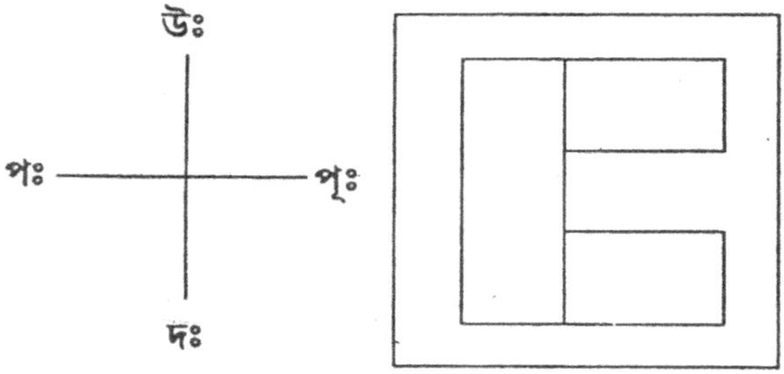

দক্ষিণ-পশ্চিম এবং উত্তর দিক থেকে নির্মাণ— এই নির্মাণ ধন, পুত্র এবং শান্তি প্রদান করে।

দোষযুক্ত নির্মাণ

দোষপূর্ণ নির্মাণ বা ত্রুটিপূর্ণ ভবনে নিবাস করলে গৃহস্বামীর নানা দুর্ভোগ হয়। সুতরাং দোষপূর্ণ নির্মাণ থেকে বাঁচা উচিত।

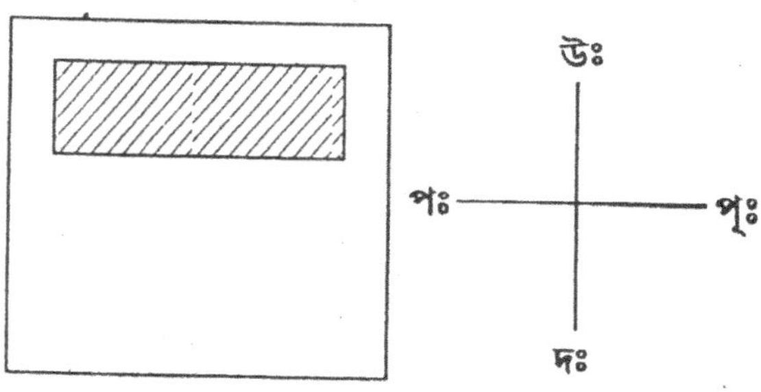

উত্তরের নির্মাণ দোষপূর্ণ নির্মাণ।

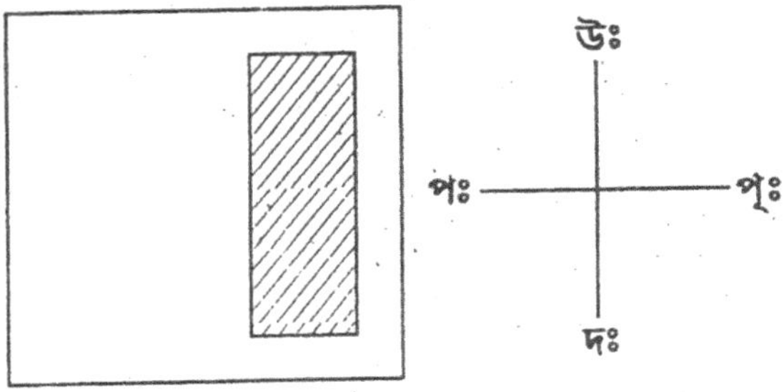

পূর্বের নির্মাণ দোষপূর্ণ মানা হয়।

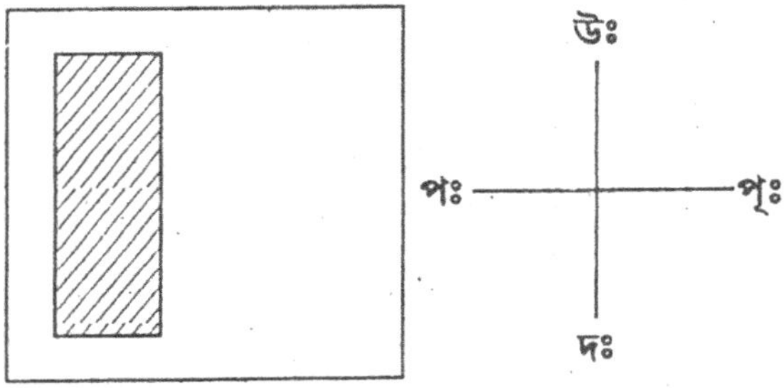

পশ্চিমের নির্মাণ দোষপূর্ণ বলে মানা হয়।

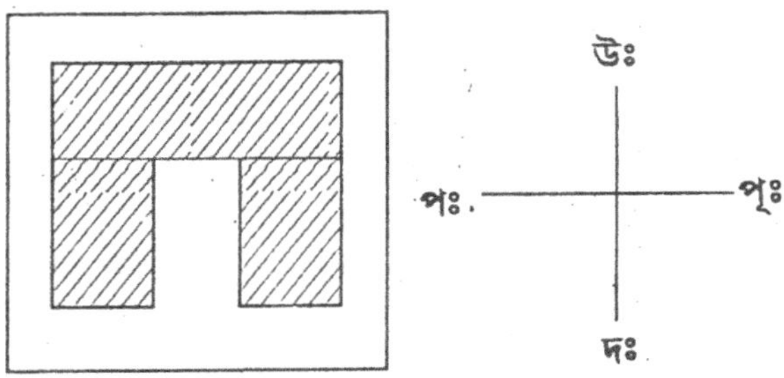

এই ধরণের নির্মানকে চুল্লী ত্রিশূল বাস্তু বলে। এই নির্মাণ ধননাশকারী।

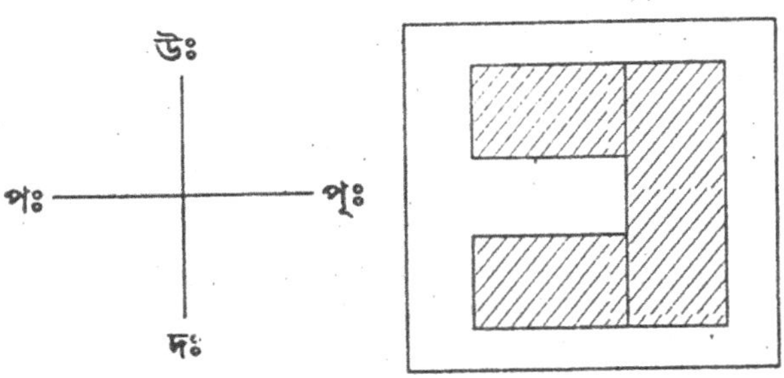

এই নির্মাণকে পদাহণ ত্রিশাল বাস্তু বলে। এই নির্মাণ পুত্রনাশ এবং শত্রু নির্মাণ করে।

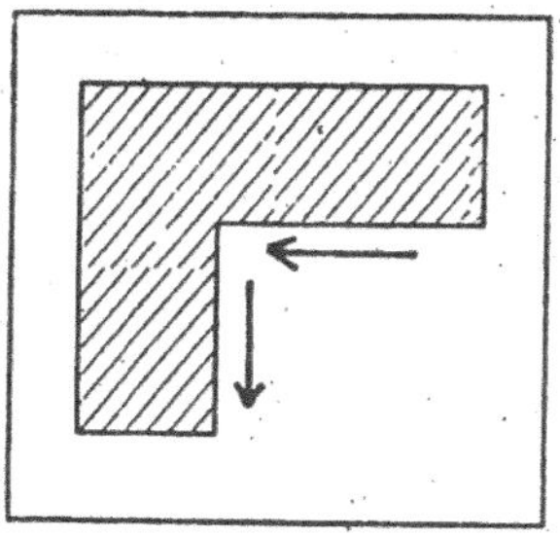

এই নির্মাণকে যম-সূর্য-দ্বিশালা বাস্তু বলা হয়। এই ধরনের নির্মাণে বাস করলে গৃহস্বামীর প্রাণদণ্ড বা ফাঁসীর সাজা পর্যন্ত হয়ে যায়।

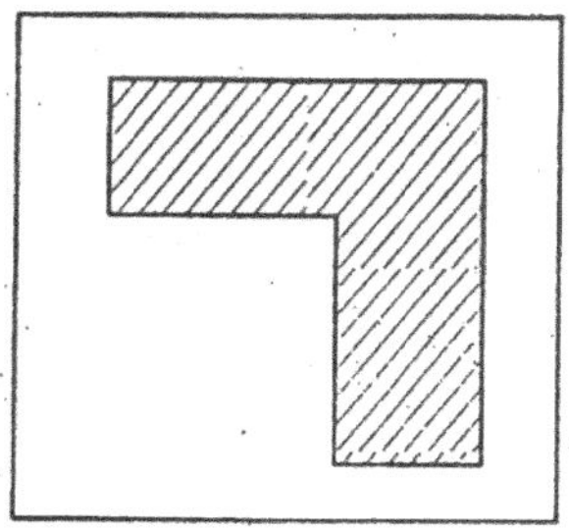

এই ধরণের নির্মাণ দণ্ড দ্বিশালা বাস্তু নামে পরিচিত। এই ভবনের গৃহস্বামীর প্রতি কাজে দণ্ড পেতে হয়। এই নির্মাণ থেকে গৃহস্বামীর রাজ্য থেকে শারীরিক দণ্ড এবং অর্থদণ্ড প্রাপ্ত হয়।

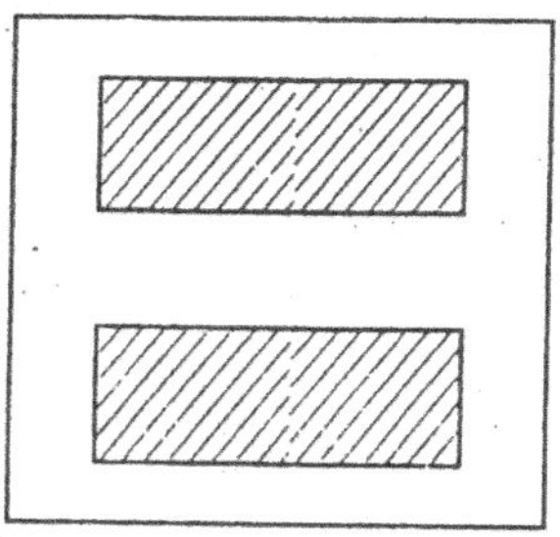

এই নির্মাণ কার্য্যকে দ্বিশালা বাস্তু বলা হয়। এই ধরণের নির্মাণ থেকে বন্ধু বিচ্ছেদ হয় এবং গৃহস্বামী শেষ জীবনে একা হয়ে যায়।

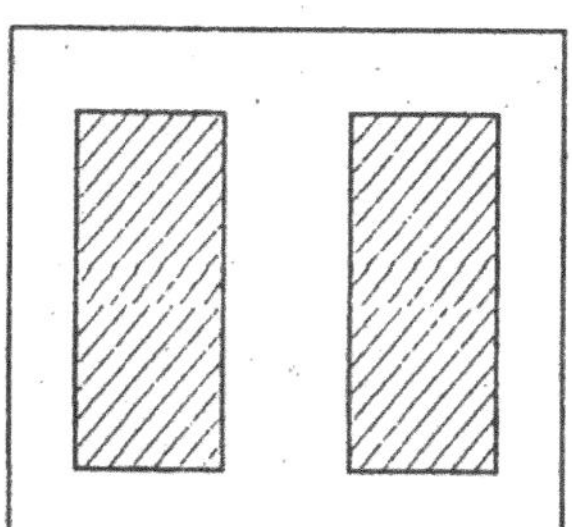

এই নির্মাণকে গৃহচুল্লী দ্বিশালবাস্তু বলা হয়। এখানে বসবাসকারী শেষ পর্যন্ত ভিখিরী হয়ে যায়।

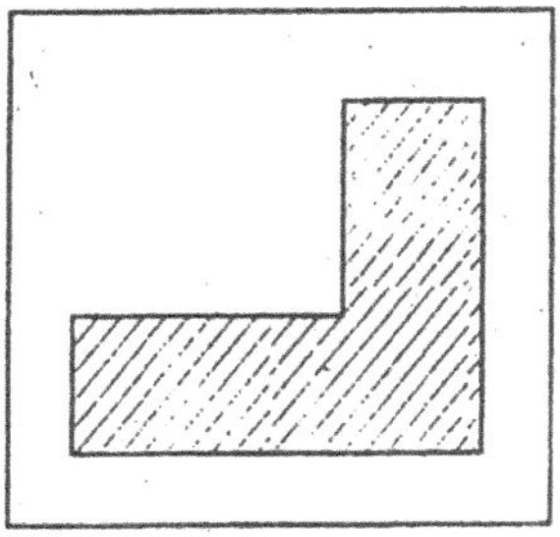

এই নির্মাণকে 'বাত দ্বিশালা বাস্তু' বলা হয়। এই ধরণের নির্মাণে বসবাস করলে গৃহস্বামী বাত এবং বায়ুরোগদ্বারা আক্রান্ত হয়।

এতক্ষণ পর্যন্ত আমরা নির্মাণযোগ্য ভূমি খণ্ডের কোন্ ভাগ থেকে নির্মাণকার্য্য শুরু করা উচিত এবং শুভ নির্মাণ কি রকমের হবে বা অশুভই বা কোন্টা তা নিয়ে আলোচনা করলাম।

প্রাচীন গ্রন্থ বিশ্বকর্মা প্রকাশে একটা শ্লোক আছে যাতে বাড়ীর ভেতর প্রয়োজন হেতু কি-কি ধরণের নির্মাণ করা উচিত, তা সবিস্তারে বলা আছে।

ঈশান্যাং দেবতাগেহং পূর্বস্যাং স্নানমংন্দিরম্।
অগ্নেয়াং পাকমদনং ভাণ্ডারগারমুত্তরে।।
অগ্নেয় পূর্বয়োমধ্যে দধিমন্যকমংন্দিরম্।
অগ্নি প্রেতেশয়োর্মধ্যে আজ্যগেহং প্রশস্যতে।।
য়াভ্যনৈর্ঋত্যয়োমধ্যে পুরীষত্যাগমন্দিরম্।।
নৈর্ঋত্যাম্বুপয়োমধ্যে বিদ্যাভ্যাসস্য মন্দিরম্।।
পশ্চিমানিলয়োর্মধ্যে রোদনার্থ গৃহ স্মৃতম্।
বায়ন্যোত্তরয়োর্মধ্যে রতিগেহং প্রশস্যতে।
উত্তরেশানয়োর্মধ্যে ঔষধার্থ তুকারয়ত্।।
নৈঋত্যাং সুতিকা গেহং নৃপানাং ভূমিমিচ্ছতাম্।।

–বিশ্বকর্মা প্রকাশ

উপরোক্ত শ্লোকের অনুসারে, ঈশান কোনে উপাসনাগৃহ, পূর্ব দিকে স্নানগৃহ, অগ্নি এবং পূর্বের মাঝখানে দধি মন্থনের স্থান, অগ্নি আর দক্ষিণ দিকের মাঝে ঘি রাখার স্থান শ্রেষ্ঠ বা উপযুক্ত হয়। দক্ষিণ এবং নৈঋত দিশাতে টয়লেট এবং নৈঋত বা পশ্চিম দিকে পড়ার ঘর হওয়া উচিত। পশ্চিম এবং বায়ু কোণে শোকস্হান; বায়ু কোনে এবং উত্তর কোনের মাঝে স্বামী-স্ত্রীর শয়ণকক্ষ সর্বশ্রেষ্ঠ হয়। উত্তর এবং ঈশানের মধ্যভাগে ঔষধি রখার স্হান নির্মাণ করা উচিত। প্রসব কক্ষ নৈঋত দিকে হওয়া উচিত।

প্রচীন বাস্তুশাস্ত্রের অনুসারে ভবনের আকৃতি যে রকম দাঁড়ায় তা হল–

পশু ও ধান ভাণ্ডার	রতিগৃহ	ভাণ্ডার গৃহ	ঔষধি স্থল	দেবতা
শোক গৃহ				সর্ব বস্তু
ভোজন গৃহ				স্নানগৃহ
অধ্যয়ন				দধি মন্থন
অস্ত্র	শৌচালয়	শয়নকক্ষ	ঘৃতস্থল	রান্নাঘর

শ্লোকের অনুসারে আমরা উপরোক্ত চিত্র দ্বারা গৃহের সাধারণ জ্ঞান প্রাপ্ত করতে পারি। এইসব সিদ্ধান্ত পালন করলে আমরা বাস্তুমতে গৃহ নির্মাণে সক্ষম হব।

যে যুগে এই শ্লোক প্রচলিত ছিল, সেই যুগে জমি প্রচুর মাত্রায় পাওয়া যেত। যে ঘরকে বা গৃহকে দেখানো হল এসব গৃহ সেই যুগে গুরুত্বপূর্ণ ছিল। সমাজ ব্যবস্থাও তার অনুরূপই ছিল। কিন্তু বর্তমানে আধুনিক যুগে পরিস্থিতি অনেক বদলে গেছে। সুতরাং গৃহনির্মাণ কালে গৃহের অবস্থান আমরা পুরোনো ভাবনাকে মেনে আমাদের প্রয়োজন অনুসারে করব। পুরোনো সেকেলে ঢং-এ করব না।

উদাহরণস্বরূপ, আজকের যুগে পুরোনো থিওরীর সামান্য রদবদল ঘটিয়ে আমরা ব্যবহার করব। যেমন শস্ত্রাগারের জন্য একটা সম্পূর্ণ কামরা বা ঘরের আবশ্যকতা আজ আর নেই। সুতরাং ঐ কামরার প্রয়োগ আমরা জেনারেটর, মেশিন, লোহার জিনিযপত্র রাখার জন্য ব্যবহার করব।

সেই রকম পশু রাখার স্থান আজকাল শহরে জীবনে একদম অনাবশ্যক হয়ে গেছে। সুতরাং ঐ ঘরটিকে আমরা বাচ্চাদের ঘর হিসেবে চিহ্নিত করব।

একই ভাকে শোকগৃহকে গেস্ট রুম বা অতিথিশালা হিসেবে প্রয়োগ করতে পারি। স্নানের ঘর এবং শৌচালয় আলাদা-আলাদা বানানো উচিত। এটা স্বাস্থ্যের জন্য

লাভদায়ক। এইসব ঘরের নির্মাণ কখন করা উচিত তা নিম্নানুসার–

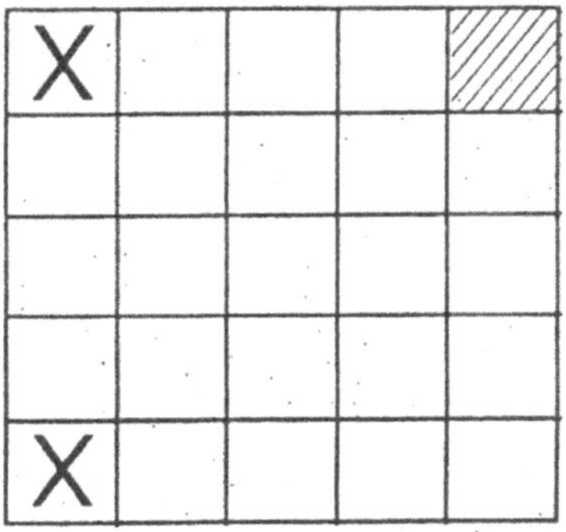

 এই স্হান পূজার জন্য সর্বশ্রেষ্ঠ। এর থেকে ভাল পূজা স্হান আর হবেই পারে না।

X এই স্হান পূজাগৃহের উপযুক্ত নয়।

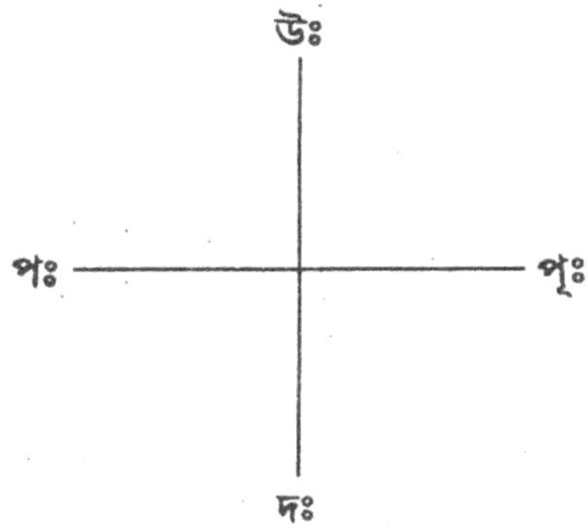

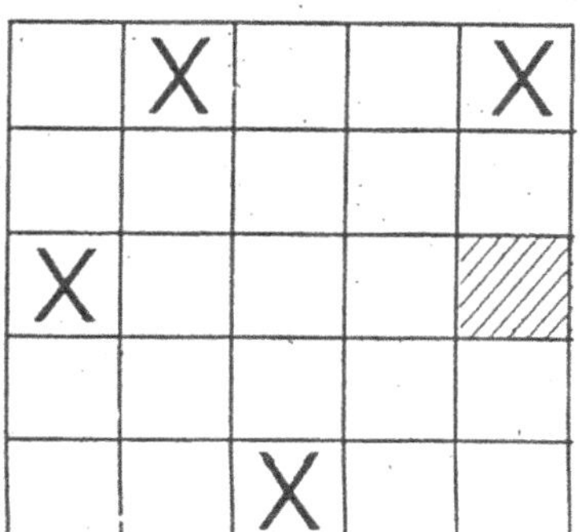

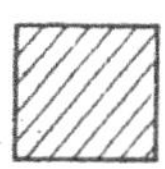 এই স্হান বাথরুমের জন্য উৎকৃষ্ট।

X এই স্হানে বাথরুম নির্মাণ করালে গৃহস্বামীর কষ্ট বাড়বে।

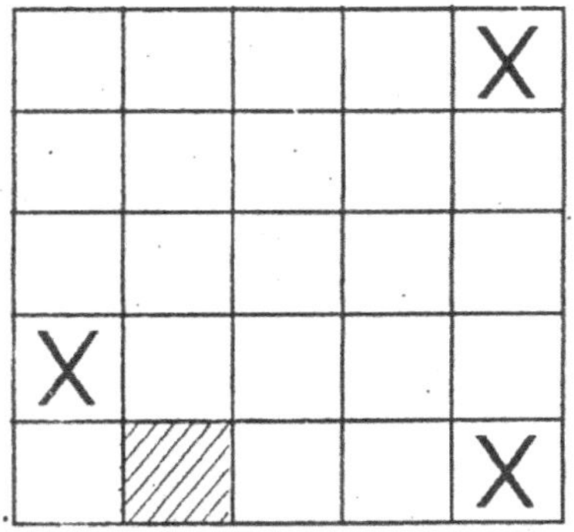

এই স্হান শৌচাগার করার জন্য উপযুক্ত।

X এই স্হানে শৌচাগার করা অনুচিত।

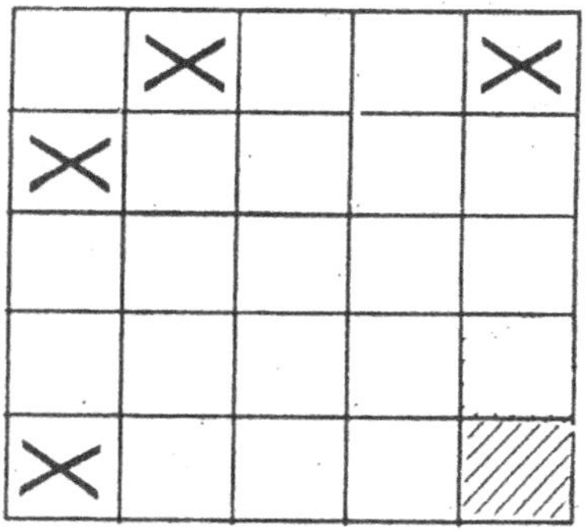

এই স্হান রান্নাঘরের উপযুক্ত।

X এই স্হান রান্নাঘরের উপযুক্ত নয়। যদি এখানে রান্না করা হয়, তবে সেই খাবার আদৌ সুস্বাদু হবে না।

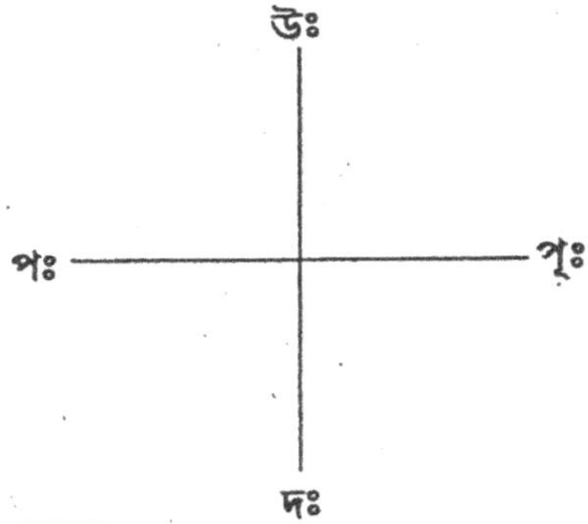

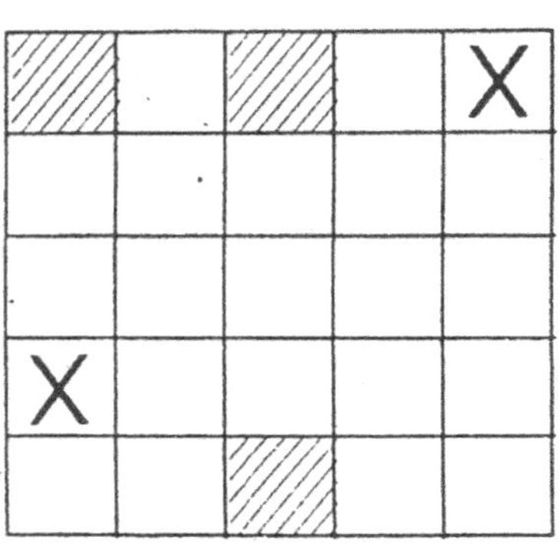

এই স্হান গৃহ সামগ্রী ভাণ্ডার হবার উপযুক্ত।

X এই স্হান ভাণ্ডারের উপযোগী নয়।

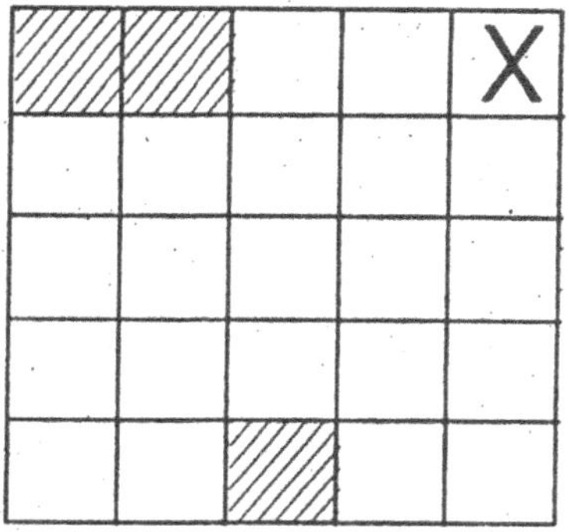

এই স্হান শোবার ঘর হিসেবে সর্বশ্রেষ্ঠ।

X এই ঘর শোবার ঘরের জন্য উপযুক্ত নয়। এখানে শোবার ঘর বানালে দেবদোষ হয়।

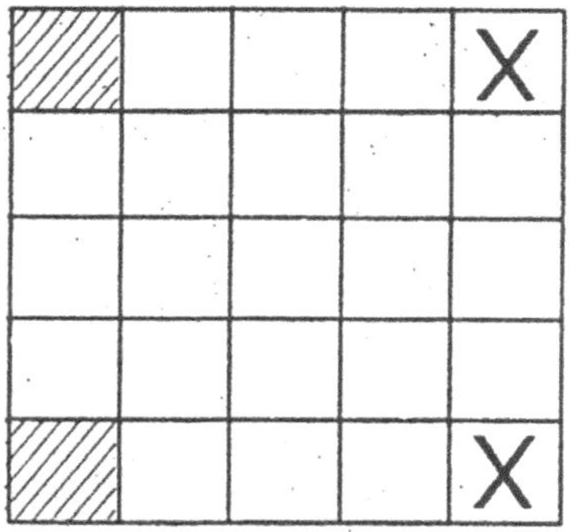

এই স্হান গেস্টরুম, বাচ্চার ঘর হিসেবে উপযুক্ত।

X এই স্হান উপযুক্ত নয়।

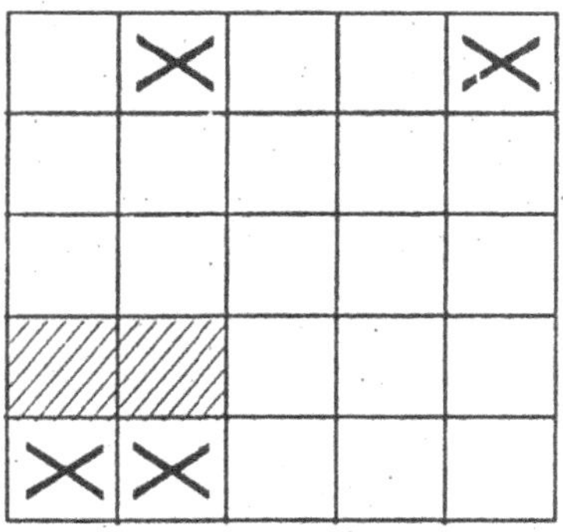

এই স্হান বিদ্যাভ্যাসের উপযুক্ত।

এই স্হান উপযুক্ত নয়।

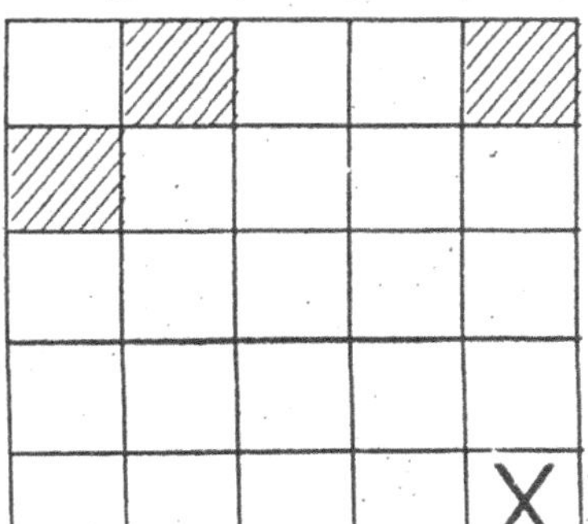

এই স্হানে জলাধার বানালে ঠিক হবে।

X এই স্হান জলাধারের জন্য ঠিক নয়।

এইভাবে এতক্ষনে আমি আপনাদের বোঝালাম যে আপনি আপনার জমির কোথায় কি বানাবেন ? এটা একটা মোটামুটি সাধারণ জ্ঞান। আমি কোন জটিলতার মধ্যে না গিয়ে এটাই চেয়েছি যে, আপনি ভবন নির্মাণের সময় অযথা কষ্টে যাতে না পড়েন। এ ছাড়াও যদি আপনার আরো কিছু জানতে ইচ্ছা হয়, তাহলে গৃহ নির্মাণের সময় একজন বাস্তুকারের সাহায্য এবং পরামর্শ নিন।

এবার আমরা সিঁড়ি নিয়ে বিচার করব। প্রত্যেকটি বাড়ীতে, তা সে একতলা বা দোতলা যাই হোক না কেন, সিঁড়ি নিশ্চয়ই থাকবে। সিঁড়ির নির্মান সব সময় এইভাবে করা উচিত, যাতে তার মুখ সব সময় পূর্ব বা দক্ষিণ দিকে হয় অর্থাৎ সিঁড়ি বাড়ীর পশ্চিম, উত্তর ভাগে হয় বা দক্ষিণ দিকেও হতে পারে। এছাড়া ওপরে এবং নীচে দুই দিকেই মজবুত দরজা যাতে থাকে। নীচের দরজা থেকে ওপরের দরজা কম হতে পারে কিন্তু উচ্চতা যেন নীচের দরজা থেকে কম না হয়।

মনে রাখা উচিত সিঁড়ি ঘর যা ছাদের ওপরে তৈরী হয়, তার উচ্চতা দক্ষিণ-পশ্চিমের উচ্চতা থেকে অধিক না হয়ে যায়। সিঁড়ির সংখ্যা যেন সব সময়ই বিজোড় থাকে–জোড় না হয়ে যায়। কারণ বিজোড় সংখ্যাই গৃহের জন্য শুভ বলে মানা হয়।

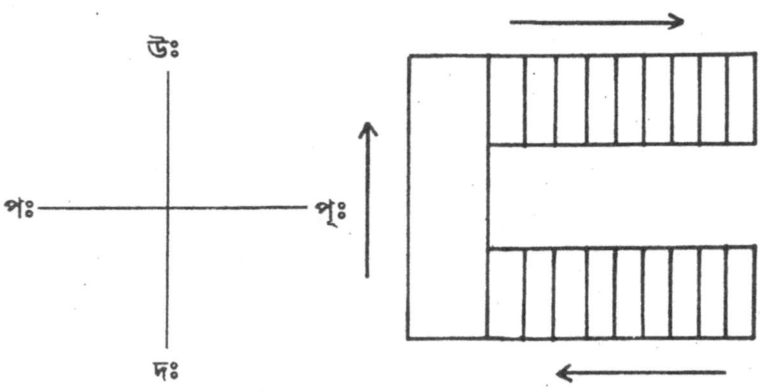

এখানে সিঁড়ির সংখ্যা ৯, যেটা বিজোড় সংখ্যা। সিঁড়ির মুখ এখানে পূর্ব দিকে, যা অত্যন্ত শুভ।

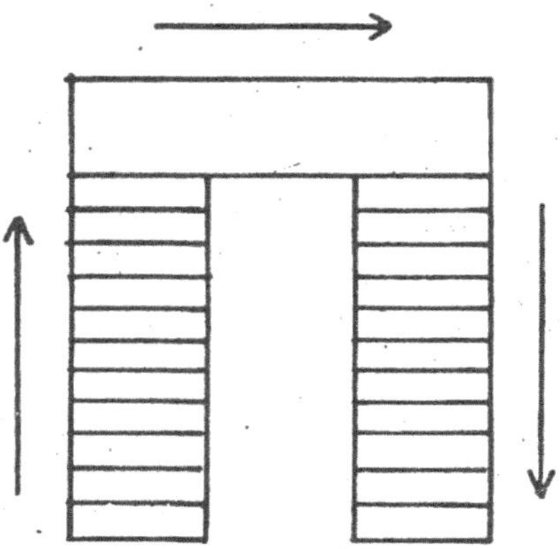

এখানে সিঁড়ির সংখ্যা ১১, যেটা বিজোড় সংখ্যা। সিঁড়ির মুখ এখানে দক্ষিণ দিকে, যা নিতান্তই শুভ।

সিংহ দুয়ার বা মুখ্য দ্বার

নিজস্ব বাড়ী হোক, ফ্যাক্টরী হোক অথবা দোকানই হোক না কেন নির্মাণের জন্য যখনই জমি কেনা হল, তখন প্রধান বিচারাধীন প্রশ্ন থেকে যায় যে, ভবনের প্রধান দ্বার বা প্রবেশ দ্বার বা সিংহদুয়ার কি ভাবে আর কোন দিক্ করে নির্মাণ করা হবে। এ কথা সত্যি যে আজকের যুগে জমির আগুনছোঁয়া দামের দিকে লক্ষ্য রেখে আমাদের শুধুমাত্র প্রধান দ্বারের নির্দ্ধারণ অনেকটা ভূমি বা জমি রাস্তার অনুসারে করতে হয়।

সুতরাং জমিটা কেনার সময়ই যদি যদি দিশা জ্ঞান সঠিক রাখা যায় তো বেশী ভাল হয়। বাস্তুশাস্ত্রের অনুসারে ভবনের মুখ্যদ্বারের নির্মাণ-এর জন্য ভূমিখণ্ডের চার পাশে নিবাসকারী ৩২ দেবতাদের অবস্থানের খেয়াল রাখা উচিত।

বাস্তুদ্বার চক্রে প্রত্যেক দিশাকে আট ভাগ করে তাদের দেবতাদের স্থিতি এবং ফল দেখে করা যায়।

বাস্তু দ্বারা চক্র নিম্নলিখিত ঃ-

বাস্তু দ্বার চক্রে এক থেকে বত্রিশ খণ্ড বানানো আছে। এই প্রত্যেক খণ্ডে দেবতাদের বাস ওদের ক্রম অনুযায়ী এই রকম-

(১) শিখি	(২) পর্যন্ত	(৩) জয়ন্ত	(৪) ইন্দ্র
(৫) সূর্য	(৬) সত্য	(৭) মৃশ	(৮) আকাশ
(৯) বায়ু	(১০) পুষা	(১১) বিতথ	(১২) বৃহত্যত
(১৩) যম	(১৪) গন্ধর্ব	(১৫) ভৃঙ্গারাজ	(১৬) মৃগ
(১৭) পিতৃ	(১৮) দৌবারিক	(১৯) সুগ্রীব	(২০) পুষ্পদন্ত
(২১) বরুণ	(২২) অসুর	(২৩) শোষ	(২৪). পাপ

(২৫) রোগ (২৬) অহি (২৭) মুখ্য (২৮) ভল্লাট
(২৯) সোম (৩০) ভূজগ (৩১) অদিতি (৩২) দিতি

বাস্তুদ্বার চক্র নিম্ন প্রকার ঃ–

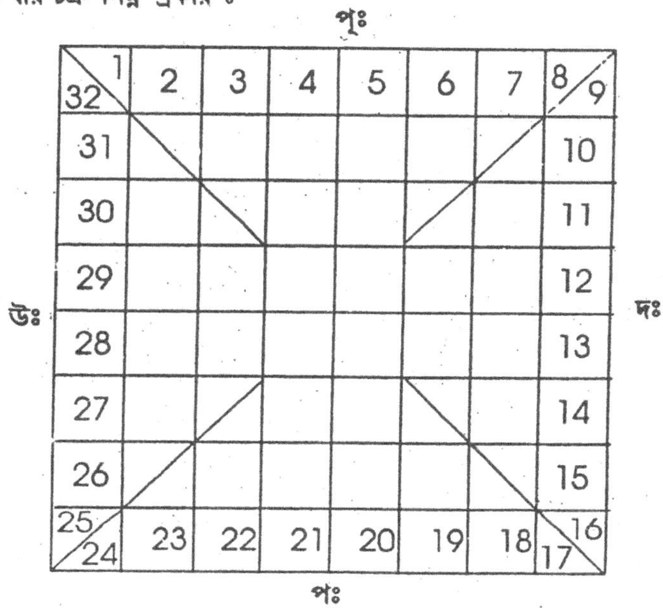

দিশা বা দিক্ অনুসারে ৩২ বাস্তুচক্র

দিশার অনুসারে এই ৩২ দেবতাদের ফল নিম্নরূপ ঃ–

পূর্ব দিকে–

(১) শিখি ভাগে মুখ্যদ্বার বানালে আগুনের ভয়।
(২) পর্যন্তের ভাগে দ্বার বানালে কন্যাসন্তানের বৃদ্ধি।
(৩) জয়ন্তর ভাগে দ্বার বানালে প্রচুর ধনলাভ যোগ।
(৪) ইন্দ্রের ভাগে দ্বার বনালে রাজপ্রিয়তা।
(৫) সূর্যের ভাগে দ্বার বানালে রাগের বা ক্রোধের আধিক্য।
(৬) সত্যের ভাগে দ্বার বানালে অসত্যভাষনের আধিক্য।
(৭) মৃশের ভাগে দ্বার বানালে ক্রূরতা।
(৮) আকাশের ভাগে চুরির ভয়।

দক্ষিণের দিকে–

(৯) বায়ুর ভাগে দ্বার বানালে সন্তান–হ্রাস।
(১০) পুষার ভাগে সেবিকা।
(১১) বিতথের ভাগে নীচতা।
(১২) বৃহত্যতের ভাগে মদ্যপান এবং পুত্রবৃদ্ধি।
(১৩) যমের ভাগে দরজা বানালে ভয়ংকরতা।
(১৪) গন্ধর্ব্বের অংশে মুখ্য দ্বার বানালে কৃতঘ্নতা।
(১৫) ভৃঙ্গরাজের ভাগে বানালে কৃতঘ্নতা।

পশ্চিমের দিকে–

(১৬) মৃগের ভাগে দরজা বানালে পুত্রের পরাক্রম নাশ।
(১৭) পিতৃর ভাগে মুখ্য দ্বার বানালে অল্পায়ু এবং নির্ধনতা।
(১৮) দৌবারিকের ভাগে দ্বার হলে প্রচুর ব্যয় হবে।
(১৯) সুগ্রীবরে ভাগে হয় ধননাশ।
(২০) পুষ্পদন্তের ভাগে দ্বার বানালে ধনবৃদ্ধি।
(২১) বরুণের ভাগে দ্বার বানালে যোগপ্রাপ্তি।
(২২) অসুরের ভাগে দ্বার বানালে রাজভয়।
(২৩) শোষের ভাগে দ্বার বানালে রোগের প্রাগুর্ভাব।
(২৪) পাপের ভাগে দ্বার বানালে পাপের সঞ্চয় হতে থাকে।

উত্তরের দিকে

(২৫) রোগের ভাগে দ্বার বানালে রোগের ভয়।
(২৬) অহির ভাগে দ্বার বানালে শত্রুবৃদ্ধি।
(২৭) মুখ্যর ভাগে দরজা বানালে পুত্র এবং ধনলাভ।
(২৮) ভল্লাটের ভাগে দরজা হলে বিপুল লক্ষ্মীপ্রাপ্তি।
(২৯) সোমের ভাগে দরজা বানালে ধর্ম এবং শীলের উন্নতি।
(৩০) সর্পের ভাগে দ্বার বানালে পুত্রের সঙ্গে শত্রুতা।
(৩১) অদিতির ভাগে দরজা বানালে স্ত্রীদের মধ্যে দুষ্টবুদ্ধি জাগ্রত হয়।
(৩২) দিতির ভাগে দরজা হলে নির্ধনতা।

উপরোক্ত সম্পূর্ণ বিবরণ থেকে আমরা বুঝতে পারি যে, মুখ্য দরজা বাস্তুমতে খুব কম জায়গাতেই বানানো যায় এবং বানাবার সময় খুব সতর্কতা সহকারে স্থানের দিকে লক্ষ্য রাখতে হবে।

বোধচক্রম্-এর অনুসারে একে আমরা এইভাবেও দেখাতে পারি।

-ঃ বোধচক্রম্ ঃ-

পূঃ	শিখি১	পর্যত২	জয়ন্ত৩	ইন্দ্র৪	সূর্য৫	সত্য৬	মৃশ৭	আকাশ৮
	অগ্নিভয়	স্ত্রীলাভ	বহুধন	রাজপ্রিয়তা	ক্রোধ	অসত্যতা	ক্রূরতা	চৌর্য্য
দঃ	বায়ু৯	পুষা১০	বিতথৈ১১	বৃহত্যত্১২	যম১৩	গধর্ব্য১৪	ভৃঙ্গরাজ১৫	মৃগ১৬
	আশাপাপত্ব	সেবকাই	নীচত্ব	সন্ততি	ক্ষুদ্রকর্ম	কৃতঘ্নতা	নির্ধনতা	সুতবীর্যনাশ
পঃ	পিত্১৭	দৌবারিক১৮	সুগ্রীব১৯	পুষ্পদন্ত২০	বরুণ২১	অসুর২২	শোষ২৩	পাপ২৪
	স্বল্পায়ু	ব্যয়	ধননাশ	ধনবৃদ্ধি	ভোগ	রাজতয়	অতিরোগ	পাপসজ্জা
উঃ	রোগ২৫	অহি২৬	মুখ্য২৭	ভল্লাট২৮	সোম২৯	সর্প৩০	অদিতি৩১	দিতি৩২
	বধবংধ	শত্রুভয়	পুত্রলাভ	লক্ষ্মী	ধর্মশীল	বহুবৈর	স্ত্রীরোগ	ধননাশ

এছাড়াও কিছু বাস্তুশাস্ত্রকার মুখ্য দরজার সঠিক স্থান বের করার অন্য উপায়ও বলে গেছেন, তা নিতান্তই সরল। উপায়টি নিম্নরূপ ঃ-

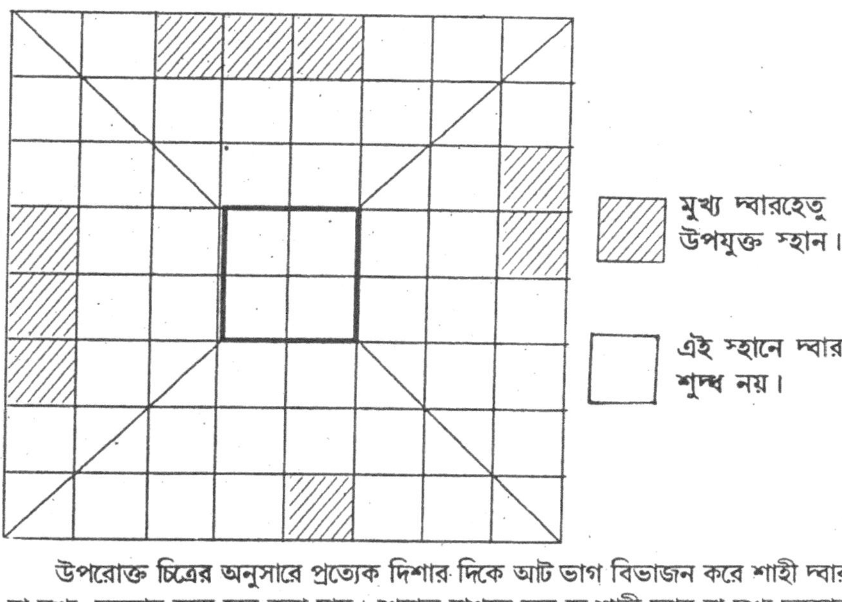

উপরোক্ত চিত্রের অনুসারে প্রত্যেক দিশার দিকে আট ভাগ বিভাজন করে শাহী দ্বার বা মুখ্য দরজার জন্য বের করা যায়। খেয়াল রাখতে হবে যে শাহী দ্বার বা মুখ্য দরজার ওপর দাঁড়ালে যাতে সঙ্গে-সঙ্গে ভেতরের পুরো উঠোনটার ওপর যেন দৃষ্টি না পড়ে।

এমনিতে দেখা গেছে মন্দির বানাবার সময় বোধচক্রম্-এর সিদ্ধান্তই কাজে লাগানো হয়। বোধচক্রম্-এ যে স্থান শুভ ফল দেয়, দ্বার সেখানেই নির্মান করানো উচিত।

এই চক্রম্-এ পূর্ব দিশাতে নং ২ স্ত্রীলাভ ও নং ৩-তে জয়ন্ত বহুধন এবং নং ৪ ইন্দ্র রাজপ্রিয়তা ভাল পরিণামই দর্শায়। সুতরাং মুখ্যদ্বার এই স্থানেই নির্মাণ করতে হবে পূর্বমুখী করে।

কিন্তু দক্ষিণের দিকে একটাও ভাল ফল না থাকার কারণ মুখ্য দরজা কখনই দক্ষিণ দিকে হওয়া ভাল নয়।

পশ্চিম দিকে নং ২০ পুষ্পদন্ত ধনবৃদ্ধির যোগ আছে। সুতরাং এই পরিণামও বেশ ভাল, এখানে দ্বার নির্মাণও যথেষ্ট ভাল।

উত্তর দিকে নং ২৭ মুখ্যতে ধন এবং পুত্রলাভের যোগ হয়। সুতরাং, এখানে মুখ্য দরজা গৃহস্থের জন্য লাভদায়ক। এ ছাড়া নং ২৪ ভল্লাট-এ বিপুল লক্ষ্মী এবং ২৯ সোম-এ ধর্ম এবং শীলের যোগকে শুভ বলে মানা হয়।

উপরোক্ত দুটি নিয়ম ছাড়াও মুখ্য দ্বারের জন্য আরো অনেক মত প্রচলিত আছে।

নবভাগং গৃহং কুর্যাৎ পংয় মাগং তু দক্ষিণে।
ত্রিভাগ মুত্তরে কৃত্বা শেষ দ্বার প্রকল্পয়েত্।

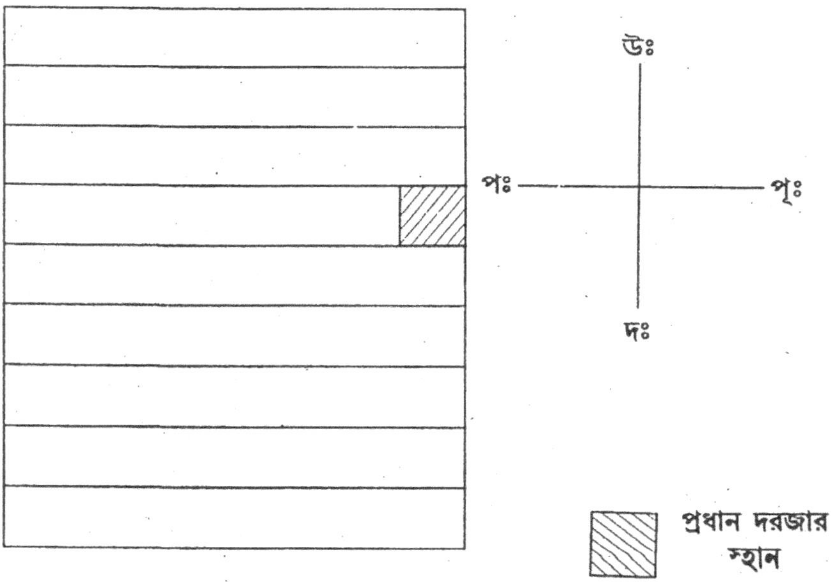

এই বিধি অনুসারে বাড়ীর দৈর্ঘ্যের (যে দিকে দ্বার বানানো হবে তার দৈর্ঘ্য) বরাবর বরাবর নতুন ভাগ করে ৫ ভাগ ডান দিকে ও ৩ ভাগ বামের দিকে ছেড়ে দিয়ে বাকী (অর্থাৎ বাঁ দিক থেকে চতুর্থ) ভাগে দ্বার তৈরী করা উচিত।

বাড়ীর ডান দিকের ভাগ সেটাই হয়, যা বাড়ী থেকে বেরোবার সময় মানুষের ডান দিকে থাকে। লক্ষ্য রাখা উচিত বেরোবার সময়–ঢোকার সময় নয়। আবার বাড়ীর বাঁ দিক তাকেই বলা হয়, যা বেরোবার সময় মানুষের বাঁ দিকে থাকে। আমরা যদি পূর্বের দিকে মুখ করে দাঁড়াই, তাহলে আমাদের ডান অংগ দক্ষিণ দিকে এবং বাঁ অংগ উত্তর দিকে থাকবে। এমনিতেই যদি বাড়ীর মুখ পূর্বের দিকে থাকে, তো বাড়ীর ডান দিকের ভাগ দক্ষিণ দিকে আর বাঁ দিকের ভাগ উত্তর দিকে থাকবে।

অর্থাৎ আমাদের ডান হাত ওর বাঁ হাতের দিকে এবং ওর ডান হাত আমাদের বাঁ হাতের দিকে পড়বে।

এই যুক্তি নিয়ে কোন লোকের বাড়ীতে প্রবেশ করার সময় আমাদের বাঁ দিক বাড়ীটির ডান দিকের দিকে এবং আমাদের ডান দিক বাড়ীর বাঁ ভাগের দিকে পড়বে। এটাই বৃঃ বাঃ মালাকর এর মত– 'বাস্তুরত্নাকর'

বাস্তুশাস্ত্রের অনুসারে বাড়ীটির বাইরে বা ভেতরের দ্বারের দিশাতে চার প্রকার সম্বধ আছে বলে ধরা হয়। এদের ক্রমাশ্বয়ে–

(১) উৎসঙ্গ (২) সব্য (৩) উপসব্য এবং (৪) পৃষ্ঠভঙ্গ বলা হয়।

(১) **উৎসঙ্গ**–যখন বাইরের এবং ভেতরের দরজা দুটোই একই দিকে মুখোমুখি থাকে, তাকে উৎসঙ্গ বলা হয়। উৎসঙ্গ সবথেকে ভাল বলে মানা হয়।

(২) **সব্য**–যখন বাইরের মুখ্যদ্বার, ভেতরের প্রবেশদ্বারের ডান দিকে থাকবে, তাকেই সব্য বলা হয়। সব্যকেও শুভ মানা হয়।

(৩) **অপসব্য**--যখন বাইরের মুখ্যদ্বার ভেতরের দরজার বাঁ দিকে থাকবে, তখন তাকে অপসব্য বলা হয়। অপসব্যকে ভাল বলা হয় না।

(৪) **পৃষ্ঠভঙ্গ**–যখন বাইরের মুখ্যদ্বার ভেতরের দরজার উল্টো দিকে থাকে, তাকে পৃষ্ঠভঙ্গ বলা হয়। এটাকেও শুভ বলে মানা হয় না।

এইভাবে দেখা গেছে যে মুখ্য দ্বারের স্থাপনা একটা নির্দিষ্ট জায়গায় করলেই ঠিক হবে এবং দরজার সামনেই আর একটা দরজা থাকা উচিত নয়। দেওয়ালের প্রস্থতার ঠিক মাঝামাঝিও দরজা থাকা ঠিক নয়। দরজার ওপর দরজা নির্মাণও সঠিক নয়। প্রধান দ্বার খুব বেশী মোটা আর খুব বেশী পাতলা হওয়াও ঠিক নয়, আবার প্রধান দরজার কপট স্বয়ং খোলা বা বন্ধ হয় এ রকম হওয়াটাও ঠিক নয়।

প্রধান দরজা সাধাণতঃ ১ঃ২ অর্থাৎ চওড়ার থেকে দুগুণ উঁচু হওয়া উচিত। কম বা বেশী যেন না হয়। খুব কম করে হলেও চার ফুট চওড়া হওয়া বাঞ্ছনীয়। দরজা খোলা এবং বন্ধের সময় আওয়াজ যাতে না হয়। প্রধান দরজার কাঠ নতুন হওয়া দরকার। পুরোনো বাড়ীর কোন বস্তু নতুন বাড়ী বানাবার সময় ব্যবহার করা উচিত নয়। এর পরিণাম শুভ হয় না।

প্রধান দরজার চৌকাঠ সমান অর্থাৎ তার স্থাপনা সব সময় সমকোন ধরেই হওয়া উচিত। প্রধান দরজার চৌকাঠের উপর মঙ্গলকলস বা ঘট দিয়ে সাজালে ভাল হয়। এই ধরণের সাজসজ্জা অন্যান্য দরজা ছেড়ে প্রধান দরজায় দিলেই ভাল হয়।

প্রধান দরজা সব সময় কাঠের হলেই ভাল হয় আর তা কপাটযুক্ত হওয়াই যুক্তিযুক্ত।

যদি ঘরের সমস্ত দরজা এক পাল্লাওয়ালা হয়, তাহলে প্রধান দরজা দুই পাল্লাওয়ালা হওয়া উচিত আর পাল্লাগুলো ভেতরের দিকে খোলা উচিত।

দ্বারচেছদ বা বিভেদযুক্ত দ্বার

প্রধান দরজা নির্মাণ করার সময় এটাও খেয়াল রাখা উচিত, যাতে দ্বারভেদ বা দ্বারচেছদ না থাকে। যখন কোন প্রধান দরজার ওপর বা সামনে কোন বাধা এসে যায়, তাকে ভেদ বলে।

উদাহরণস্বরূপ বলা যেতে পারে কোন দরজার সামনে পোস্ট, সিঁড়ি, রাস্তা, কোন বড় গাছ, কাঁটাযুক্ত ঝড়, মেশিন, কূয়া প্রভৃতি থাকলে তাকে দ্বারভেদ বা দ্বারচেছদ বলা হয়। এ সব কোন কিছুই যাতে প্রধান দরজার সামনে না হয় তার দিকে কড়া নজর দেওয়া প্রয়োজন। আবার ঐই সব জিনিষই যদি মুখ্যদ্বারের দ্বিগুণ দূরত্বে থাকে তো তাকে দ্বারভেদ বলা হয় না।

বাস্তু শাস্ত্রের মতামত

যদি রাস্তার সামনে দরজা থাকে, তাহলে তা গৃহস্বামীর জন্য অশুভ ফল দান করে। দরজার সামনে যদি কোন বড় বৃক্ষ থাকে, তো তা ছোট বাচ্চাদের জন্য ভাল নয়–ক্ষতিকারক।

যে দরজার সামনে সব সময় কাদা বা নোংরা জমা থাকে, তা শোককারক বলে ধরা হয়। যে দরজার সামনে সব সময় জল বইতে থাকে, তা অর্থ অপায় কারক হয়। যদি দরজার সামনে কূয়ো থাকে তা মৃগীরোগকারক হয়। দরজার সামনে যদি দেবতা বা মন্দির থাকে তাহলে তা বিনাশকারী হয়। কিন্তু এ সব বস্তুই যদি ভবনের উচ্চতার দ্বিগুন জমি ছেড়ে হয় থাকে তো তা ভেদদোষ-এর আওড়ায় পড়ে না। আবার বাড়ী অথবা ভেদবস্তুর মাঝখানে যদি সরকারী রাস্তা পড়ে যায়, তাহলে সেটাও কিন্ত দোষমুক্ত।

রাজবাড়ী বা সাধারণ বাড়ীর পেছনে বা পাশে ঐইসব জিনিষ যদি থাকে, তো তাকে ভেদদোষ বলা হয় না। শুধুমাত্র দরজার ঠিক সামনে থাকলেই তাকে ভেদদোষের আওতায় আনা যায়।

মুখ্য প্রধান দ্বার (সিংহদুয়ার নয়)

প্রধান দরজা, সদর দরজা বা সিংহদুয়ার-এর পেছনে বাড়ীতে একটা প্রধান দরজাও থাকে, যা দিয়ে ভবনের ভেতর প্রবেশ করতে হয়। ঐই দরজাকেও সিংহদুয়ারের মত গুরুত্বপূর্ণ মানা হয়। প্রধান দরজার কিছু নিয়ম নিম্নরূপ–

(১) প্রধান দরজা যদি উত্তরী ঈশানমুখী হয় তো তাকে উচ্চমানের বলে গণ্য করা হয়।

এতে গৃহস্বামীর প্রচুর লাভ হয়। উত্তর-ঈশান মুখে প্রধান দ্বার থাকলে সাধারণতঃ ভারী বস্তু বা ফার্নিচার প্রভৃতি ঘরের দক্ষিণ কিংবা পশ্চিমভাগে রাখতে হবে। এইভাবে উত্তর-পূর্ব কিংবা দক্ষিণ-পশ্চিমের থেকে হাল্কা রাখতে হবে। ভবন নির্মাণের এটাই মূল সিদ্ধান্ত যা অত্যন্ত শুভফলদায়ী।

(২) প্রধান দরজা যদি পূর্ব ঈশানমুখী হয় তাহলে তাও অত্যন্ত শুভ। যে গৃহের প্রধান দ্বার পূর্ব-ঈশান কোনে স্থির, তার বাসিন্দারা অত্যন্ত মেধাবী, জ্ঞানবান এবং বিদ্বান হিসেবে হয়। পূর্ব ঈশান কোনে মুখ্য দ্বার হলে ভারী বস্তু দক্ষিণ দিকে রাখা উচিত। যাতে আসা-যাওয়ার রাস্তা উত্তরের দিকে থাকে। এটি অত্যন্ত শুভফলদায়ী হবে।

(৩) পূর্ব অগ্নি কোনের প্রধান দরজা নিম্নমানের বলে মানা হয়। এ দিকে প্রধান দ্বার বানালে পরিণাম সব সময় খারাপ হতেই আমি দেখেছি।

(৪) দক্ষিণ-অগ্নি কোনের প্রধান দরজা উচ্চমানের বলেই মানা হয়েছে। দক্ষিণ অগ্নিকোনে মুখ্যদ্বার শুভ ফলদায়ী। এক্ষেত্রে ফার্নিচার বা অন্য ভারী জিনিষ পশ্চিম দিকে রাখা হয়। এই রকম ব্যবস্থাতে আসা-যাওয়ার রাস্তা পূর্বমুখী থাকে–যা নিতান্তই কল্যাণকারী।

(৫) দক্ষিণী নৈর্ঋত-এর প্রধান দ্বার নিম্নমানের। প্রধান দ্বার দক্ষিণ নৈর্ঋত দিকে বানালে আর্থিক ক্ষতি বা পরিবারের স্ত্রীলোকের স্বাস্থ্য সব সময়ই খারাপ থাকবে।

(৬) পশ্চিম নৈর্ঋত-এর প্রধান দরজা হলে তাও নিম্নমানের। এতে আর্থিক ক্ষতি এবং গৃহস্বামীর অবনতি বা ডিমোশন হবার সম্ভাবনা। সুতরাং বাস্তুমতে এ দিকে দ্বার নির্মাণ অনুচিত।

(৭) পশ্চিমী বায়ুমুখী দ্বার-কে উচ্চমানের মানা হয়। সুতরাং পশ্চিমী বায়ু কোণে দ্বার নির্মাণ করালে তা অত্যন্ত শুভ ও কল্যাণকারী হয়।

(৮) উত্তরী বায়ুর প্রধান দরজা নিম্নমানের। এতে নিবাসকারীরা সর্বদা চঞ্চল ও অস্থিরমতির হয়।

কিছু সিদ্ধান্ত

(ক) যদি ঘরের প্রধান দরজা পশ্চিম দিকে হয়, তাহলে পূর্ব দিকে একটি দরজা তৈরী করা অনিবার্য। এইভাবে ঘরের প্রধান দরজা যদি দক্ষিণ দিকে রাখা হয়, তাহলে এই ঘরে উত্তরদিকে একটা দরজা বানানো নিতান্তই জরুরী। এই সিদ্ধান্ত কিন্তু গৃহে বসবাসকারী সব সদস্যের উপর খাটবে। এর ফলে গৃহে বসবাসকারী ব্যক্তিদের মুখ অনায়াসেই পূর্ব এবং উত্তরমুখী হয়ে যায়।

(খ) যে কোন আবাসিক ভবনের দরজা এবং জানলা, চারদিকেই বানাতে পারেন। কিন্তু লক্ষ্য রাখবেন দরজা এবং জানলার দিক উচ্চমানের যাতে হয়। অর্থাৎ-তা যেন বাস্তুমতেই হয়।

(গ) প্রত্যেক ঘরে দরজা বানাবার সময় খেয়াল রাখা দরকার, যাতে দরজার চৌকাঠ প্রধান দেওয়ালের সঙ্গে না লেগে যায়। দেওয়াল আর দরজার চৌকাঠের মাঝখানে কম করেও চার ইঞ্চির তফাৎ অবশ্যই যেন থাকে।

(ঘ) ঘরের ভেতর দরজা, জানলা এবং আলমারী একে-অন্যের মুখোমুখি যাতে হয়, এইভাবে নির্মাণ বা 'ইনটিরিয়ার ডেকোরেশন' করাবেন।

(ঙ) যদি কোন ঘরের প্রধান দরজা পূর্ব দিকে হয়, তাহলে ঘরের প্রবেশ দ্বার ঘরের পূর্ব দিকে রাখা ঘরগুলোর মধ্যে যাতে থাকে। লক্ষ্য সব সময় এইটাই রাখা উচিত, যাতে ঢোকার রাস্তা ঐ কামরার উত্তরের অর্দ্ধেক ভাগে পড়ে। এটাও শুভ এবং কল্যাণকারী।

(চ) যদি ঘরের প্রধান দরজা উত্তর দিকে হয়, তাহলে ঐ ঘরের প্রবেশ দ্বার ঘরের সব থেকে উত্তরের প্রান্তে তৈরী কামরাতেই যাতে থাকে, সেদিকে লক্ষ্য রাখবেন। আবার এ দিকেও দৃষ্টি দেবেন, যাতে ঐ কামরার দ্বার পূর্ব অর্দ্ধভাগে পড়ে। এটিও শুভফলদায়ী।

(ছ) যদি ঘরের মুখ্যদ্বার পশ্চিম দিকে হয়, তো ঐ ঘরের প্রবেশ দ্বার ঘরের পশ্চিম দিকে এমনভাবে বানানো উচিত, যাতে সেটা উত্তর দিকের অর্দ্ধভাগের মধ্যে পড়ে। এমন করলে মুখ্য দ্বারের প্রভাব অনেক বেড়ে যাবে এবং ঘরের সমৃদ্ধি চরম শিখরে পৌঁছে যাবে।

(জ) যদি ঘরের মুখ্য দ্বার দক্ষিণ দিকে থাকে, তো ঐ ঘরের প্রবেশদ্বার ঘরের দক্ষিণ দিকের এমনভাবে বানানো হয়, যাতে সেটা কামরার পূর্ব অর্দ্ধভাগে পড়ে। এই স্হিতি ঘরের নিবাসীদের জন্য শুভফলদায়ী।

(ঝ) নিম্নমানযুক্ত স্হানে দরজা বানালে, সেই ঘরের নিবাসী বিকারগ্রস্ত হতে পারে।

দরজার সংখ্যা

ভবন বা গৃহের কামরা বা ঘর কিংবা বাড়ীর নির্মাতার আর্থিক স্হিতি এবং পরিস্হিতির ওপর দরজার সংখ্যা নির্ভর করে। অনাবশ্যক দরজা থাকলে যেমন বাড়ীর ক্ষতি হতে পারে, ঠিক তেমনি প্রয়োজন অনুসারে দরজা না থাকলে বাড়ীর বাসিন্দাদের নিদারুণ কষ্টের সামনাসামনি হতে হয়। সুতরাং আমরা একটি দরজা থেকেই বিচার শুরু করব।

এক দ্বার ঃ কোন বাড়ীতে একটা দ্বার থাকলে তা অবশ্য যথেষ্ট মজবুত করেই বানানো হয়। যদি কোন বাড়ীতে কেবলমাত্র একটাই দরজা বানাতে হয়, তাহলে তা পূর্ব এবং উত্তর দিকেই বানানো উচিত। একটা দরজার যে শুভফল, তা কিন্তু এই দরজা পূর্ব বা উত্তরমুখী হলেই পাওয়া যাবে।

যে বাড়ী দক্ষিণমুখী বা পশ্চিমমুখী হয়, তা কিন্তু এক দ্বার হিসেবে তৈরী করা উচিত নয়। বাস্তুর এই সিদ্ধান্ত আবাসিক গৃহের জন্য অবশ্য পালনীয়। কোন মতেই এর কোন

পরিবর্তন হওয়া উচিত নয়। বাড়ীর ভেতরে নৈর্ঋত বা ঈশান কোনে কামরার এক দ্বার নিশ্চয়ই রাখা চলতে পারে।

দুই দ্বার ঃ যদি বাড়ীতে কেবলমাত্র দুটি দরজা করার সিদ্ধান্ত নেন, তাহলে তাকে পূর্ব তথা দক্ষিণ অথবা পূর্ব তথা পশ্চিম বা পূর্ব তথা উত্তরে রাখা উচিত। মোটের ওপর দক্ষিণ বা পশ্চিম দিকে নয়। দরজাগুলোকে দক্ষিণ বা উত্তর কিংবা দক্ষিণ বা পূর্ব দিকেও রাখা চলতে পারে। এইভাবে দুটি দরজা পশ্চিম বা উত্তর কিংবা পশ্চিম আর পূর্ব দিকে রাখা চলতে পারে।

বাড়ীর যে ঘর নৈর্ঋত বা ঈশান কোনে অবস্থিত, তাতেও দুটি দরজার প্রয়োগ চলতে পারে। তবে নৈর্ঋত দিকের ঘরের দরজা উত্তর বা পূর্ব ঈশান কোনের দিকে বানানো উচিত।

তিন দ্বার ঃ কোন বাড়ীতে যদি তিনটি দরজা বানাতে হয় তো পূর্ব দিক ছাড়া ঠিক নয়। দক্ষিণ দিক ছেড়ে বাকী তিন দিক উত্তর, পূর্ব বা পশ্চিম দিকে বানানো দরজা অত্যন্ত শুভফলদায়ক। তিনটি দরজার মধ্যে পশ্চিম দিক ছেড়ে যদি শেষ তিন দিকে উত্তর, পূর্ব বা দক্ষিণ দিকে বানানো হয় তো তাও শুভ ফলদায়ী। উত্তরকে বাদ দিয়ে শেষ তিন দিকগুলোতে দ্বার বানালে তাকে শুভ বলা চলে না। লক্ষ্য রাখা উচিত যে কোন অবস্থায় নৈর্ঋত দিকের ঘরে তিনটে দরজা যাতে না থেকে যায়।

চার দ্বার ঃ ক্যাম্পাস অনুসারে সঠিক দিকযুক্ত বাড়ীতে চার দিকেই দরজা বানানো যেতে পারে। তাও লক্ষ্য রাখা উচিত, যাতে নৈর্ঋত দিকের ঘরে চার দরজা না থাকে।

চারটি দেওয়াল আর মুখ্য দ্বার

আবাসিক গৃহ বা ওদ্যোগিক সংস্থা যাই হোক না কেন, তার চারদিকে চারটি দেওয়াল বানানো জরুরী। চার দেওয়াল বা পাঁচিল বাড়ীকে যেমন সুরক্ষা দেয়, তেমনি সেই গৃহ বা সংস্থাতে বসবাসকারী লোকজনকেও খারাপ প্রভাব থেকে রক্ষা করে। সব দিক থেকেই চার দেওয়াল খুবই জরুরী।

প্রথমেই বলা হয়েছে যে চার দেওয়ালের দক্ষিণ এবং পশ্চিম ভাগ পূর্ব এবং উত্তরের অপেক্ষায় মোটা বা পুরু হতে হবে। এ ছাড়াও মুখ্য দ্বারের সঙ্গে সুসামঞ্জস্য রাখার জন্য নিম্নলিখিত বিষয়গুলির ওপর লক্ষ্য রাখা উচিতঃ–

(১) ভবন পূর্বমুখী হলে কিংবা ভবনে প্রবেশ করার মুখ্য দরজার সামনে প্রচীরেও প্রবেশদ্বার বা সদর দরজা থাকলে সদর দরজাটিকে উচ্চশ্রেণীর এবং শুভ-ফলদায়ক বানানোর জন্য ভবনের উত্তরের দিকের খালি জায়গার সামনে অর্থাৎ প্রচীরের পূর্ব ঈশানে আর একটি দরজা বানানো উচিত। এই দ্বিতীয় দরজা না বানালে প্রথম দরজাটি নিম্নশ্রেণীর বলে গন্য হবে।

(২) দক্ষিণমুখী ভবনে পূর্বদিকে ছেড়ে দেওয়া খালি জায়গার সামনে দক্ষিণ-অগ্নিতে সদর দরজা বানানো উচিত। প্রচীর বা পাঁচিলের সদর দরজা যদি আগে থেকে

বানানো থাকে, তাহলেও দক্ষিণ-অগ্নিতে দ্বিতীয় সদর দরজা বানানো জরুরী। এই দ্বিতীয় দরজাটা প্রথম দরজাকে মহিমান্বিত করবে।

(৩) পশ্চিমমুখী ভবনের মুখ্য প্রবেশ দরজার সামনে পাঁচিলে বা চার দেওয়ালের মাঝে সদর দরজা থাকলে দরজাটির উত্তরের খালি জায়গার সামনে পশ্চিম-বায়ু কোনে আর একটি দরজা বানাতে হবে। তা না হলে এই অর্থাৎ দ্বিতীয় দরজা ছাড়া প্রথম দরজাটি নিম্নশ্রেণীর ফল দেবে।

(৪) ঠিকএই রকম উত্তর মুখী ভবনের প্রবেশ দ্বারের সামনে চার দেওয়ালের মধ্যে দরজা থাকলেও উত্তর-ঈশান কোনে একটি দরজা অবশ্যই বানানো উচিত। তা না হলে অর্থাৎ দ্বিতীয় দরজার উপস্থিতি না থাকলে প্রথম দরজাটিকে নিম্ন মানের বলে গণ্য করা হবে।

(৫) যদি কোন ভবনের প্রবেশ দ্বার, ভূমিখণ্ডের পাঁচিল যতদূর বিস্তৃত তার মাঝামাঝি করে বানানো হয়, তাহলে তার মুখ যে দিকেই পড়ুক না কেন, সেই ভবনের প্রবেশ দ্বারের সামনে বানানো মুখ্যদ্বার বাস্তুদোষ থেকে মুক্ত থাকে। আর এতে করে দ্বিতীয় দরজা বানাবার প্রয়োজনীয়তা আর থাকে না।

(৬) যে কোন ভবনের চার দেওয়ালের মধ্যে নির্মিত উচ্চমানের দরজাকে অবশ্যই প্রয়োগ করা উচিত। তাহলেই সে সুফল প্রদান করবে।

(৭) ভবনে গাড়ী রাখার জন্য জায়গা বা 'কার শেদ' অগ্নি বা বায়ু কোনে বানানো উচিত। শেডকে পূর্ব বা উত্তরের কম্পাউণ্ডের দেওয়াল থেকে একটু দূরে সরিয়ে রেখে বানানো উচিত অথবা দক্ষিণ বা পশ্চিমের দেওয়াল ঘেঁষে বানানো উচিত। দক্ষিণ-পশ্চিমের দেওয়াল ঘেঁষে 'কার শেড' নৈর্ঋত কোনেও বানানো যেতে পারে।

(৮) পূর্বমুখী বা উত্তরমুখী ভবনের চার দেওয়াল পূর্ব বা উত্তরের মুখ্য দ্বার থেকে নীচে থাকা উচিত, পশ্চিমমুখী বা দক্ষিণমুখী ভবনের চার দেওয়াল ভবনের মুখ্য দ্বার থেকে উঁচু, সমান-সমান বা নীচে রাখা বলতে পারে।

(৯) যদি পাঁচিল বা চার দেওয়াল দক্ষিণ বা পশ্চিম-নৈর্ঋত দিকে অথবা পূর্ব-অগ্নি বা উত্তরী-বায়ু কোনে ভেঙ্গে বা ফেটে থাকে, তাহলে বাস্তুর খারাপ প্রভাব থেকে বাঁচার জন্য তাকে তক্ষুনি মেরামত করা দরকার।

আবাস বা গৃহাবাস যোজনা

এতক্ষন আমরা প্লট বা ভবন সম্বন্ধে আলোচনা করলাম। এখন আমরা আবাসিক ভবন সম্বন্ধে আলোচনা করব। আবাসিক গৃহ বানাতে গেলে নিম্নলিখিত বিষয়গুলির ওপর আমাদের দৃষ্টি দেওয়া উচিত ঃ–

(১) ভূমি ঃ ভবন নির্মানকার্যে ভূমি চয়ন অত্যন্ত গুরুত্বপূর্ণ বিষয়। বাস্তুশাস্ত্রে আবার অনুভূতির একটা গুরুত্ব আছে। বাস্তুভূমি চয়ন-এর ঠিক পরেই আমাদের সুবিধাযুক্ত পরিবেশ, খোলা হাওয়া, জল পরিশোধন প্রভৃতির সঙ্গে-সঙ্গে অনেকগুলি জিনিষকে নজরে রাখতে হবে।

ভবন নির্মাণের জন্য যে প্লট কেনা হল, তা যদি বর্গাকার হয় তো, তা পরিবারের শান্তি এবং সমৃদ্ধি বানিয়ে রাখবে।

যদি আয়তাকার প্লট কিনে থাকেন, তাহলে খেয়াল রাখবেন যে, প্লটের দৈর্ঘ্য যাতে চওড়ার দ্বিগুণের থেকে বেশী না হয়।

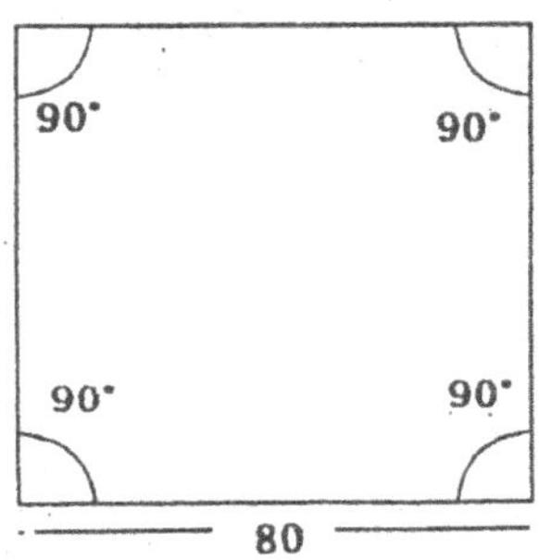

৯০°র ৮০ ফুট বর্গাকার শ্রেষ্ঠ ভূমি খণ্ড।

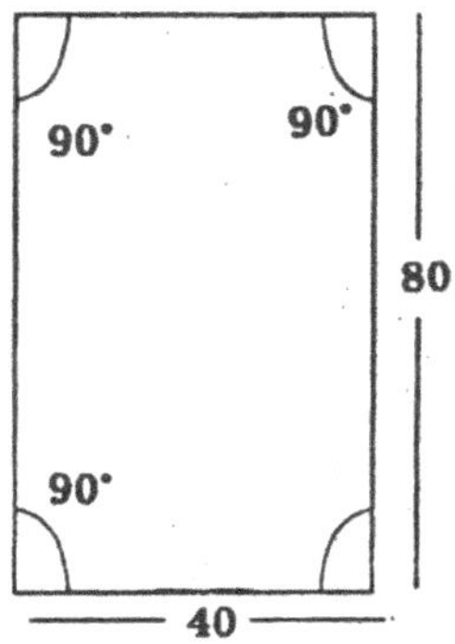

৯০°র আয়তাকার ৮০ ফুটের শ্রেষ্ঠ ভূমিখণ্ড।

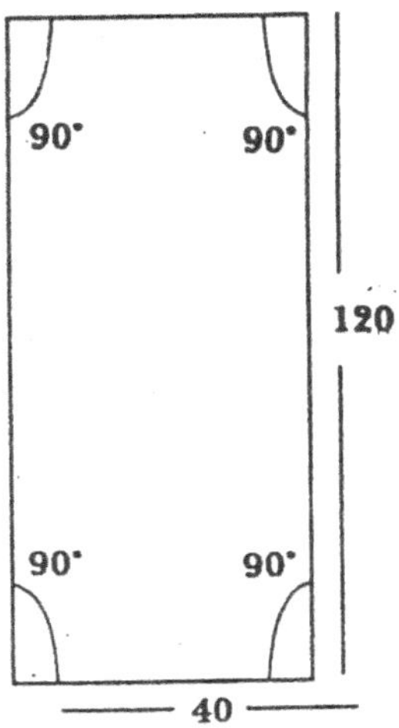

৯০°র আয়তাকার ভূমিখণ্ড। এই প্লট চওড়া থেকে তিন গুণ লম্বা হবার কারণে দোষযুক্ত ভূমি খণ্ড বলে মানা হয়।

আয়তাকার প্লট ঃ আয়তাকার প্লটকে শুভ বলে মানা হয়। এই ভূমিখণ্ড পরিবারে ধন, আরোগ্য এবং যশ প্রদান করে। চিত্রানুসারে ভূমিখণ্ডের চারটি কোন ৯০° অংশের কোনে অবস্হিত এবং দিকগুলোও সঠিক স্হানে থাকা উচিত।

দিক্ অনুসারে দেখতে হবে যে, ভূমিখণ্ডের কোন্ দিকে রাস্তা আছে। কেননা যোজনা বা পরিকল্পনা অনুসারে নির্মাণ করার সময় আমাদের ভবনের মুখ্য দরজার রাস্তার দিকেই ভবন নির্মাণ করতে হবে।

লক্ষ্য রাখতে হবে, গোমুখী এবং সিংহমুখী ভূমিখণ্ডকে ত্যাগ করা যাতে হয়। সিংহমুখী ভূমিখণ্ড নিজবাসগৃহ নির্মাণের জন্য ক্ষতিকারক হয়ে থাকে। ভূমিখণ্ডের রাস্তার দিকে যদি ভূমিখণ্ডের প্রস্হ বেশী থাকে আর পেছনের দিকে তার প্রস্হ যদি তুলনামূলকভাবে কম থাকে তো তাকে সিংহমুখী ভূমিখণ্ড বলে।

যে ভূমিখণ্ডের সামনের দিক ছড়ানো এবং পেছন দিক সংকুচিত, তাকে সিংহমুখী ভূমিখণ্ড বলা হয়। এই জমি ভবন নির্মাণের উপযোগী নয়। এই ভূমিখণ্ডে বসবাসকারী ব্যক্তি বায়ু কম থাকার কারণে প্রায়ই রোগগ্রস্ত হয়ে পড়ে।

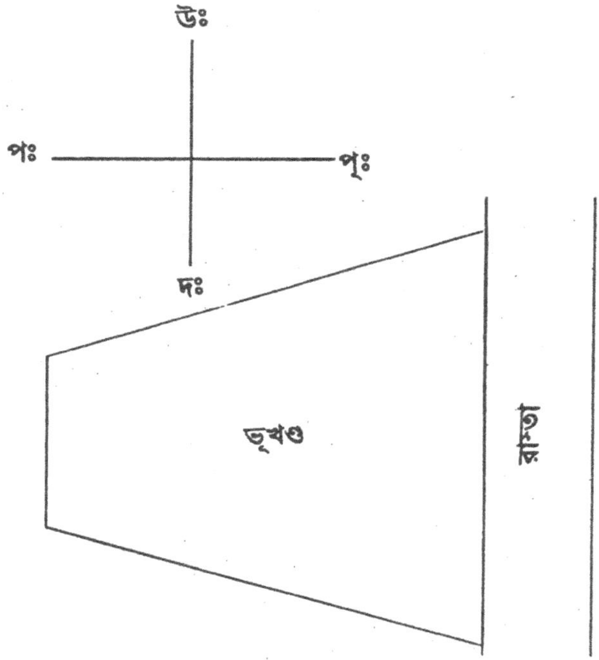

এর ঠিক বিপরীত, যদি কোন ভূমিখণ্ডের সামনের দিক সংকুচিত এবং পেছনের দিক ছড়ানো হয়, তো তাকে গোমুখী ভূমিখণ্ড বলা হয়। এই ভূমিখণ্ডও বাস্তুমতে গৃহ নির্মাণের উপযুক্ত নয়। এই ধরণের ভূমিখণ্ডে বসবাসকারী ব্যক্তি জন্ম থেকেই বিক্ষিপ্ত মানসিকতার শিকার হয়ে থাকে। এই জাতীয় ভূমিখণ্ডে শিশুর জন্ম তার বুদ্ধির পক্ষে ক্ষতিকারক।

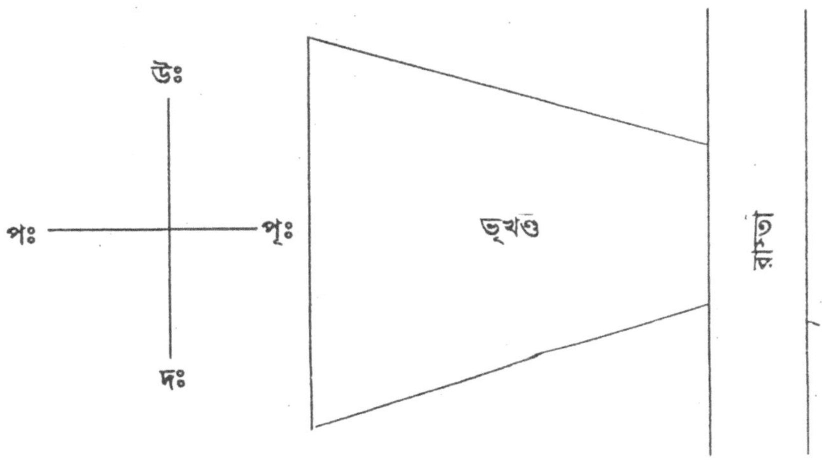

এই ধরনের ভূমিখণ্ড ভবন নির্মাণের জন্য উপযুক্ত নয়।-এর মধ্যে বসবাসকারী ব্যক্তি মন থেকে খুবই সংকীর্ণ প্রকৃতির হয়।

সুতরাং ভূমিখণ্ডের আকার-প্রকারের হিসাবে দেখা গেছে যে বর্গাকার এবং আয়তাকার ভূমিখণ্ডই বাস্তু, ভূমিখণ্ডের মধ্যে সর্ব শ্রেষ্ঠ। ভূমিখণ্ডের নৈর্ঋত কোন ৯০° অংশের হওয়া উচিত। এটাই কিন্তু বাস্তুমত।

মাটি চয়ন ঃ ভূমিখণ্ডের মাটি ঠাসা এবং ভরাট হওয়া প্রয়োজন। মাটি ভূমিখণ্ডের মধ্য থেকে ওঠা উচিত এবং পূর্ব বা পূর্বোত্তর দিকে ঝুঁকে থাকা বা নীচ হয়, তাহলে সূর্যের জীবনদায়িনী রশ্মির শুভ ফল বাসিন্দাদের প্রাপ্য হবে। বাস্তুভূমি দক্ষিণ-পশ্চিম দিকে উঁচু হতে হবে। পূর্ব থেকে পশ্চিম দিকে লম্বা বাড়ীকে সূর্যভেদী বলা হয়। এর মধ্যে বসবাসকারী ব্যক্তিদের শরীরে সূর্যরশ্মি পর্যাপ্ত মাত্রায় প্রবেশ করতে পারেনা। বাস্তু ভূমি দক্ষিণ-পশ্চিম দিকে উঁচু হওয়া উচিত। পূর্ব থেকে পশ্চিম দিকে লম্বা বাড়ী সূর্যভেদী হয়। এর মধ্যে বসবাসকারী ব্যক্তিদের সূর্যের রশ্মি ভালভাবে প্রাপ্ত হয় না, অথবা উত্তর থেকে দক্ষিণ দিকে লম্বা বাড়ী চন্দ্রভেদী হয়।

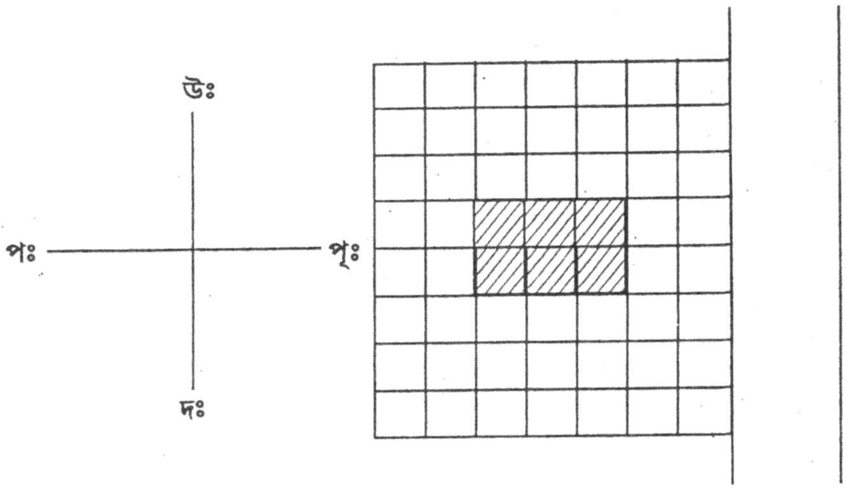

নির্মাণ যোগ্য ভূমিখণ্ড ঃ এই নির্মাণ পূর্ব থেকে পশ্চিম দিকে হওয়া উচিত। এটা সূর্যভেদী নির্মাণ।

ভবন নির্মাণের সময় চার দেওয়ালের ভেতরে চার দিকেই বেশ কিছুটা খোলা জায়গা ছাড়া উচিত আর গৃহটিকে দক্ষিণ-পশ্চিম দিকে বানানো উচিত। উত্তর এবং পূর্ব দিকে সব থেকে বেশী খোলা জায়গা ছাড়া উচিত। ঘরের চার দিকে বাউণ্ডারীর ভেতরে ঘোরাফেরা করা যায়, এরকম স্থান থাকলে তা অতি উত্তম। কেন না ঘর একটা মন্দিরের মতনই।

নির্মাণ যোগ্য ভূমিখণ্ড ঃ এই চিত্রটিতে ভূমিখণ্ড উত্তর থেকে দক্ষিণের দিকে লম্বাভাবে নির্মাণ করা। এটি চন্দ্রভেদী নির্মাণ এবং বাস্তুসম্মত। বাস্তবে চন্দ্রভেদী নির্মাণ শুভ।

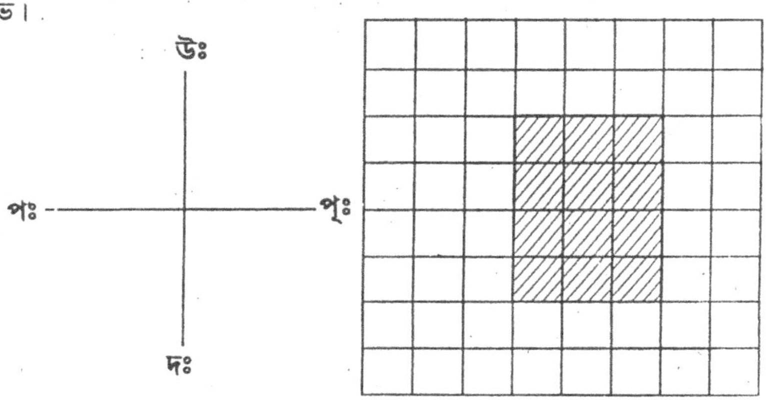

জল সংসাধন ঃ নির্মান স্হল বাছাই হয়ে যাবার পরই আপনার নির্ণয় করা উচিত জল প্রাপ্তির সাধন কি হবে। আপনি কূয়া, জলকূপ, মিউনিসিপ্যালিটি, কর্পোরেশন অথবা অন্য কোন উপায় অবলম্বন করে জল পেতে পারেন।

কিন্তু সাধন যাই হোক, জল প্রাপ্তির জায়গা উত্তর, পূর্ব বা ঈশান কোনে নির্মিত হওয়া উচিত। বাড়ীতে জল উত্তর অথবা পূর্ব দিক থেকে সাপ্লাই হওয়া উচিত অথবা নিকাশী যেন উত্তর-পূর্ব থেকে বাইরে চলে যায়। স্নানঘরের জলও উত্তর-পূর্ব দিয়ে যাতে যায়, সেদিকে লক্ষ্য রাখা উচিত। সুতরাং বাড়ীর ঢাল উত্তর- পূর্ব দিকেই হওয়া উচিত, যাতে করে বর্ষার জমা জল উত্তর-পূর্ব দিক দিকেই বাইরে বেরিয়ে যায়।

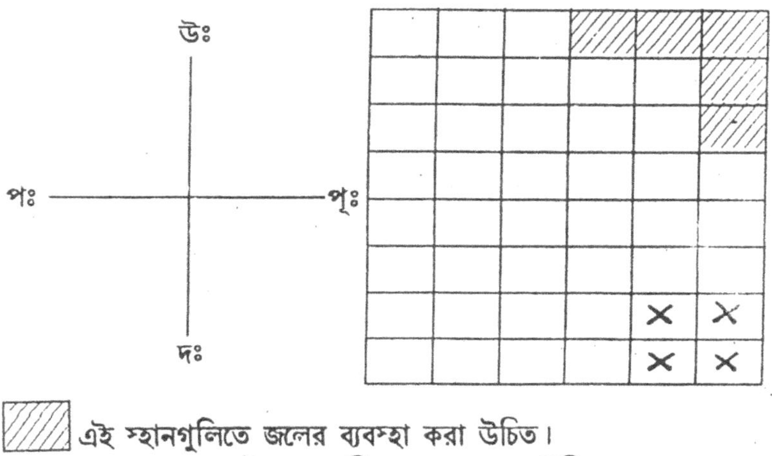

এই স্হানগুলিতে জলের ব্যবস্হা করা উচিত।

X জলের জন্য এই স্হানগুলির প্রয়োগ করা উচিত নয়।

বিদ্যুৎ-এর মিটার, ফিউজ বক্সের স্থান

বিদ্যুৎ হল অগ্নির রূপ। শক্তির নানা স্রোতের মধ্যে বিদ্যুৎ প্রধান স্রোত। সুতরাং ঘরের ওয়ারিং করার সময় বাড়ীর মিটার এবং নিজের পাওয়ার হাউস অগ্নি দিশায় রাখা উচিত। এটি ফ্যাক্টরী বা ব্যবসায়িক প্রতিষ্ঠানের উপর বর্তাবে। অগ্নি কোনো পাওয়ার হাউস নির্মাণ করলে যে কোন ভয়ানক বিপদ থেকে রক্ষা পাওয়া যায়।

মনে রখা উচিত ঈশান, উত্তর, দক্ষিণ, নৈর্ঋত দিকে মুখ্য পাওয়ার বক্স কখনই বসানো উচিত নয়।

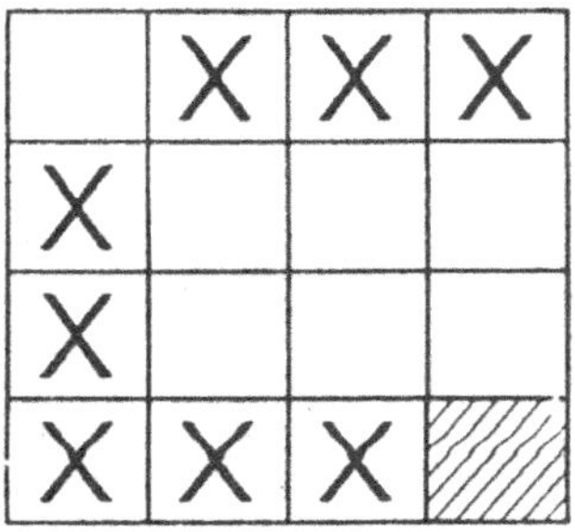

এই স্থান বিজলী ঘর হিসাবে ব্যবহার করা উচিত।

X এই স্থান পাওয়ার হাউস হিসাবে ব্যবহার করা অনুচিত।

সেপ্টিক ট্যাঙ্ক **:** সেপ্টিক ট্যাঙ্ক সাধারণতঃ পায়খানার পেছন দিকেই হওয়া উচিত। এটা ভারী হয়। সুতরাং এর জন্য সবচেয়ে উত্তম স্থান হোল দক্ষিণ। অগ্নি কোনে ও দক্ষিণ দিকের খালি অংশ জুড়ে একে বানানো সম্ভব। কিন্তু নৈর্ঋত কোনে ভুল করেও সেপ্টিক ট্যাঙ্ক বানানো উচিত নয়। কারণ নৈর্ঋত দিকে গর্ত খোঁড়া বাস্তুমতে নিষিদ্ধ। উত্তর-পূর্ব দিকেও সেপ্টিক ট্যাঙ্ক বানানো উচিত নয়।

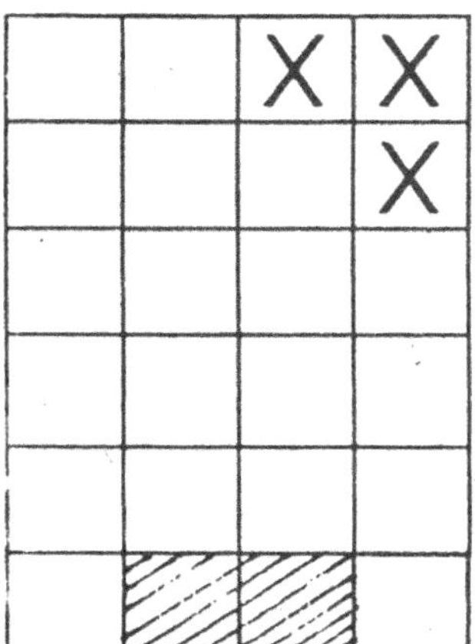

এই স্থান সেপ্টিক ট্যাঙ্ক-এর জন্য শ্রেষ্ঠ।

X এই স্থান সেপ্টিক ট্যাঙ্ক-এর উপযুক্ত নয়। এতে ঘরে অমঙ্গল হবে। পরিবার বিভক্ত হবে আর ব্যবসা বন্ধ হয়ে যাবে।

বস্ত্র ধোলাই

সাধারণতঃ কোন ভবননির্মাতাই ঐ দিকে বড় একটা নজর দেন না। একটি বাড়ীতে সব রকম সুবিধা থাকার পরও কাপড় কাচার একটা উপযুক্ত স্থান পাওয়া মুশ্কিল হয়ে ওঠে। যদিও কাপড় ধোলাই প্রতিদিনের কাজের মধ্যে বেশ গুরুত্বপূর্ণ স্থান পেয়ে থাকে।

আমার মতে, কাপড় কাচার জন্য একটা আলাদা জায়গা নিশ্চয়ই থাকা উচিত। ধোলাই-এর কাজ যদি হাতে বা মেশিনে হয়, তাতে গরম জল নিশ্চয়ই লাগে। তাই বস্ত্র ধোলাই-এর জন্য অগ্নি কোন সবচেয়ে উত্তম। জলের নিকাশী উত্তর-পূর্ব দিকেই হওয়া উচিত।

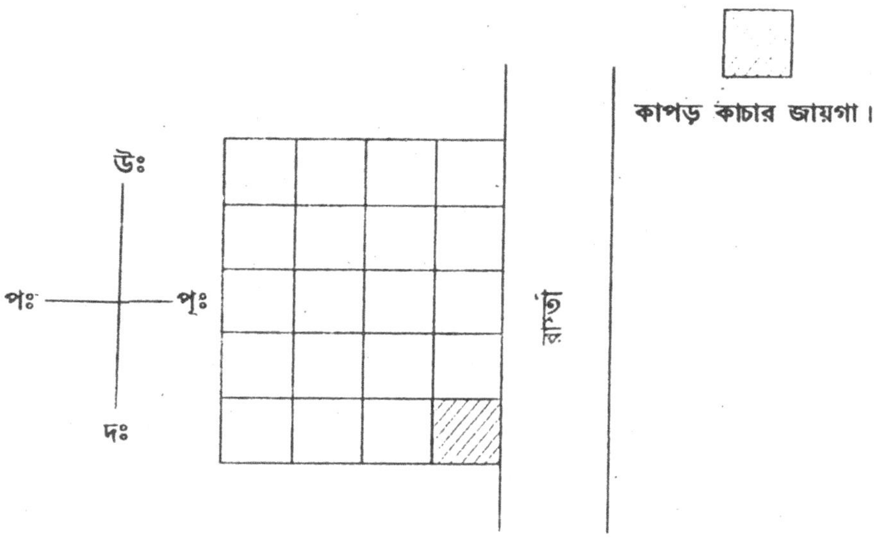

গুদাম ঘর

ঘরের উপযোগী বস্তুকে ঠিকঠাক রাখার জন্য বাড়ীর মধ্যে ভাণ্ডারগৃহ এবং ফ্যাক্টরীতে গুদাম ঘর, দোকানের জন্য স্টোর রুম থাকা অত্যন্ত জরুরী। বাস্তবে গুদাম ঘর থাকলে কোন জিনিষকেই খোঁজার প্রয়োজন হয় না। সমস্ত জিনিষপত্র একই জায়গায় রাখায় সময় বাঁচে আর জিনিষপত্রের সঠিক সুরক্ষাও হয়ে থাকে। যদি মেশিনারী হয় তো চুরি হবে না আর আনাজপত্র হয় তবে ইঁদুরের উৎপাত হবে না।

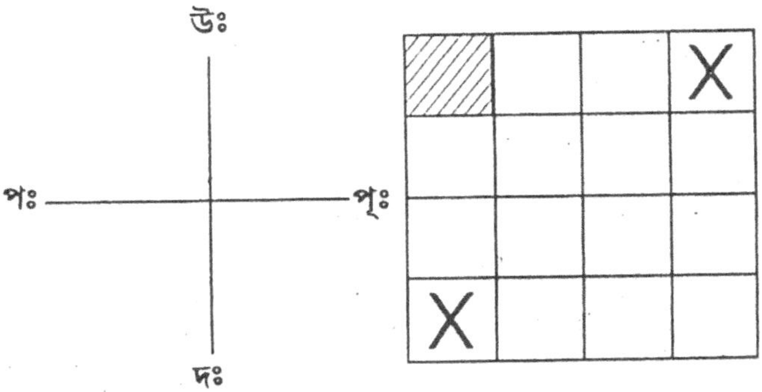

এই স্হান গুদাম ঘরের জন্য সর্বোত্তম। যদি গুদাম ঘরে দুর্গন্ধপূর্ণ কোন বস্তু থেকে থাকে, তাতেও গৃহস্বামীর অসুকিধা হবে না।

X এই স্হানে গুদাম ঘর কখনোই বানানো উচিত নয়। যদি এই স্হানে গুদাম ঘর তৈরী হয়, তাহলে গৃহস্বামীকে নানা কষ্টের সম্মুখীন হতে হয়।

কারখানাতে মেশিন কোথায় রাখা হবে ?

ফ্যাক্টরীতে যতগুলি ভারী মেশিন আছে, তাকে যতদূর সম্ভব দক্ষিণ দিকে রাখা উচিত, তাছাড়া পশ্চিম দিকও শুভ। ঈশান এবং উত্তর দিকে ভারী মেশিন রাখা উচিত নয়। যতদূর সম্ভব এই দিকে বেশীর থেকে বেশী হাল্কা জিনিয রাখা উচিত।

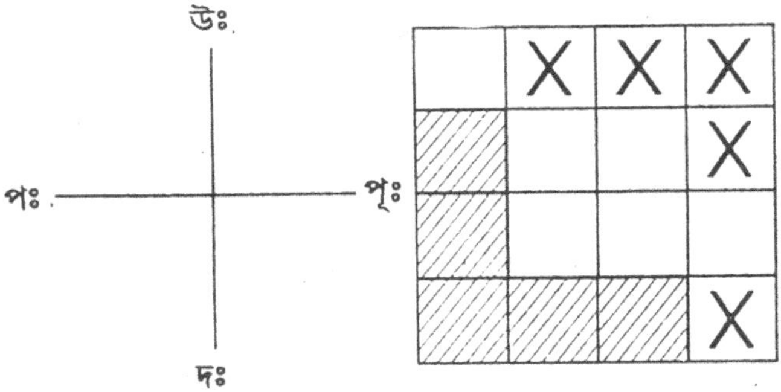

এই স্হানগুলিতে ভারী বস্তু রাখা যেতে পারে। যদি বাড়ী হয় তাহলে সোফা, আলমারী প্রভৃতি এবং ফ্যাক্টরী হলে ভারী মেশিন এখানে রাখা উচিত।

X এই স্হান গুলিকে হাল্কা রাখা উচিত।

রান্নাঘর ঃ রান্নাঘর পরিবারের জীবনই সংবেদনশীল স্হান। পরিবারের প্রতিটি সদস্যের স্বাস্থ্য–বিশেষ করে পেট এবং হার্ট এই রান্নাঘরের ওপরই নির্ভরশীল। আমি

অনেক বাড়ীতে ভুল জায়গায় রান্নাঘর হবার কারণে গৃহস্বামী এবং বাড়ীর অন্যান্য বাসিন্দাদের পেট এবং হার্টের অসুখে ভুগতে দেখেছি।

কারণ রান্না করার সময় প্রচুর পরিমাণে অগ্নির ব্যবস্থা করা হয়। সুতরাং রান্নাঘর অগ্নিকোন বা দক্ষিণ-পূর্ব কোনেই রাখা উচিত। যে কোন বাড়ীতে রান্নাঘর এই দিকেই বানানো উচিত। রান্নাঘরে যদি আপনি গ্যাসের প্রয়োগ, স্টোভ বা কাঠের প্রয়োগ করেন তবে তাকে এইভাবে রাখা উচিত, যাতে সেটা দক্ষিণ-পূর্ব দিকে থাকে এবং যে রান্না করছে তার মুখ যেন থাকে পূর্ব দিকে। বিভিন দিকগুলোকে এইভাবে প্রয়োগ করলে যে রান্না করছে তার শরীর এবং তার রান্না করা খাবারও দোষমুক্ত হয়।

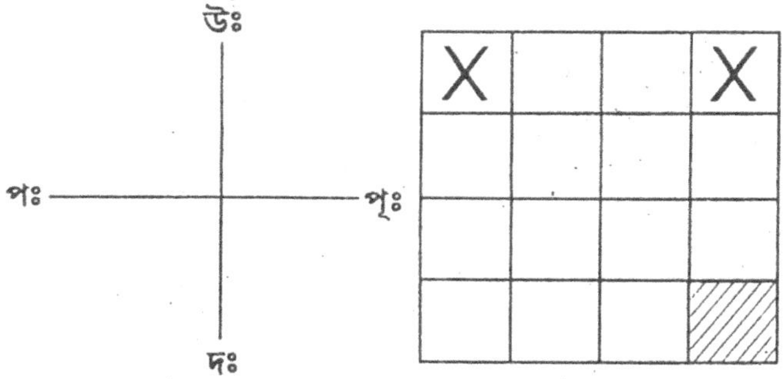

 এই স্থানে খাবার বানালে বা রান্নাঘর বানালে ইঁধন এবং রশদ-এর কখনও ঘাটতি হয় না। ভোজনও স্বাদযুক্ত এবং স্বাস্থ্যবর্ধক হয়।

 এই স্থানে ভোজন বানালে, তা দূষিত হয়ে যায় এবং পেট এবং হার্টের রোগ দেখা দেয়।

ঘুলঘুলি, জানলা, বারান্দা বা ব্যালকনি

এই চারটি জিনিষই কিন্তু যে কোন বাড়ীর জন্য অনিবার্য। যে কোন বাড়ীতেই এই জিনিষগুলিকে হাওয়া আসা-যাওয়ার জন্য বানানো হয়। সুতরাং বলা যেতে পারে যতদূর সম্ভব এই জিনিষগুলো বায়ু দিশাতে রাখা উচিত, কারণ বায়ু যাতায়াত করার জন্য এই দিশাই সবচেয়ে উপযোগী। এ রকম করলে গৃহে বসবাসকারী ব্যক্তিরা নীরোগ থাকবে।

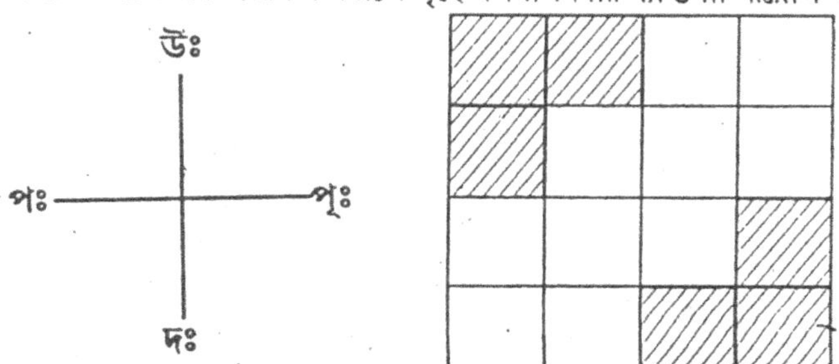

 পুরো নির্মাণস্থল যতটা হাওয়াদার হবে, ততই তা বেশী ভাল হবে।

পূজাগৃহ

পূজাগৃহ বাড়ার ঈশান কোন, উত্তর অথবা পূর্ব দিকে বানানো উচিত এবং ভগবানের মুখ দক্ষিণ এবং পশ্চিম দিকে হওয়া উচিত, যাতে প্রণাম করার সময় আমাদের মুখ উত্তর এবং পূর্ব দিকে থাকে। এতে করে পরিবারের সম্পন্নতা বাড়ে। পূজার জন্য আলাদা জায়গা রাখা উচিত। এটি অনিবার্য্য। নিজের শোবার ঘরে কখনই ভগবানের আসন রাখা উচিত নয়।

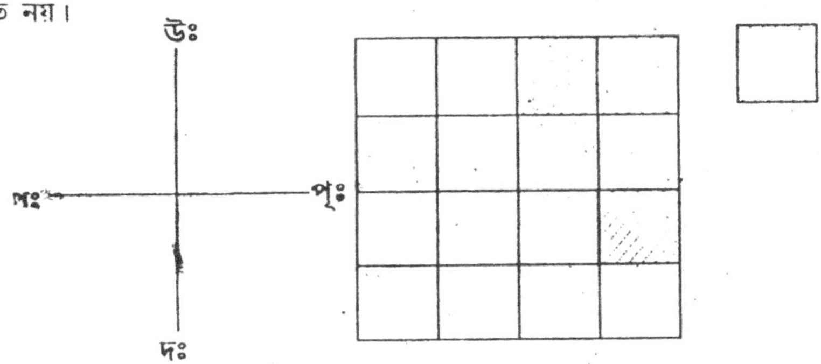

পূজাগৃহের জন্য ঈশানকে সর্বশ্রেষ্ঠ মানা হয়। এর পরেই মানা হয় উত্তর এবং পূর্ব দিককে। ঐই দিক গুলোকে প্রয়োগ করলে ঘরে দেবতার নিবাস হয় এবং পরিবারে কখনই ভয়ানক বিপদ আসতে পারে না।

দরজা

ভবনের দরজা সম্বন্ধে বহু কথা আগেই বিস্তারপূর্বক আলোচনা করা হয়েছে। সুতরাং দেবতাদের অনুরূপ দরজার নির্মাণ বাস্তুমতে উত্তম। শরীরের মধ্যে নাকের যা স্থান, ঘরের মধ্যে দরজার স্থানও তাই। সুতরাং দরজা নির্মাণের সময় যথেষ্ট সবাধান থাকা উচিত।

মুখ্য শয়নকক্ষ

গৃহস্বামীর প্রধান শয়নকক্ষ দক্ষিণ-পশ্চিম দিকে হওয়া বাঞ্ছনীয়। খাট বা পালঙ্ক দক্ষিণ বা পশ্চিমের দেওয়াল ঘেঁসে এমন ভাবে রাখা উচিত যাতে ঘরের উত্তর-পূর্ব দিকে বেশ খানিকটা খালি জায়গা পাওয়া যায়। ঈশান কিংবা অগ্নি কোনো শোবার ঘর না বানানোই উচিত। বায়ু কোনে শোবার ঘর থাকলে তাতে মানুযিক উদ্বেগ বাড়ে। ওই ঘরে যে শোয়, তার রাতে ভাল ঘুম হয় না।

যদি বাড়ীতে দুটি শয়নকক্ষ থাকে, তাহলে একটি শয়নকক্ষ দক্ষিণ-পশ্চিম দিকে আর অন্য শয়নকক্ষ উত্তর-পশ্চিম দিকে রাখা যেতে পারে।

পূর্ব দিকে শয়নকক্ষ রাখলে স্বাস্থ্য খারাপ হবার সম্ভাবনা থাকে। দক্ষিণ দিকে

শোবার ঘর স্বাস্থ্যের জন্য ভাল। পশ্চিম দিকে শোবার ঘরও ভাল। কিন্তু উত্তর দিকে শোবার ঘর থাকলে তাতে আর্থিক ক্ষতি হবার সম্ভাবনা স্পষ্ট হয়। বাড়ীর দক্ষিণ দিকে শোবার ঘর বানানো উচিত।

শোবার ঘরে শোবার সময় মাথা দক্ষিণ দিকে এবং পা উত্তরের দিকে রাখা ভাল।

মানুষের মাথাকে উত্তর মেরু আর পা-কে দক্ষিণ মেরু বলে ধরা হয়। এত ভাবে শুলে শরীরের মধ্যে চুম্বকীয় তরঙ্গ বিনা বাধায় প্রবেশ করতে পারে। অথবা যে শয়ন করছে, তার মস্তিস্ককে ভারসাম্য রাখতে সাহায্য করে।

যদি এই ব্যবস্থা করা সম্ভব না হয়, তবে পশ্চিমের দেওয়ালের সাথে খাটের মাথা রাখতে হবে অথবা পূর্ব দিকও ব্যবহার করা চলতে পারে। কিন্তু উত্তর দিকে কখনোই নয়।

নিদ্রা মানুষের দিনভোরের ক্লান্তি দূর করে। সুতরাং এই নিদ্রা শান্ত, নিশ্চিন্ত এবং সম্পূর্ণ হওয়া প্রয়োজন। বাস্তুমতের প্রয়োগ করে যদি আপনি সেইমত ব্যবহার করেন, তাহলে জীবনভোর আপনি সুখনিদ্রায় শায়িত হতে পারবেন।

লোহার আলমারী বা এই জাতীয় কোন ভারী জিনিষ ঘরের দক্ষিণ বা পশ্চিম অথবা দক্ষিণ-পশ্চিম কোনে দক্ষিণ বা পশ্চিমের দেওয়ালের সঙ্গে এমনভাবে রাখা উচিত যাতে আলমারীর মুখ পূর্ব বা উত্তরের দিকে থাকে। বাড়ীর দামী জিনিষপত্র ঐ স্থানে রাখা যেতে পারে।

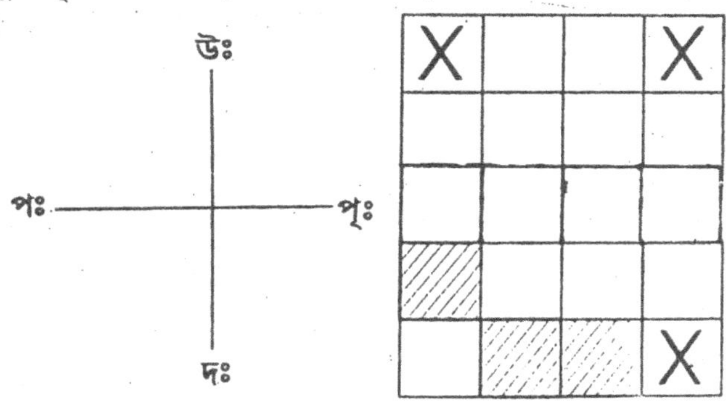

 শয়ন কক্ষ এই জায়গায় বানালে গৃহস্বামী এবং বাড়ীর বাসিন্দারা সুখনিদ্রায় শায়িত হবে।

X এই স্থানে শয়নকক্ষ বানালে গৃহস্বামী এবং বাড়ীর অন্যান্য বাসিন্দারা অস্থিরতা এবং অনিদ্রায় ভুগবেন।

স্নানগৃহ

স্নানঘরের বৈভব সম্বন্ধে নানা কথা আমরা পুরোনো গ্রন্থ থেকে পেয়ে থাকি। মোঘল আমলে স্নানঘরের গুরুত্ব ছিল খুব বেশী। স্নান ক্রীড়া মানসিক চাপকে দূর করার সব

থেকে উত্তম সাধন হিসাবে মানা হয়। স্নানগৃহের বিশেষতা সব সময়ই আলাদা ছিল।

কিন্তু জানি না কি কারণে স্নানঘরের আকার ক্রমশঃই ছোট হয়ে যাচ্ছে আর এর নির্মানকাজেও লোকেরা খুব বেশী উৎসাহ আর নিচ্ছেন না। কিন্তু আমার মতে শোবার ঘরের মত স্নানঘরের ব্যাপারেও লোকের সমান মনোযোগী হওয়া উচিত। স্নানঘরের সাজসজ্জা নিয়েও যথেষ্ঠ চিন্তা-ভাবনা করা উচিত।

মনে রাখবেন রান্নাঘর এবং স্নানের ঘর আপনার সুস্থ মানসিকতার পরিচায়ক। এগুলি আপনাকে সুস্থ রাখার সঙ্গে-সঙ্গে চিন্তামুক্তও রাখবে। সাধারণতঃ আজকাল তিন ধরনের স্নানাগার দেখতে পাওয়া যায় ঃ–

(১) ঘরের শয়নকক্ষের সংলগ্ন।

(২) ঘরের ভেতরে সবার সঙ্গে সংলগ্ন।

(৩) ঘরের বাইরে, কিন্তু ঘরের সঙ্গে যুক্ত।

বাস্তুশাস্ত্রের অনুসারে, ঘরের ভেতর সম্মিলিত স্নানগৃহ উত্তর বা পূর্ব দিকে বানানো যেতে পারে। আজকাল স্নানগৃহের সাথে শৌচালয়ের জায়গা এমনভাবে রাখা উচিত যাতে যে বসছে তার মুখ দক্ষিণ-পশ্চিম বা উত্তর দিকে থাকে। পূর্ব দিকে যাতে কখনই না হয়।

কোন-কোন বাস্তুশাস্ত্রকার পশ্চিম দিককেও সঠিক বলে মানেন না। কারণ পূর্ব সূর্যোদয় আর পশ্চিম সূর্যাস্তের দিক বলে চিহ্নিত। সুতরাং এটা সূর্যের জন্য অপমানের বিষয়। আমাদের প্রচীন গ্রন্থেও এর অনেক উদাহরণ মেলে।

ঈশান কোনে শৌচালয় বানানো উচিত নয়। এটা রীতিমত ক্ষতিকারক। নৈর্ঋত কোনে শৌচালয় বানালে গর্ত খোঁড়া চলবে না। সেপ্টিক ট্যাঙ্ক বানিয়ে তাকে মধ্য উত্তর বা মধ্যপূর্ব ভাগে রাখা উচিত।

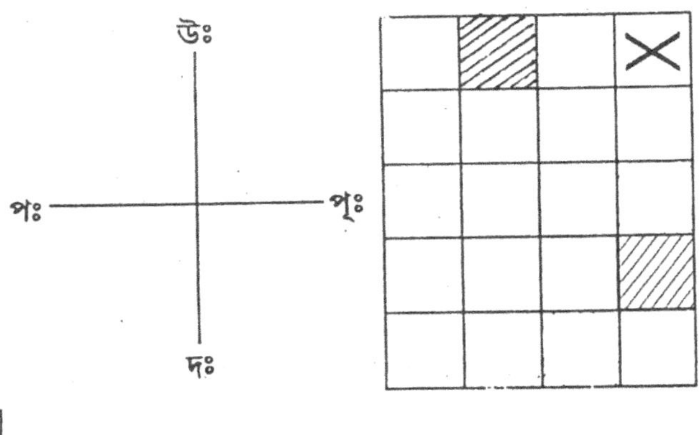

এই স্থানে স্নানগৃহ বা শৌচালয় বানানো যেতে পারে।

এই স্থানে কখনোই স্নানগৃহ বা শৌচালয় বানানো উচিত নয়। এটি ক্ষতিকারক হবে।

গেস্ট হাউস

ভবন বা গৃহে গেস্টরুম বানালে তা উত্তর বা পশ্চিম দিকে বানানো যেতে পারে। স্নানগৃহ ও তার ভেতরে ওপরের সিদ্ধান্তগুলো মেনে বানানো যেতে পারে। বায়ুকোনও গেস্টরুমের জন্য উপযুক্ত বলে মানা হয়।

গেস্টরুম উপযুক্ত স্থানে হলে আগন্তুক আপনার ব্যক্তিত্ব এবং সম্মোহনের দ্বারা প্রভাবিত থাকবে।

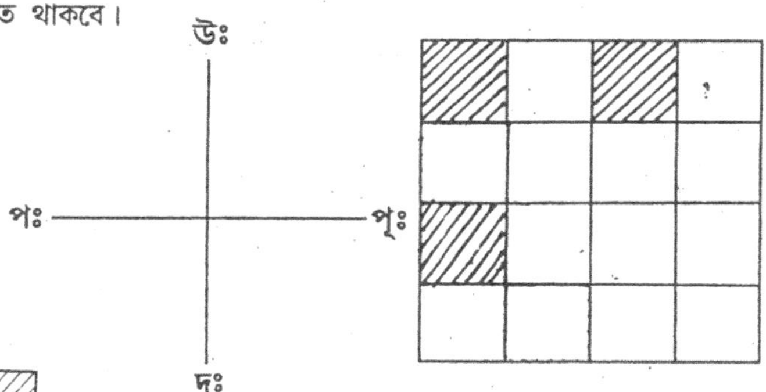

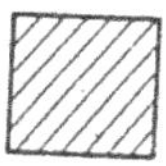
এই স্থানে গেস্ট রুম বানানো যেতে পারে।

বৈঠকখানা বা ড্রইং রুম

বৈঠকখানা বা বসবার ঘরকে যে কোন ভবনের হৃদয় বলে মানা হয়। গৃহের সমস্ত সুন্দরতা বা বৈভব কিন্তু ড্রইংরুমে প্রবেশ করলেই বোঝা যায়। সুতরাং বাড়ী তৈরী করার সময় সব থেকে বেশী মনোযোগ কিন্তু বসবার ঘরের ওপরই দেওয়া উচিত। আপনার সঙ্গে দেখা করার জন্য বন্ধু, ব্যবসায়ী বা আত্মীয়স্বজন যেই আসুক, সে কিন্তু এই ড্রইংরুমে এসেই সর্বপ্রথম বসে। সুতরাং বাস্তুশাস্ত্রের দৃষ্টিতেও ড্রইংরুমের গুরুত্ব প্রচুর। এমনিতে ড্রইংরুম অন্যান্য ঘরের তুলনায় বড় হবার কারণে আকর্ষণীয় হয়ে থাকে। বাড়ীর সবথেকে গুরুত্বপূর্ণ স্থানকেই ড্রইংরুম বানানো উচিত।

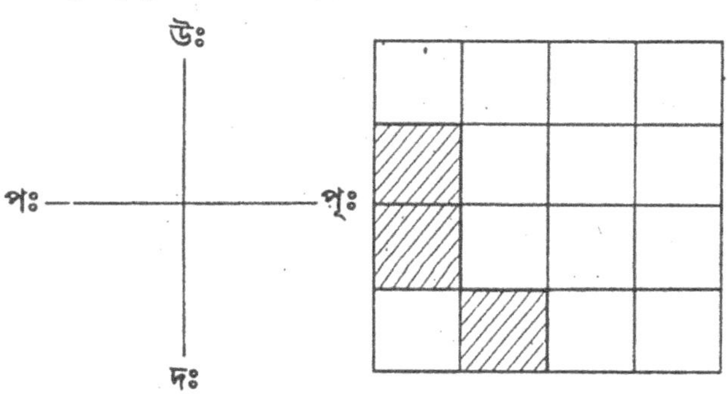

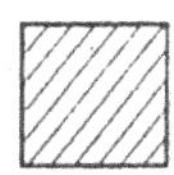
ড্রইংরুমের জন্য সব থেকে উপযুক্ত স্থান।

ড্রইংরুম দক্ষিণ বা পশ্চিম দিকে হওয়া উচিত। যখন ড্রইংরুমকে সাজানো হয় তো ভারী জিনিষ যেমন সোফা, আলমারী প্রভৃতিকে পশ্চিম দিকের দেওয়াল ঘেঁষে রাখা উচিত। খেয়াল রাখা উচিত ঘরের মধ্যে উত্তর এবং পূর্ব দিকের অনেকটা জায়গা যাতে খোলা থাকে।

অধ্যয়ন কক্ষ

অধ্যয়ন কক্ষের জন্য বাড়ীর উত্তর-পূর্ব কোন্ সঠিক হবে। এই স্হানটি পূজাকক্ষের জন্যও উপযুক্ত। বাস্তুশাস্ত্রকার পূজাকক্ষের সাথে বিদ্যাধ্যায়নকেও সর্বোত্তম বলে মেনে এসেছেন।

এ ছাড়াও বাস্তুসম্মত বাড়ী হিসেবে নৈর্ঋত কোনও অধ্যয়নের জন্য উপযুক্ত বলে মানা হয়। এখানে পূর্ব দিকে মুখ করে পড়াশুনো করলে ছাত্রের মস্তিস্ক সন্তুলিত থাকে এবং তাড়াতাড়ি প্রজ্ঞা হয়। মুখে শালীনতা ও সুন্দরতা ফুটে ওঠে।

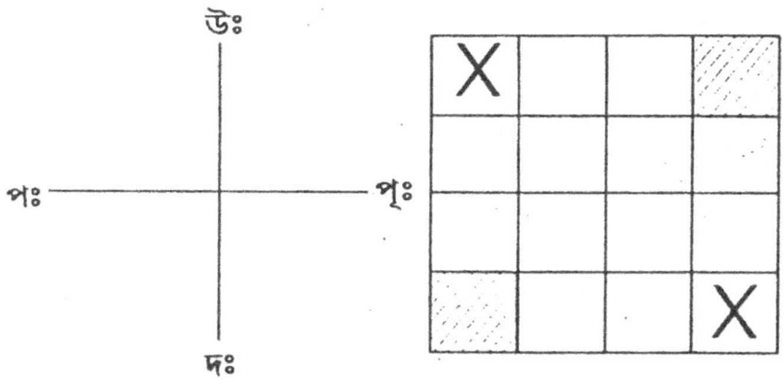

অধ্যয়ণের জন্য এই স্হান সর্বোত্তম। এখানে পূর্ব দিকে মুখ করে লেখাপড়া করা উচিত। এতে করে যে কোন বিষয়েই ছাত্ররা পড়ুক না কেন মুখস্হ থাকবে।

এই স্হানে অধ্যয়ন কক্ষ বানানো উচিত নয়। এখানে ছাত্ররা কোনমতেই নিশ্চিত মনে পড়াশুনো করতে পারবে না। তাদের মন থাকবে সদা চঞ্চল।

সঙ্গীত কক্ষ বা মনোরঞ্জন কক্ষ

সঙ্গীত হল ধ্বনির মধুর রূপ। বায়ু এর মাধ্যম। সঙ্গীতের জন্য উপযুক্ত বায়ু থাকা প্রয়োজন। বায়ু সরগমের উপর নিয়ন্ত্রণ রাখে। বাস্তবে বায়ুর উত্থান এবং পতনই সরগমের জম দেয়। সুতরাং সঙ্গীত এবং মনোরঞ্জন কক্ষ বায়ু কোনে থাকাই যুক্তিযুক্ত এবং শ্রেস্ঠ।

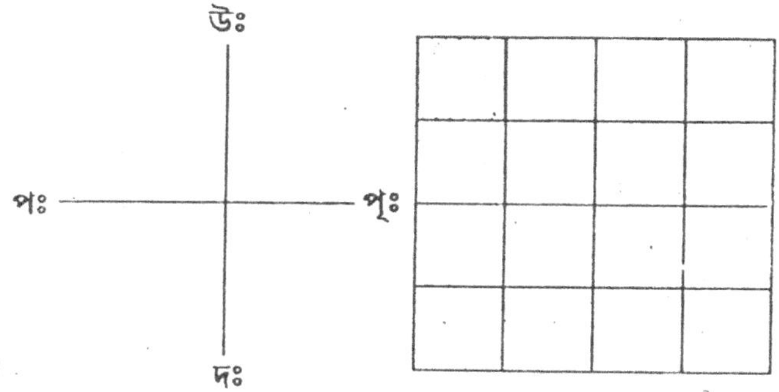

সঙ্গীত এবং মনোরঞ্জনের জন্য উচিত জায়গা এটা।

চাকরদের কক্ষ

অগ্নি বা বায়ু কোনে দক্ষিণ, পূর্ব, উত্তর এবং পশ্চিমের চার দেওয়ালের মধ্যে কম-সে-কম সাড়ে তিন ফুট ছেড়ে বাড়ী বানানো উচিত। দেওয়ালের সঙ্গে লাগিয়ে বাড়ী বানানো উচিত নয়। যতদূর সম্ভব উত্তর আর পূর্ব দিকের দেওয়ালের ওপর ভারী ওজন দেওয়া উচিত নয়।

জলের ট্যাঙ্ক

ঘরের দক্ষিণ-পশ্চিম অথবা উত্তর-পশ্চিম অগ্নিকোনের ওপর যে কোন স্থানে জলের ট্যাঙ্ক রাখা যেতে পারে। কিন্তু ঈশান কোনে জলের ট্যাঙ্ক ওপরে রাখা উচিত নয়। ঈশান কোনে আণ্ডার গ্রাউণ্ডে জলের ট্যাঙ্কের ব্যবস্থা করা যেতে পারে।

লক্ষ্য রাখা উচিত নৈর্খত কোন্ বাড়ীর মধ্যে সবথেকে উঁচুতে রাখা উচিত। জলের ট্যাঙ্ক রাখার জন্য যদি নৈর্খত কোন্ নীচু হয়ে যায়, তাহলে তাকে ওপরে ওঠানোর জন্য ঐ দিকে দেওয়াল উঁচুতে উঠিয়ে দিতে হবে।

সিঁড়ি

মনে রাখবেন, সিড়ির প্যাঁচ ঘড়ির কাঁটার মত ডান দিকে থেকে বাঁ দিকে হওয়া উচিত। সিঁড়ির সংখ্যা সব সময় বিজোড় হওয়া উচিত। অর্থাৎ 5, 11, 17,23 অর্থাৎ যাকে দুই দিয়ে ভাগ করলে মেলে না, তাকেই আমরা বলি বিজোড় সংখ্যা। ঈশান কোন ছেড়ে আমরা যে কোন স্থানেই সিঁড়ি বানাতে পারি।

ঘরের উত্তর এবং পূর্ব দিকে ছোট-ছোট ঝাড়যুক্ত গাছ লাগানো ভাল। সেই গাছগুলো আবার যেন কাঁটাদার না হয়। কোমল এবং সুগন্ধিত ফুলের গাছ হলে বেশী-ভাল, বড় গাছ বাড়ীর আশেপাশে না লাগানোই ভাল। এর শেকড় বাড়ীর ভিতকে নড়িয়ে রেখে দেয় এবং নানা ধরনের কীট-পতঙ্গের জন্ম দেয়।

বর্তমান বাড়ীর দোষ কি ভাবে দূর হবে ?

আপনি বর্তমানে যে বাড়ীতে থাকেন, যদি সেই বাড়ী বাস্তুশাস্ত্রের নিয়মের অনুরূপ সঠিক না হয়, তাহলে আপনি তাতে কম-বেশী পরিবর্তন করে অনেকটা দোষ দূর করতে পারেন। এতে আপনি লাভবানই হবেন।

যেমন বাড়ীর দৈর্ঘ্য এবং প্রস্থ, উচ্চতা এবং গভীরতা ঠিকঠাক করতে গেলে টি-ভি এ্যান্টেনার সাহায্য নিতে পারেন। জলের লাইন দিয়ে জল সংসাধনের দোষ দূর করতে পারেন। দক্ষিণ দিকে ভারী জিনিষপত্র রেখে বাড়ীকে বাস্তুশাস্ত্রের অনুরূপ বানিয়ে তুলতে পারেন।

বাইরের ঘর বা আউট হাউস

নানা ধরনের কাজকর্মের জন্য লোকেরা প্রায়ই বাড়ীটির থেকে একটু দূরে একটা ঘর বানায়, যেখানে হয় চাকর-বাকর, নয় বাড়ীর বাড়তি জিনিষপত্র রাখা হয়। কখনও বা সেখানে মনোরঞ্জন বা গেস্টদেরও রাখা হয়। যে কাজেই লাগানো হোক না কেন, এই আউট হাউসকে পূর্ব বা উত্তরের চার দেওয়ালের সঙ্গে লাগিয়ে বানানো উচিত নয়। বরং দক্ষিণী বা পশ্চিমী পাঁচিলের সঙ্গে সেঁটে বানানো উচিত।

এই ঘরের দরজা প্রয়োজনানুসারে উত্তর বা পূর্ব দিকে বানানো উচিত। কিন্তু বিশেষ পরিস্থিতিতে বাস্তুর দুস্টপ্রভাব কাটাতেই অনেক সময় আউট হাউস বানানো হয়।

আউট হাউস দ্বারা দোষ নিবারণ

(১) যদি ভূমিখণ্ডের বিস্তার উত্তর থেকে দক্ষিণ দিকে হয় আর ভবন বা বাড়ীর নির্মাণ ভূমিখণ্ডের উত্তর দিকে হয় এবং দক্ষিণ ভাগ খালি পড়ে থাকে তো ঐ বাড়ীর বাসিন্দাদের বাস্তু দুস্ট প্রভাব থেকে বাঁচাতে গেলে তার নৈর্ঋত দিকে আউট হাউস এর উচ্চতা মুখ্য ভবনের উচ্চতা থেকে বেশী হওয়া দরকার আর এর দক্ষিণ এবং পশ্চিম দিকে কোন দরজা যাতে না থাকে।

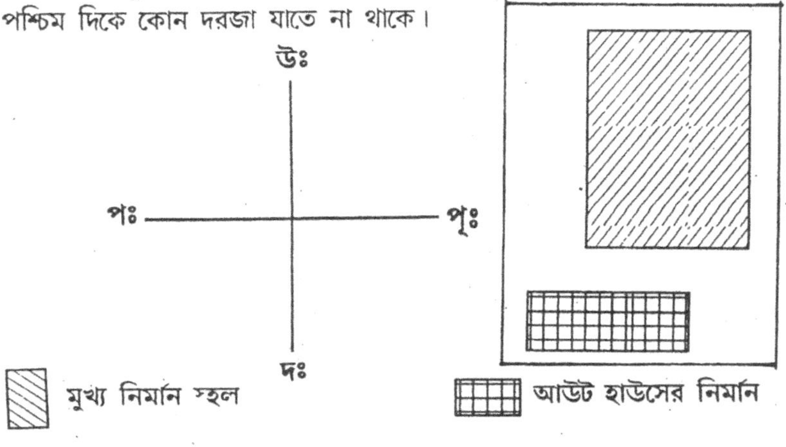

(২) যদি ভূমিখণ্ডের বিস্তার পশ্চিম থেকে পূর্ব দিকে হয় আর বাড়ীটা পশ্চিম ভাগ খালি ছেড়ে পূর্ব দিকে নির্মিত হয়, তাহলে ঐ ভূমিখণ্ডে বাড়ীর নৈর্ঋত দিকে আউট হাউস নির্মান নিতান্ত অনিবার্য। এইরকম আউট হাউসের মেঝে মুখ্য ভবন থেকে উঁচু হওয়া প্রয়োজন বা তার দরজা দক্ষিণ দিকে না হওয়া প্রয়োজন।

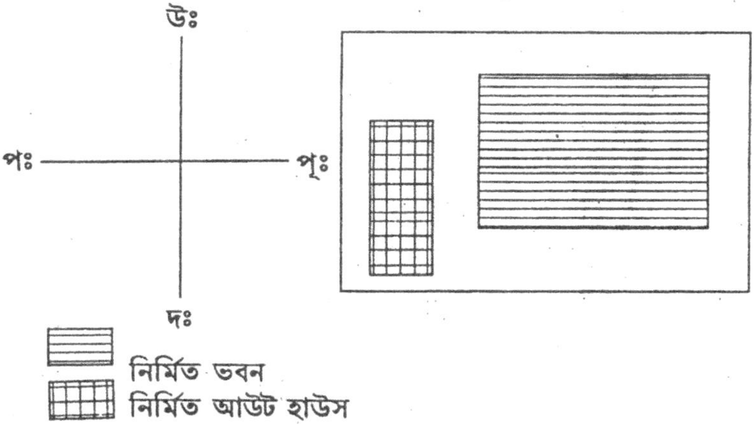

(৩) উত্তর খণ্ডে বাড়ী যদি উত্তর দিকের পাঁচিলের থেকেই নির্মিত হয় আর তার দক্ষিণ দিকে খালি জায়গা পড়ে থাকে তাহলে উত্তরের কিছু ভাগ ভেঙ্গে দিতে হবে এবং দক্ষিণ দিকের বাউণ্ডারীর সঙ্গে লাগিয়ে আউট হাউস বানিয়ে নেওয়া উচিত। যদি পূর্ব দিকে একটুও খালি জায়গা না থাকে তাহলে ঈশান কোনে নির্মিত ভাগকে ভেঙ্গে দেওয়া উচিত, তা না হলে নৈর্ঋত কোনে নির্মিত আউট হাউস প্রভাবহীন হয়ে যাবে। পাঁচিলের দক্ষিণ কোনে কোন দরজা না বানানোই ভাল। যদি দক্ষিণ দিকে কোন দরজা থেকে থাকে, তাহলে তাকে বন্ধ করে দেওয়াই সমীচীন। আউট হাউসের পশ্চিম দিকে খালি জায়গা ছাড়া উচিত নয়।

সমূহ আবাস এবং বাস্তু নিয়ম

এতক্ষণ পর্যন্ত আমরা ভবন নির্মাণ এবং তার পরিকল্পনা এবং বাস্তুর উপর দৃষ্টি দিয়েছিলাম। ভবন নির্মাণ করার ব্যাপারে সুবিধা এই যে, এতে গৃহস্বামী তার ইচ্ছানুসারে বাস্তুর নিয়মগুলো পালন করে নিজেই তার ভবন নির্মাণ করাতে পারেন। এতে গৃহস্বামী নির্মাণকার্যের সঙ্গে-সঙ্গে বাস্তুনিয়মকে মাথায় রেখে নিজের সম্পূর্ণ সুবিধার খেয়াল রাখতে পারেন।

কিন্তু আজকাল ছোট, মধ্যম এবং মেট্রোপোলিটন শহরে বসবাসের জটিল সমস্যার কারণে সমূহ আবাস এবং নিজস্ব সংস্থানের পরিকল্পনা সরকারের থেকেই করা হচ্ছে। এই রকম সামুহিক আবাস যোজনা কার্যে বেশ কিছু বাড়ী বাস্তুদোষের শিকার হয়ে পড়ছে এবং কিছু বাড়ী আবার দোষমুক্তও নির্মিত হচ্ছে। সুতরাং এই ধরনের ভূমিখণ্ডকে বিভক্ত এবং ভবন নির্মাণ করার সময় বাস্তুশাস্ত্রকারের নিয়মগুলোকে স্মরণে রাখতে পারলেই বেশী ভাল হয়। বাস্তুনিয়মগুলো নীচে দেওয়া হোল। বাস্তু বিল্ডিং খুব সাবধানতা অবলম্বন করেই বানানো উচিত।

(১) কলোনীর ডিজাইন এইভাবে করতে হবে, যাতে সব প্লটগুলোই উত্তর থেকে দক্ষিণ দিকে সমকোন রেখার ওপর অবস্থিত হয়।

(২) কলোনীর চার দিকে কিছু জমি খালি রাখা উচিত।

(৩) অধিক থেকে অধিক ভূমিখণ্ডের মুখ পূর্ব বা উত্তর দিকে রাখার চেষ্টা করা উচিত

(৪) অধিকাংশ খোলা জমি উত্তরের দিকে হওয়া উচিত এবং দক্ষিণের দিকে কম খোলা জমি থাকা উচিত।

(৫) প্রয়োজনানুসারে ভূমিশোধন করে নেওয়া উচিত।

(৬) ভূখণ্ড পশ্চিম থেকে বেশী পূর্ব দিকে খোলা থাকা উচিত।

(৭) ভূমিগত জলসংসাধন যা পুরো আবাসের উপযোগের জন্য তৈরী হবে, তাকে উত্তর-পূর্ব ক্ষেত্রেই বানানো উচিত।

(৮) কলোনীর উচ্চতা দক্ষিণ এবং পশ্চিম দিকেই বেশী হওয়া উচিত।

(৯) যদি ওপর দিকে জলের ট্যাঙ্ক বানাবার প্রয়োজন হয় তো, দক্ষিণ-পশ্চিম ক্ষেত্রেই তা বানানো উচিত।

(১০) কলোনীর উচ্চতা উত্তর এবং পূর্বের দিকে কম হওয়া উচিত।

(১১) কলোনীতে বাগিচার জন্য কিংবা সাধারণ চাষ-বাসের জন্য জায়গা উত্তর-পূর্ব দিকেই রাখা উচিত।

(১২) বারান্দা পূর্ব এবং উত্তরের দিকে হওয়া উচিত।

(১৩) কলোনীতে বিদ্যুৎ ব্যবস্থার জন্য ট্রান্সফর্মার বা অন্য উপকরণ দক্ষিণ-পূর্ব দিকেই স্থাপিত করা উচিত।

(১৪) জানলা গুলোর বেশির ভাগই পূর্ব এবং উত্তর দিকে হওয়া উচিত।

(১৫) ভূমিখণ্ডের মাঝখানের রাস্তার প্রস্থ বিল্ডিং এর উচ্চতার অনুসারে নিয়মানুরূপ হওয়া প্রয়োজন।

(১৬) দক্ষিণ এবং পশ্চিমের দিকে বেশী জানলা থাকা উচিত।

(১৭) কলোনীর প্লটের ওপর বাড়ী বানাবার সময় চার দিকে খোলা জায়গা রাখার ব্যবস্থা করা উচিত এবং প্লটেও উত্তর এবং পূর্ব দিকে বেশী খালি জায়গা রাখা উচিত।

(১৮) একে অন্যের সঙ্গে লেগে যায় এমন ভূমিখণ্ডের ওপর বাড়ীর দেওয়াল যদি মিলে যায়, তাহলে তা না বানানোই যুক্তিযুক্ত।

(১৯) কলোনীর প্রত্যেক বাড়ীর পশ্চিম এবং দক্ষিণের দিকে দেওয়াল খুব ভারী হওয়া উচিত।

(২০) কলোনীর বাড়ীগুলিতে পূর্ব এবং উত্তরের দেওয়াল হাল্কা হওয়া উচিত।

(২১) পূর্ব এবং উত্তরের দিকে বেশী দরজা থাকা উচিত।

(২২) বর্ষা বা ঘরের অন্যান্য দরকারে যে জল নিকাসী ব্যবস্থা করা হয় তা ঈশান, উত্তর বা পূর্ব দিকে হওয়া উচিত।

(২৩) পশ্চিম এবং দক্ষিণ দিকে দরজা কম থাকা উচিত।

(২৪) সেপ্টিক ট্যাঙ্ক মধ্য-পূর্ব বা মধ্য-উত্তর দিকে বানানো উচিত।

(২৫) চার দেওয়াল বা পাঁচিল দক্ষিণ এবং পশ্চিম দিকে মোটা আর উঁচু হওয়া উচিত।

(২৭) উত্তর-পূর্ব দিকে গেট হওয়া উচিত। যদি প্রধান রাস্তা এর জন্য উপযুক্ত হয়, তাহলে তাই করা উচিত।

(২৮) দক্ষিণমুখী বাড়ীর গেট দক্ষিণ বা দক্ষিণ-পূর্ব দিকে হওয়া উচিত।

(২৯) যদি বাড়ীর মুখ পশ্চিম দিকে হয়, তো গেটও পশ্চিম দিকে হওয়া উচিত কিংবা উত্তর-পশ্চিমে হলেও চলবে। কিন্তু দক্ষিণ-পশ্চিম দিকে কখনোই হওয়া উচিত নয়।

(৩০) প্রত্যেক বাড়ীর দক্ষিণ-পশ্চিম দিকেই বেডরুম হওয়া উচিত।

(৩১) দক্ষিণ-পূর্ব দিকের ঘরকে রান্নাঘর বানানো উচিত। ওখানে ঘর না থাকলে রান্নাঘর ঐদিকে বানিয়ে নেওয়া উচিত।

(৩২) উত্তর-পূর্ব দিকের একমাত্র ঘরই পূজাঘর বানানো উচিত।

(৩৩) বাথরুম দক্ষিণ দিকে রাখার চেস্টা করা উচিত।

(৩৪) বাড়ীর দরজা এবং জানলা সমান হওয়া উচিত।

(৩৫) বারান্দার তল মুখ্য বাড়ীর তলের থেকে একটু নীচে হওয়া উচিত।

(৩৬) পশ্চিম এবং দক্ষিণ দিকে কোন বারান্দা থাকা উচিত নয়।

(৩৭) উত্তর-পূর্ব দিকে করিডোর রাখা উচিত।

(৩৮) করিডোরের ছাদ বারান্দার মত বা তার থেকেও নীচে হওয়া দরকার।

(৩৯) সিঁড়ি ভারী হবার কারণে এটা দক্ষিণ বা দক্ষিণ-পশ্চিম দিকে হওয়া উচিত।

(৪০) কলোনীতে চৌকিদারের জন্য কোন বাড়ী বানাতে হলে তাকে দক্ষিণ-পূর্ব বা উত্তর-পশ্চিমের দিকে বানানো উচিত। কিন্তু এই বাড়ী কলোনীর বাড়ীগুলোর থেকে কম উচ্চতার হওয়া উচিত।

(৪১) চৌকিদারের বাড়ীর সঙ্গে-সঙ্গে কলোনীর গ্যারেজ ঘরও বানানো উচিত।

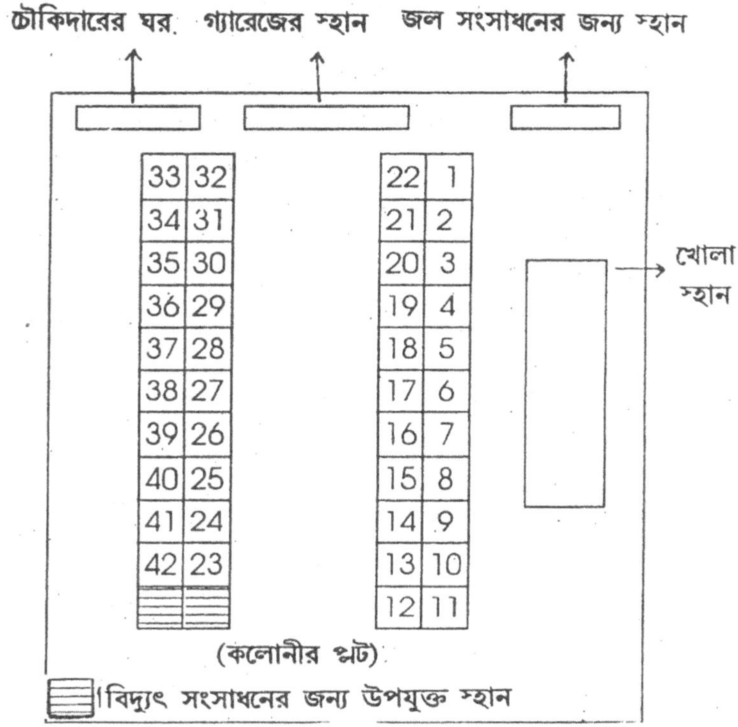

নীচে কলোনীর এক স্বরূপ দেওয়া হোল। যেখানে কিছু প্লট বাস্তুমতানুসারে শ্রেষ্ঠ, উত্তম এবং কিছু দোষপূর্ণ প্লট।

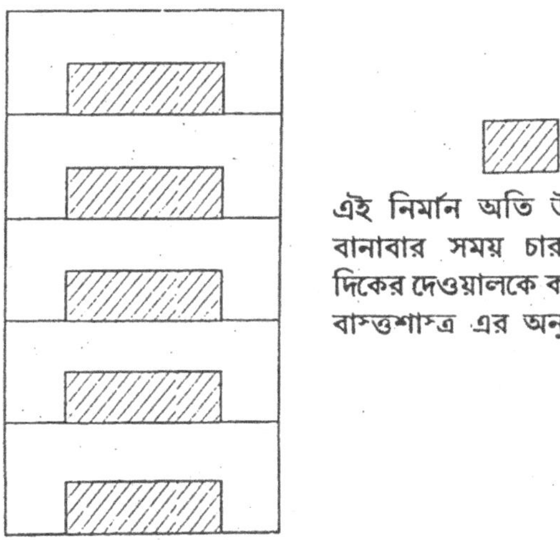

এই নির্মান অতি উত্তম। এতে বাড়ী বানাবার সময় চার দেওয়ালের এক দিকের দেওয়ালকে কাজে লাগাতে হবে। বাস্তুশাস্ত্র এর অনুমতি দিয়েছে।

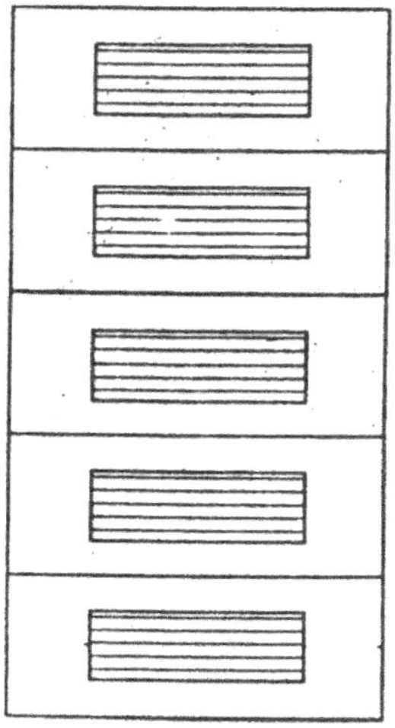

এই নির্মান সর্বোত্তম। প্রত্যেক প্লটের নির্মান স্বতন্ত্রভাবে হয়েছে। চার দেওয়ালের বা পাঁচিলের ব্যবহার ভবন নির্মাণের কাজে ব্যবহার করা হয়নি।

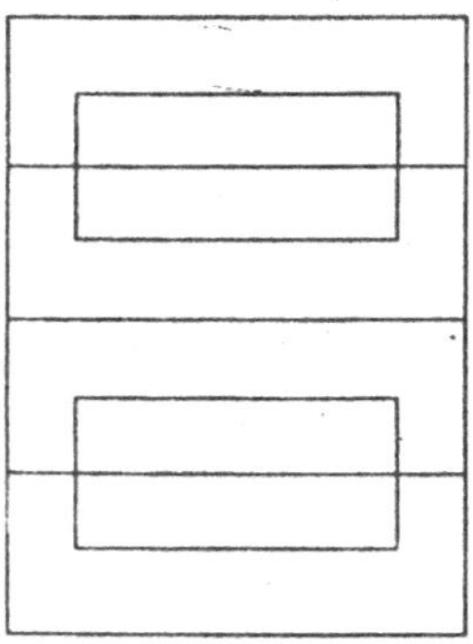

এই নির্মান দোষপূর্ণ। বাস্তুশাস্ত্র এই ধরনের নির্মানকে পরিত্যাগ করার পরামর্শ দেয়। এতে দুটো বাড়ী সংযুক্তভাবে বানানো হয়েছে। এই ধরনের নির্মান নিষিদ্ধ।

বহুতল বাড়ী

আর্থিক লাভ বা জমির ঘাটতি কিংবা তেজ গতিতে যে জনসংখ্যা ক্রমবর্দ্ধমান হয়ে চলেছে, তার আধুনিকতার কারণে বড়-বড় বিল্ডার্স এবং ব্যবসায়ী বহুতল বাড়ী বা কমপ্লেক্স নির্মাণের দিকে ঝুঁকে পড়ছে।

বহুতল বাড়ী নির্মাণের সময় সব থেকে গুরুত্বপূর্ণ দৃষ্টি জমি এবং ভূমিখণ্ড বা দিশার ওপর দেওয়া উচিত।

বহুতল বাড়ী নির্মাণ করার জন্য সর্বোত্তম ভূখণ্ড পূর্ব এবং উত্তরমুখী রাস্তার ওপর হয়। এই ধরনের ভূমিখণ্ড চয়ন করলে বাস্তু বিল্ডিং বানানো অনেক সরল হয়।

তাও এটা নিশ্চিত যে, বহুতল বাড়ী বানাবার সময় বাস্তুশাস্ত্রের সম্পূর্ণ নিয়ম কখনোই প্রয়োগ করা যায় না। তাও ভূমিশোধন এবং বাস্তুনিয়মের পালন করলে এর মধ্যে বসবাসকারী লোক সুখী এবং সমৃদ্ধিদায়ক হয়।

(১) ভূমি সম্বন্ধিত সমস্ত নিয়মকানুনগুলো প্রত্যেক জায়গায় সমানভাবে প্রয়োগ হবে। সুতরাং অত্যন্ত সাবধানতার সঙ্গে ভূমি চয়ন করতে হবে।

(২) বাস্তুশাস্ত্রে কখনোই অনেকগুলো লোকের বাস করার জন্য অনেক উঁচু বিল্ডিং বানানোর নির্দেশ দেওয়া হয় না।

(৩) নিয়মানুসারে প্রথম তলের উচ্চতা থেকে ওপরের তলের উচ্চতা ১২ অংশ কম হওয়া উচিত। কিন্তু এই নিয়ম ৫-৬ তলা বাড়ীর জন্যই ব্যবহার করা উচিত। খুব বেশী উঁচু তলা বাড়ীতে এক তলার উচ্চতা বেশী হওয়া উচিত এবং ক্রমান্বয়ে উচ্চতা কমাতে-কমাতে শেষ তলার উচ্চতা সব থেকে কম হওয়া উচিত।

(৪) বাড়ীর নির্মান ভূমির চার দিকের খালি জায়গা ছেড়েই করা উচিত। উত্তর এবং পূর্ব দিকে বেশী বা দক্ষিণ এবং পশ্চিমের দিকে কম জায়গা ছাড়া উচিত।

(৫) প্রবেশ দ্বার যথাসম্ভব পূর্ব বা উত্তর দিকে রাখা উচিত।

(৬) বহুতল ভবন বানাবার জন্য সব সময় আয়তাকার সমকোণীয় ভূমিখণ্ড চয়ন করা উচিত। এই ধরনের ভূমির উপর বাড়ী বানালে সামূহিক সুবিধা হয়ত একটু বেশীই প্রাপ্ত হয় এবং বাসিন্দাদের যাতায়াতে কোন সমস্যাই সৃষ্টি হয় না।

(৭) বহুতল বাড়ী, বড় হোটেল বা ঐশ্বর্যশালী সিনেমা হল বানাবার সময় সামনের জমি যথাসম্ভব বেশী ছাড়া উচিত। ভেতরের প্রবেশের জন্য একটা গেট আর বাইরে যাবার জন্য অন্য একটা গেট থাকা উচিত। এ রকম করার সময় খেয়াল রাখা উচিত পূর্ব এবং উত্তর দিকে পশ্চিম এবং দক্ষিণ দিকের থেকে যাতে বেশী জায়গা থাকে।

(৮) বহুতল বাড়ীতে কার পার্কিং খুবই গুরুত্বপূর্ণ বিষয়। সুতরাং লন এবং পার্কিং-এর ব্যবস্থা ঈশান ক্ষেত্রেই হওয়া উচিত।

(৯) ভূমিখণ্ডের ঢাল যাতে সব সময় উত্তর-পূর্ব দিকে থাকে।

(১০) বহুতল বাড়ীতে এদিকে খেয়াল রাখা উচিত, যাতে যতটা সম্ভব হয় বাড়ীর অধিকাংশ ফ্ল্যাট পূর্ব এবং উত্তর দিকেই হয়।

(১১) বহুতলবিশিষ্ট বাড়ী অনেক উঁচু পর্যন্ত বানানো হয়। সুতরাং এই দিকে বিশেষ লক্ষ্য রাখা প্রয়োজন, যাতে নীচের তলায় যারা থাকবেন, তারা আলো এবং বাতাস প্রভূত পরিমানে পেতে পারে। একটু ভুল হলেই কিন্তু নীচের তলার বাসিন্দাদের কম আলো পাবার নালিশ থাকবে এবং সব সময় শ্বাসরোধকর কষ্টে ভুগতে থাকবে।

(১২) বিল্ডার্সদের খেয়াল রাখতে হবে যে, বহুতলবিশিষ্ট বাড়ী বানাবার সময় নীচের তলার উচ্চতা ওপরের তলা থেকে যাতে বেশী হয়।

(১৩) লিফ্টের পাশেই সিঁড়ি থাকতে হবে এবং সিঁড়ির প্যাঁচ ঘড়ির কাঁটা যে দিকে ঘোরে অর্থাৎ ক্লক ওয়াইজ ডান দিকে বাঁক নেয়। সিঁড়ি যেন খুব খাড়া না হয়।

(১৪) বহুতলবিশিষ্ট বাড়ীতে জলের ট্যাঙ্ক ওপরে ঈশান কোনে থাকা দরকার।

(১৫) একটা বহুতলবিশিষ্ট বাড়ীতে কম-সে-কম তিনটে কল জলের বিভিন্ন লেবেলে থাকা উচিত। গরমের দিনে দেখা গেছে জলের লেবেল অনেক নীচে নেমে যায় কিংবা অত্যধিক তীব্র গতিতে শহরীকরণ হবার কারণে জলের কষ্ট ক্রমান্বয়ে বেড়েই চলেছে।

(১৬) বহুতলবিশিষ্ট বাড়ীতে নৈর্ঋত কোন একটু উঁচুতে থাকা আবশ্যক।

(১৭) শব্দদূষন রোধ করার জন্য বহুতলবিশিষ্ট বাড়ীতে এ ধরনের ব্যবসায়ীদের মোটেই ফ্ল্যাট দেওয়া উচিত নয়, যারা টিনের শীট, লোহা-লক্কড় প্রভৃতি ভারী জিনিষের ব্যবসা করেন। কম্পন এবং ধ্বনির কারণে বাড়ীর অনেক ক্ষতি হয় এবং তাতে বসবাসকারী লোকেরাও নানা ধরণের অসুবিধার শিকার হয়। কারণ বহুতলবিশিষ্ট বাড়ীতে হাল্কা আওয়াজও খুব বেশী জোরে শোনা যায়।

(১৮) ময়লা জলের নিকাশী মাটির তলা থেকে হওয়া উচিত।

(১৯) বহুতলবিশিষ্ট বাড়ীর প্রত্যেক ফ্ল্যাটে ঘুলঘুলি বা পর্যাপ্ত মাত্রায় জানলা থাকা

দরকার।

(২০) বাড়ীতে যদি রান্নাঘর থাকে, তাহলে তা অগ্নি কোনে রাখা উচিত। অন্যথায় ফ্ল্যাটের নিবাসীদের ধোঁয়া, তেল প্রভৃতির দ্বারা অসুবিধার মুখোমুখি হতে হবে।

(২১) বহুতল বাড়ী তা সে যত বড়ই হোক না কেন, এদিকে লক্ষ্য রাখা দরকার যে, বাড়ীর উচ্চতা নীচের তলা থেকে যেন ক্রমশঃ কমতে-কমতে ওপরে ওঠে। যদি এক তলা ১১ ফুট হয়, তাহলে দো তলা ১০.৫ ফুট এবং তিন তলা ১০ ফুট এবং চার তলা ৯.৫ ফুট হওয়া উচিত। এতে করে পৃথিবীর আকর্ষণ শক্তি এবং বহুমঞ্জিলের ধরে রাখার ক্ষমতার মধ্যে একটা বিশেষ ভারসাম্য বজায় থাকবে।

এইভাবে দেখা গেছে বহুতলবিশিষ্ট ভবন বানাবার সময় অনেক সাবধানতা এবং নিয়মের পালন করতে হয়।

নীচে রায়পুরের এক কমপ্লেক্স, যার নাম 'ঋযভ্ কমপ্লেক্স্' ,তার বিবরণ দেওয়া হল। এই সম্পূর্ণ কমপ্লেক্সটি পূর্ব মুখী ভূমিখণ্ডের ওপর বানানো হয়েছে এবং যথেষ্ট লোকপ্রিয় কমপ্লেক্স্ এটি।

RISHABH COMPLEX

M.G. ROAD. RAIPUR (M. P.)

GROUND FLOOR PLAN

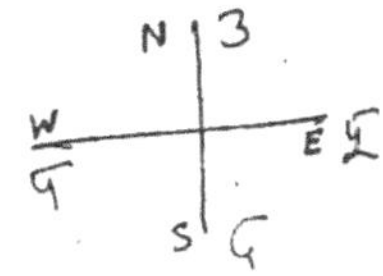

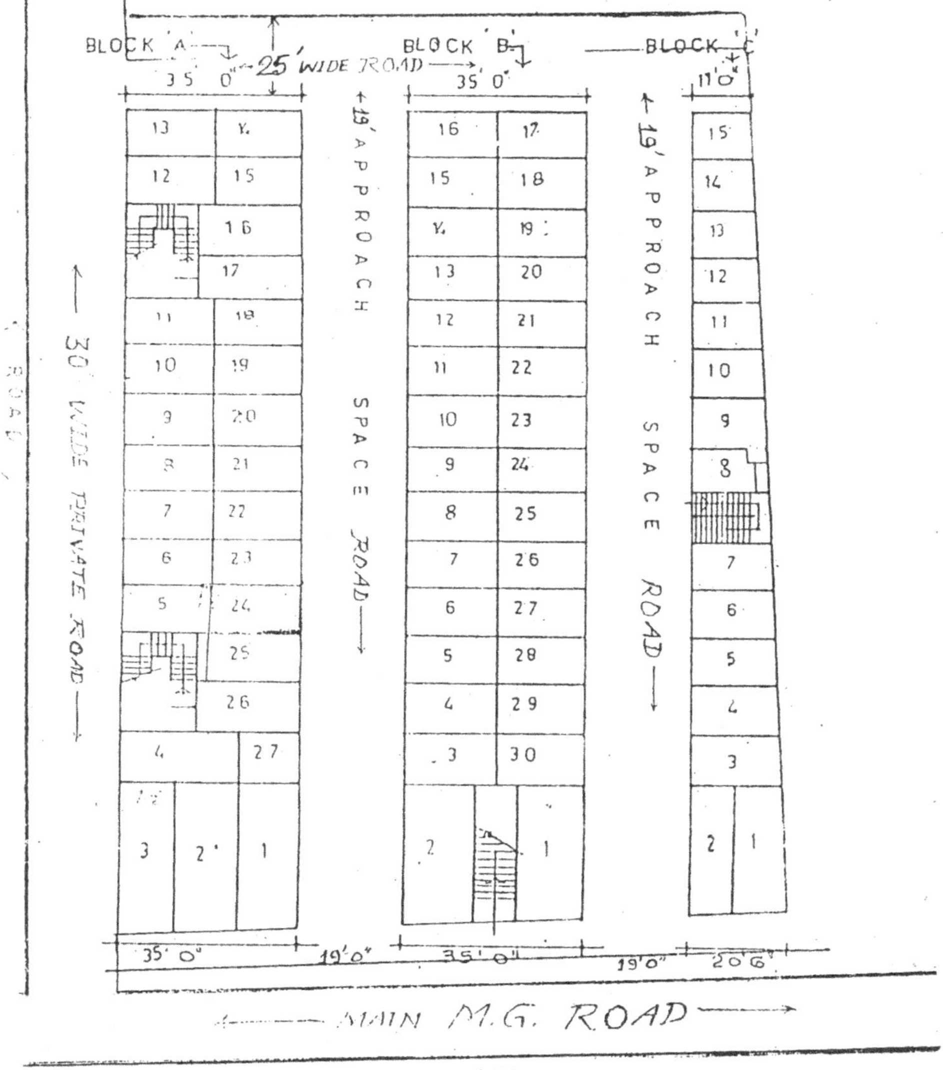

बहुमंजिला भवन का उपरी प्लान

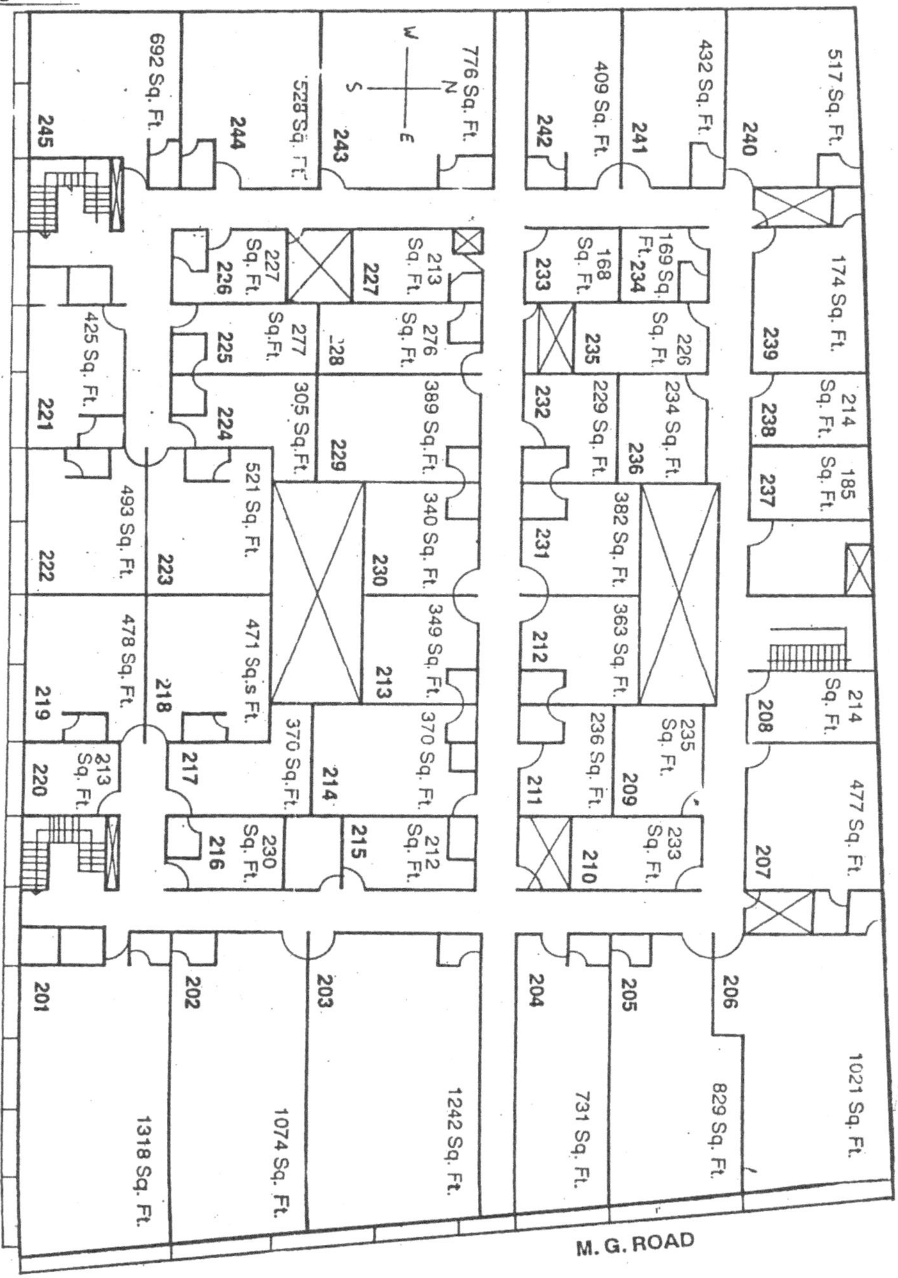

SECOND & THIRD FLOOR PLANE OF RISHABH COMPLEX AT M.G. ROAD RAIPUR (M.P.)

RISHABH COMPLEX, M.G. ROAD, RAIPUR

ব্যবসায়িক প্রতিষ্ঠান

যে ভাবে বাস্তুসম্মত বাড়ীতে বসবাস করলে গৃহস্থ জীবন সুখী এবং সমৃদ্ধশালী হয়, ঠিক তেমনি বাস্তুসম্মত ব্যবসায়িক কেন্দ্রে ব্যবসা করলে ব্যবসায়ীদের ধন এবং যশ লাভ হয়ে থাকে। তারা অত্যন্ত শান্তিপূর্ণ ভাবে ব্যবসা করতে পারে।

যদি বাস্তুসম্মতভরবে ব্যবসায়িক কেন্দ্র না হয়, তাহলে ব্যবসা সংক্রান্ত কাজে ব্যবসায়ীদের নানা রকমের বাধার সম্মুখীন করতে হয় আর শেষে সেই সব প্রতিষ্ঠান বন্ধ হয়ে যেতে পর্যন্ত্য আমি দেখেছি।

সুতরাং অফিস, শোরুম, মিল, দোকান, গদি, ফ্যাক্টরী, রেস্টুর‍্যান্ট, বার এবং অন্যান্য উদ্যোগের স্থাপন করার আগে বাস্তুশাস্ত্র সম্বন্ধে সামূহিক জ্ঞান নেওয়া আবশ্যক। কারণ লাখ-লাখ টাকার বাজী রেখে আপনি যে প্রতিষ্ঠান নির্মাণ করতে চলেছেন, তা আদৌ শুভফলদায়ী হবে কি না তা নিশ্চয়ই পরীক্ষা করে নেওয়া উচিত।

সর্বপ্রথমে ভবন প্রতিষ্ঠান করার জন্য ভূমি চয়ন অত্যন্ত প্রয়োজন। ভূমি চয়ন অত্যন্ত সাবধানতার সঙ্গে করা উচিত, কারণ ভূমিখণ্ড নির্বাচনের উপরেই প্রতিষ্ঠানের সফলতা নির্ভর করে। ভূমিখণ্ড বাছাই এর ব্যাপারে সর্বপ্রথম দিশা বা দিকের দিকেই নজর দেওয়া দরকার।

যে কোন দোকান, অফিস বা শো-রুমের সম্মুখভাগ পূর্বমুখী হলে তা ভূমিখণ্ডের জন্য সর্বশ্রেষ্ঠ বলে মানা হয়। এই ধরনের ভূমিখণ্ড সব সময়ই ব্যবসায়ীদের লাভ এবং প্রতিষ্ঠা প্রদান করবে। পূর্ব দিক থেকে সূর্য উদয় হয় এবং শেষ অস্তাচল পর্যন্ত্য সে তার গতি অব্যাহত রাখে। সুতরাং পূর্বমুখী দিককে উদয়মান দিক বলা হয়। এটি প্রতিভাবান এবং শৌর্যবান দিক।

সুতরাং পূর্বমুখী ভূমিখণ্ড সর্বশ্রেষ্ঠ। ভূমিখণ্ড যদি পশ্চিমমুখী হয় তাহলে ব্যবসায়ীদের ব্যবসায় মন্দা অবস্হার মুখোমুখি হতে হয়। পূর্বমুখী ভূমিখণ্ডের পরে উত্তরমুখী ভূমিখণ্ডকে শ্রেষ্ঠ বলে মানা হয়। উত্তরমুখী ভূমিখণ্ডকে উপর অবস্হিত ব্যাপারিক প্রতিষ্ঠান ধন-ধান্য এবং সমৃদ্ধি বৃদ্ধি করে। এই জাতীয় প্রতিষ্ঠান যথেষ্ঠ লোকপ্রিয় হয় এবং ব্যবসায়ী একই পুরুষে লাখ-লাখ টাকার অধিকারী হয়ে যায়।

বলা হয় যে, উত্তরমুখী ভূমিখণ্ডের অধিকারী ব্যক্তি তার উত্তরাধিকারীর জন্য অত্যন্ত লাভদায়ক হয়। উত্তরমুখী ভূমিখণ্ডের মালিক ঐ ভূমিখণ্ড ছাড়াও আরও তিনটি প্রতিষ্ঠান পরে বানিয়ে নিতে সক্ষম হয়। কিন্তু দক্ষিণমুখী ভূমিখণ্ডে চালু প্রতিষ্ঠান তার মূল পুঁজিটুকুও পর্যন্ত হারিয়ে বসে। দক্ষিণমুখী ভূমিখণ্ডের ব্যবসায়ী কোন প্রকারে খুব মুস্কিলে তার ব্যবসা চালাতে পারে, কিন্তু জীবনে বিশেষ কোন উনতি করতে পারে না।

বাস্তুশাস্ত্রের এই নিয়মগুলো সত্যি-সত্যিই জীবনে ফলীভূত হতে দেখা যায়, কিন্তু কখনও-কখনও বিশেষ কোন্ বদলে যাবার কারণে কিংবা বসবাসের বৈশিষ্টের কারণে অথবা বাস্তু সাজসজ্জার প্রভাব কোন-কোন ক্ষেত্রে ব্যক্তিক্রম হতেও দেখা গেছে।

দক্ষিণমুখী ভূমিখণ্ডের ব্যবসায়ীরা যখন ভেতরের সাজসজ্জা বাস্তুমতে করে, তখন তাদের প্রায় উত্তরমুখী ভূমিখণ্ডের মালিকের মতনই লাভ পেতে আমি দেখেছি। উপরোক্ত ভূমিখণ্ডগুলি বর্গাকার বা আয়তাকার হবার উদ্দেশ্যেই আমি কথাগুলি বলছি।

মহানগর শহর বা দামী ক্ষেত্রে যে ব্যবসায়িক ক্ষেত্র বা প্রতিষ্ঠান আজকাল বসানো হচেছ এতে দোকান, গদি, শো-রুম প্রভৃতি প্রত্যেক দিশাতেই বসানো হচেছ এবং প্রায় বর্গাকার বা আয়তাকার ভূমিখণ্ডের উপরেই এই প্রতিষ্ঠান নির্মিত হচেছ।

কখনও-কখনও কিছু ভূখণ্ড ত্রিকোনাকার, অর্দ্ধবৃত্তাকার বা অন্য বিশেষ কোন আকারেরও হয়। এই রকম পরিস্হিতিতে দিকের উপর প্রচণ্ড জোর দেওয়া সম্ভব হয় না। তাহলে ব্যবসায়ীদের উচিত যদি ভূমিখণ্ডের দিক ভুলও হয়ে যায় তো কাউন্টার, গদি বা বসার জায়গাকে বাস্তুমতে তৈরী করানোর।

ব্যবসায়ীদের নিজের প্রতিষ্ঠানে উত্তর এবং পূর্ব দিকে মুখ করে বসা উচিত। অন্যান্য দিকের উপযোগ বসার জন্য করলে ব্যবসায়ীদের আর্থিক ক্ষতি হবার সম্ভাবনা থাকে।

কিছু ভূমিখণ্ডের নমুনা এবং তার ফল

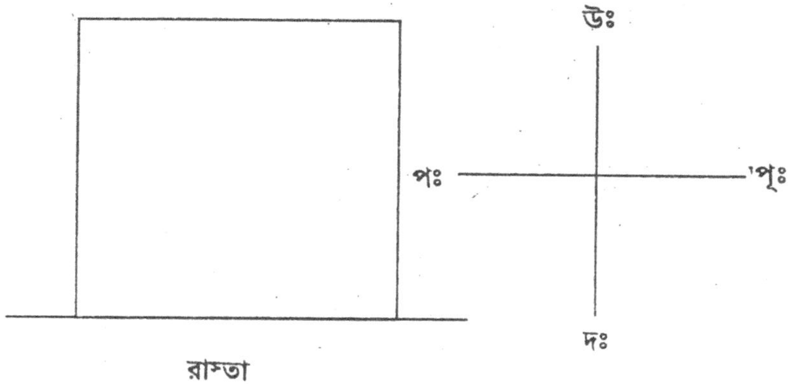

এই ভূমিখণ্ড বর্গাকার এবং সর্বশ্রেষ্ঠ ভূখণ্ড।

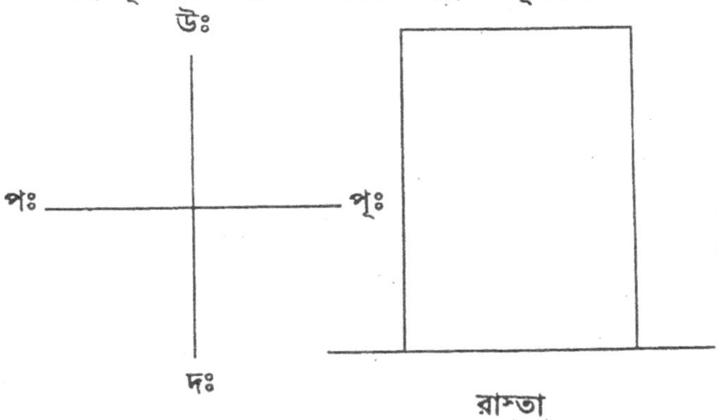

এটি আয়তাকার ভূমিখণ্ড। এটি উত্তম ভূখণ্ডও বটে।

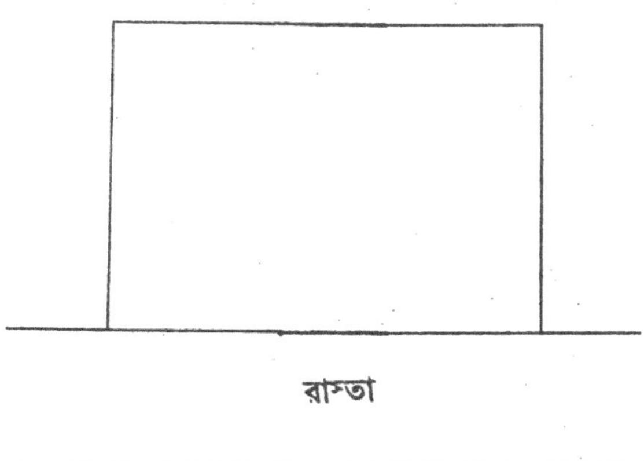

চাকোনা চওড়া ভূমিখণ্ড। এই ভূখণ্ডকেও ভাল বলে মানা হয়।

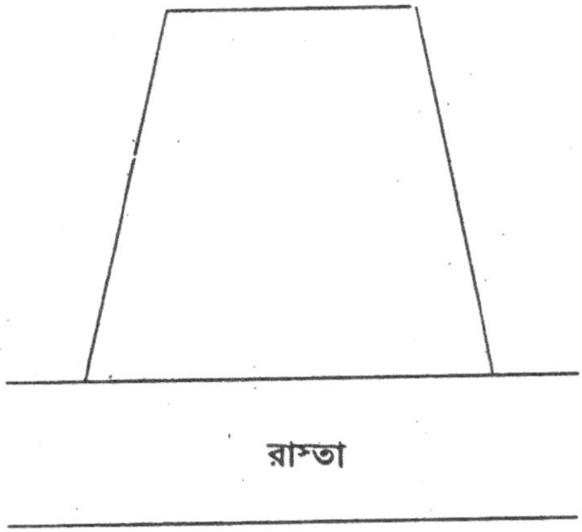

গোমুখী ভূমিখণ্ড এটি।

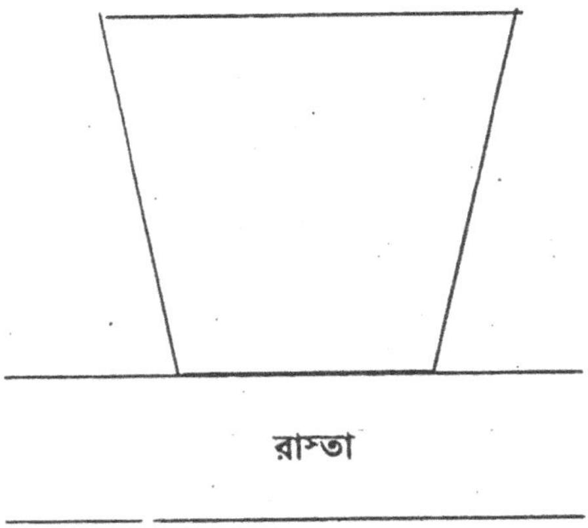

শেরমুখী ভূমিখণ্ড এটি।

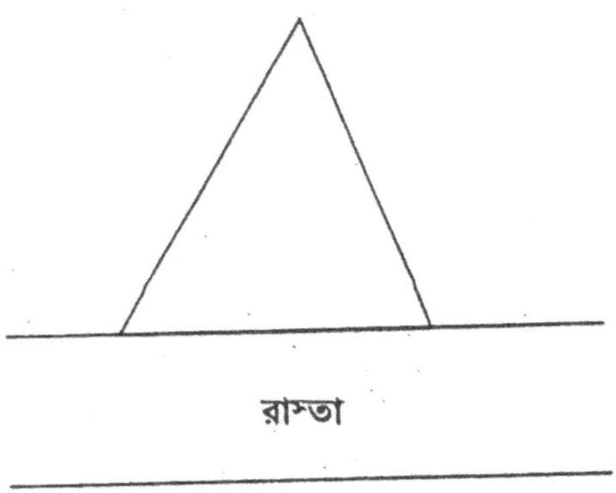

এটা ত্রিকোনাকার ভূমিখণ্ড। এর মধ্যে একটা কোন্‌ও ৯০°-র নেই। একে ভাল জমি বলে মানা হয় না।

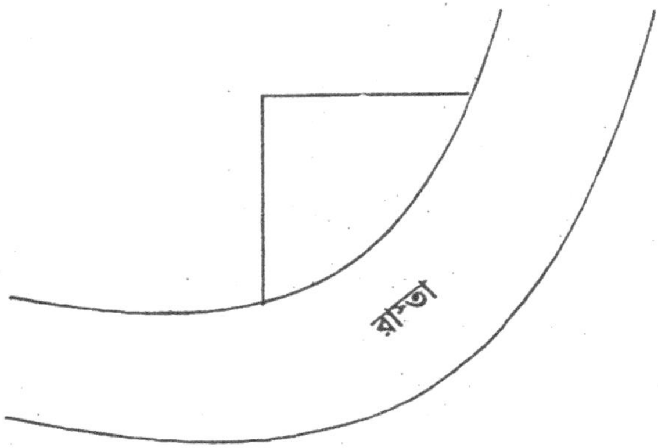

অর্দ্ধবৃত্তাকার ভূমিখণ্ড। এটি ভাল জমি নয়, দোষযুক্ত জমি।

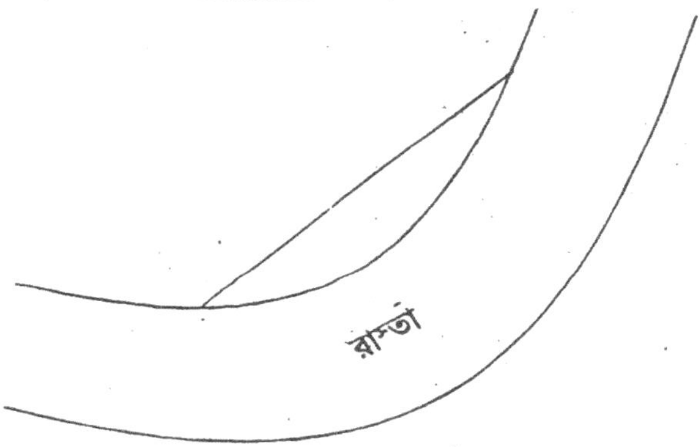

ধনুকাকার ভূমিখণ্ড। এটিও দোষপূর্ণ ভূমিখণ্ড।

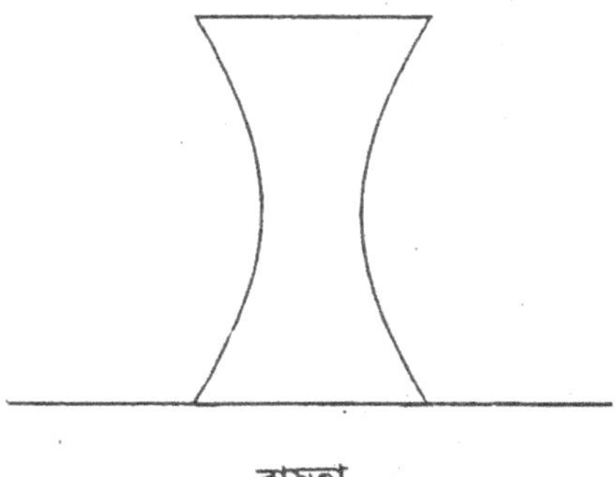

মধ্যভাগে সংকুচিত জমি। এই ধরণের জমি সিঁড়ির নীচে দেখতে পাওয়া যায়। এই ধরনের জমির গুরুত্ব দেখার পর লোকেরা এস.টি.ডি, চায়ের দোকান, পানের দোকান হিসেবে ব্যবহার করে।

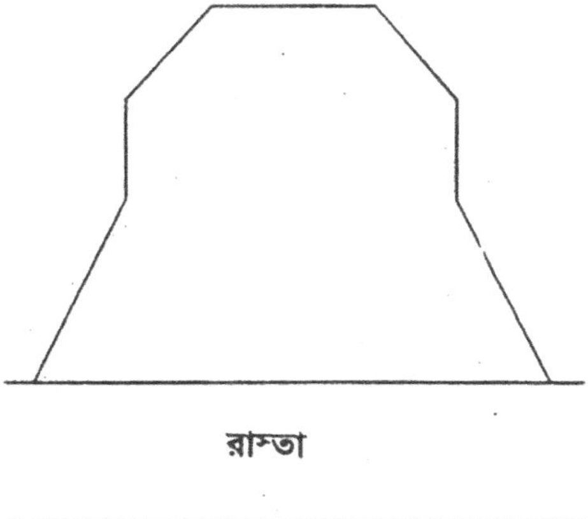

অনেক কোনযুক্ত ভূমিখণ্ড। আমি এই ধরনের কিছু দোকান দেখেছি। বিশেষ করে পশ্চিমবঙ্গের হাওড়া স্টেশনের আশেপাশে এই রকম বহুকোনবিশিষ্ট দোকান প্রচুর পরিমাণে দেখা যায়।

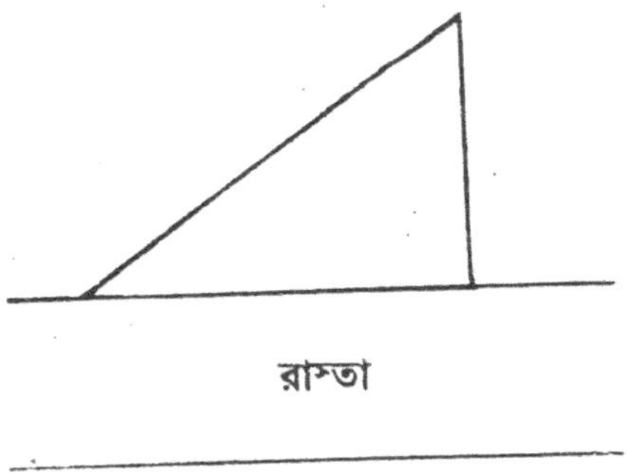

ত্রিকোনাকার ভূমিখণ্ড। এর একটি কোন ৯০°-র ও অপর কোন ৩৫°-র হয়।

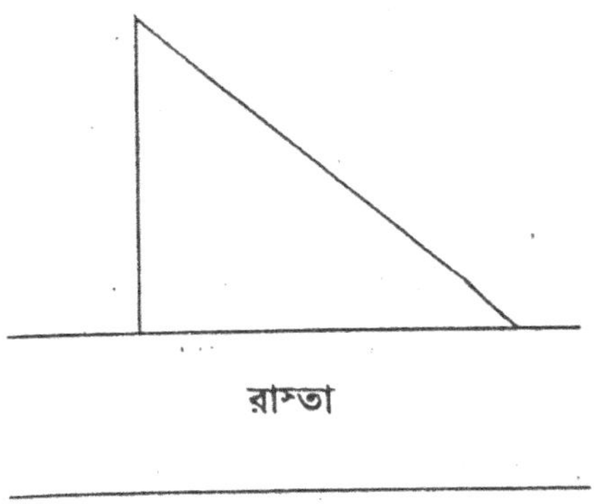

এটিও ত্রিকোনাকার ভূমিখণ্ড। এর প্রথম কোন ১৫০°-র এবং অপর কোন ৯০°-র হয়।

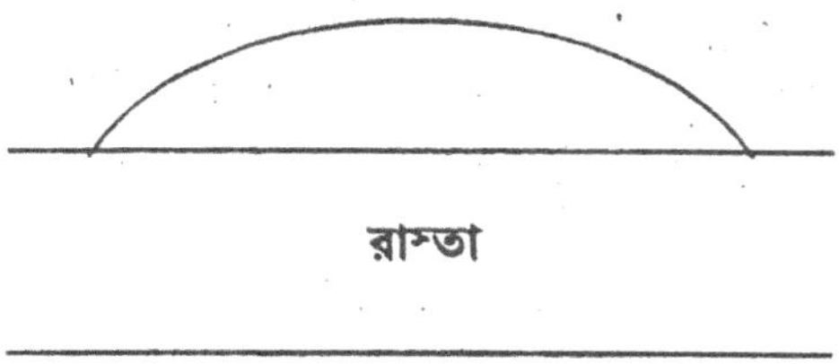

চন্দ্রাকার ভূমিখণ্ড

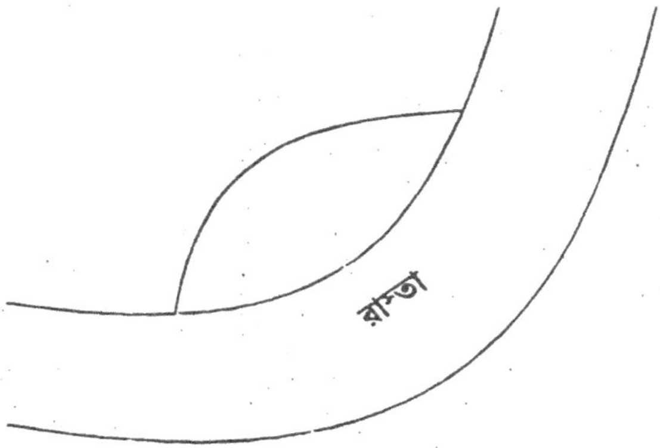

চন্দ্রাকার ভূমিখণ্ড

কিছু ব্যতিক্রম

কর্মযোগী ব্যক্তিকে দুষ্ট রাহু অনেক সাহায্য করে। সুতরাং কোন ব্যক্তির কোষ্ঠীতে যদি রাহুর পরিস্থিতি উচ্চ থাকে তাহলে দিশাদোষ দূর হয়ে যায়।

যোগ্য পণ্ডিত দ্বারা শুভ মুহূর্ত এবং লগ্ন বের করে নিজের প্রতিষ্ঠানের কাজ শুরু করে দেওয়া উচিত। মুহূর্ত শুরু করার সময় নিজের মন-মস্তিস্ককে খুশী রাখা উচিত এবং নিজের বন্ধু, আত্মীয়-স্বজনকে ডাকা উচিত। জাতককে নতুন কাপড় সেদিন পরা উচিত। মুহূর্ত-এর সময় দশ থেকে বারোটার মধ্যে নেওয়া উচিত। এই সময় উদীয়মান সূর্য্যের যৌবনকাল। রাতের বেলা মুর্হত না বের করানো উচিত।

আপনার মূর্হুতে যতগুলি উচ্চস্তরের লোক আসবে, আপনার প্রতিষ্ঠান ততই ঐ লোকগুলির গুপ্ত তরঙ্গের প্রভাবে প্রভাবিত থাকবে এবং প্রতিষ্ঠানের যশ প্রাপ্তি হবে। নির্বল ব্যক্তি শুভ মুহুর্তে থাকলে তা ক্ষতিকারক হতে আমি দেখেছি।

নিজর আপন মন, কর্ম এবং বানীর দ্বারা শুদ্ধ হয়ে নিজের কুলদেবতা বা ইস্টদেবকে স্মরণ করে নিয়মানুসারে সর্বপ্রথম শ্রী গণপতি বাবাকে ধ্যান-পূজন করেই তার প্রতিষ্ঠা করা উচিত। তারপরেই শ্রী গণপতি এবং লক্ষ্মীর মুর্তি দোকানের ডান দিকে স্হাপিত করতে হবে। অবশ্য যদি আপনি লক্ষী-গণেশের মূর্তিকে কাউন্টার, অফিস অথবা গদির

উপর স্থাপিত করতে চান তো তাও করতে পারেন।

মনে রাখবেন, প্রতিষ্ঠানে প্রতিটি বস্তুই যাতে নতুন হয়। নতুন প্রতিষ্ঠানে পুরোনো বা কোন অন্য দোকানের জিনিষ কিংবা দেউলিয়া হয় গেছে এমন দোকানের পুরোনো জিনিষ কিনে এনে ব্যবহার করা উচিত নয়।

এইভাবেই নতুন প্রতিষ্ঠানে নতুন খাতা, পেন, এবং অন্যান্য স্টেশনারী জিনিষপত্র কিনে এনে তাকে বিধিমত পূজো করে অথবা বই-খাতার উপর স্বস্তিকা চিহ্ন এনে তারপর তাকে ব্যবহার করা উচিত।

মূহুর্তকে যত দূর সম্ভব সুন্দর করে তোলার জন্য সুগন্ধিত ফুলের ব্যবহারে প্রতিষ্ঠানকে সাজিয়ে তোলা উচিত। গোলাপ জল, ঘি-এর প্রদীপ এবং সুগন্ধিত ধূপকাঠির সহযোগে মঙ্গলধ্বনি শুনিয়ে তাকে পূণ্যশোভিত করে তোলা উচিত।

ব্যবসায়ীদের এটা বোঝা উচিত যে , তার এই প্রতিষ্ঠান লক্ষ্মীদেবীর স্বরূপ এবং এই ভাবনাতে প্রতিষ্ঠানের প্রতি শ্রদ্ধা-ভাবনা রাখা উচিত আবার প্রতিষ্ঠানের পবিত্রতার ওপরও সবিশেষ লক্ষ্য রাখা উচিত।

আমি কলুষিত হয়ে যাওয়া প্রতিষ্ঠানকে বধ হতেও দেখেছি। যত দূর সম্ভব নিজের প্রতিষ্ঠানে শ্রীযন্ত্রের অভিষেক করে তার স্থাপনা করা উচিত।

অস্ট ধাতুর শ্রীযন্ত্র এক সুন্দরী রমনীর প্রতীক। একে সাক্ষাত লক্ষীর রূপ বলে মানা হয়। যে রকম নগরের মধ্যে শ্রীনগর, দেবতাদের আগে শ্রী এবং মানুষের আগেও শ্রী লাগিয়ে তার গারিমা বৃদ্ধি করা যায়, সেই রকম যন্ত্রের আগেও শ্রী লাগিয়ে তাকে শ্রীযন্ত্র নাম দেওয়া হয়েছে এবং একে সবোত্তম যন্ত্র বলে মানা হয়েছে। ব্রহ্মা, বিষ্ণু এবং মহেশ্বর এই শ্রীযন্ত্রের ধ্যান করে থাকেন।

ধনদেবতা কুবের উত্তর দিকের স্বামী, সুতরাং উত্তরামুখী হয়ে ধনাধ্যক্ষ কুবেরের উপাসনা বিধিবৎ উপায়েই করা উচিত। ধনের প্রতীক কুবেরের সম্মানের জন্য একটি কৌটোয় একটু সোনা, একটু রূপা এবং একটা টাকার কয়েন অভিমন্ত্রিত করে রেখে দেওয়া উচিত। এতে আপনার ধন কখনোই খালি হতে পারে না।

শিল্পোদ্যগিক একক

নিবাস ভবন, ব্যাপারিক প্রতিষ্ঠান, বহুতলবিশিষ্ট বাড়ী এবং সামূহিক কলোনীর পর এবার আমরা শিল্পোদ্যগিক একক সম্বন্ধে আলোচনা করব। শিল্পোদ্যগিক একক দুই ধরনের হয়। এর মধ্যে এক উদ্যোগ শহরের ভেতরে গড়ে ওঠে এবং দ্বিতীয় উদ্যোগ ঔদ্যগিক ক্ষেত্রের মধ্যে ফুলে-ফেঁপে ওঠে।

শহরী ঔদ্যগিক

এই উদ্যোগ হোল সেই ধরনের উদ্যোগ, যা শহরের ভেতরে যেখানে-সেখানে গজিয়ে ওঠে। নিজের জমির ওপর বা ভাড়া করা জমির ওপর এইসব ছোট-ছোট কারখানা গড়ে ওঠে। যেমন প্লাস্টিক বা মিষ্টির বাক্স বানাবার কারখানা ইত্যাদি।

ঔদ্যগিক ক্ষেত্রের ঔদ্যগিক একক

কল-কারখানাকে অত্যধিক বেড়ে যেতে দেখে অধিকাংশ প্রদেশের সরকার প্রায় প্রত্যেক বড় শহরের বাইরে ইণ্ডাস্ট্রিয়াল অঞ্চল বানিয়ে দিয়েছে। এই ইণ্ডাস্ট্রিয়াল এরিয়াতে সরকার হাল্কা এবং ভারী উদ্যোগ লাগাবার জন্য উচিত মূল্যে জমি দিয়ে থাকে। সুতরাং এই ঔদ্যগিক ভূমিখণ্ডের বাস্তু অত্যন্ত গুরুত্বপূর্ণ স্হান পেয়ে থাকে। ভূমি বা বাস্তুর প্রধান নিয়ম সব জায়গাতেই সমান ভাবে প্রযোজ্য হবে। সুতরাং ঔদ্যগিক ক্ষেত্রে যে ভূমিখণ্ড পছন্দ করা হবে, তা বাস্তু জমি এবং বাস্তু ভূমিখণ্ডের অনুরূপ হওয়া প্রয়োজন। উদ্যোগ হাল্কা হোক বা ভারী, বাস্তনিয়ম একই ভাবে তার ওপর প্রযোজ্য হবে। যে

কোন উদ্যোগে মেশিনের স্থিতি হোল সব থেকে গুরুত্বপূর্ণ। সুতরাং নিম্নে অংকিত চিত্র দ্বারা তার স্থাপনা করাই যুক্তিযুক্ত।

প্রধান মেশিনের স্থাপনা

দক্ষিণ-পশ্চিম স্থানে ফ্যাক্টরীর মুখ্য এবং গুরুত্বপূর্ণ মেশিনকে রাখা উচিত।

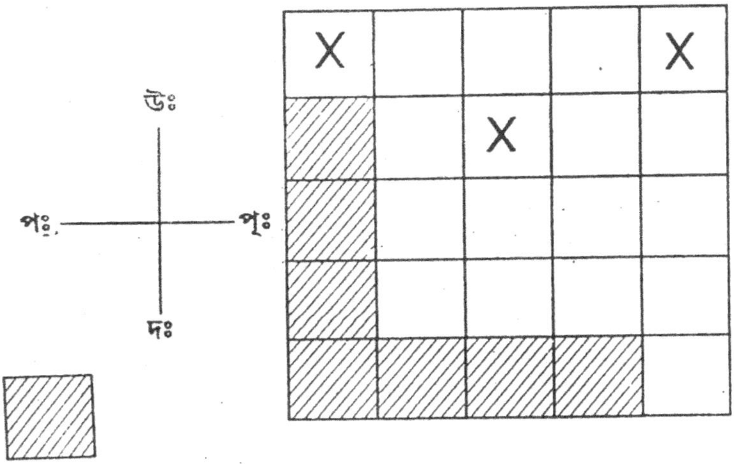

এই স্থানে অর্থাৎ দক্ষিণ-পশ্চিম দিকে ভারী মেশিন রাখা উচিত। এ রকম করলে মেশিনের আয়ু লম্বা হবে এবং উৎপদন বাড়বে।

শক্তিস্রোত, বয়লার, ভট্টি, বিদ্যুৎ প্রভৃতির স্থান

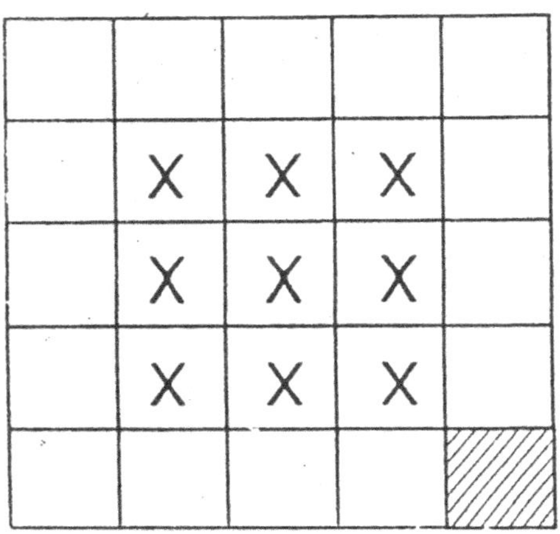

এই সমস্ত স্রোত এবং সংসাধন আগুনের সঙ্গে সম্বন্ধিত। এগুলি গরম বা তাপ উৎপন্ন করে। সুতরাং অগ্নি কোন্ এই মেশিন এবং জিনিষপত্রের জন্য উপযুক্ত। আগুনের সঙ্গে যুক্ত কোন জিনিষ যদি অগ্নি কোনে থাকে তো কোন দুর্ঘটনা ঘটার সম্ভাবনা নেই।

রিসেপ্শন বা পূজাগৃহ

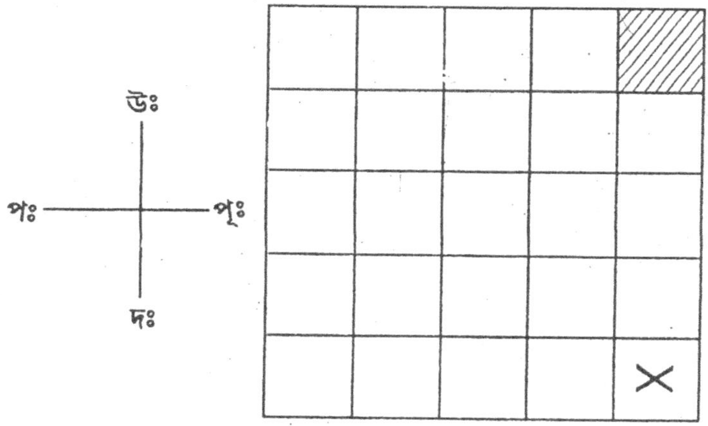

ঈশান কোনে পূজাগৃহ বা রিসেপ্শন বসানো উচিত। এই স্থানের পবিত্রতার ওপর যথাযোগ্য দৃষ্টি দেওয়া উচিত। এই কোন দেবতাদের নিবাসস্থল। অগ্নি কোনে কখনই রিসেপ্শন বানানো উচিত নয়।

কাঁচা মাল, ভাণ্ডার গৃহ বা ভাঁড়ার ঘর

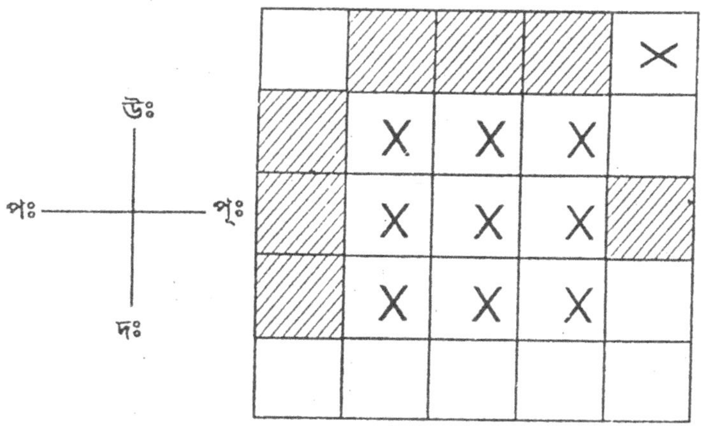

এটি কাঁচা মাল রাখার সর্বশ্রেষ্ঠ স্থান। মধ্য-উত্তর, মধ্য-পশ্চিম এবং পূর্ব দিকের একটুখানি ভাগ কাঁচা মাল রাখার কাজে লাগানো যেতে পারে। ঈশান এবং মধ্য ক্ষেত্রে কাঁচা মাল রাখা উচিত নয়।

তৈরী মাল রাখার স্থান

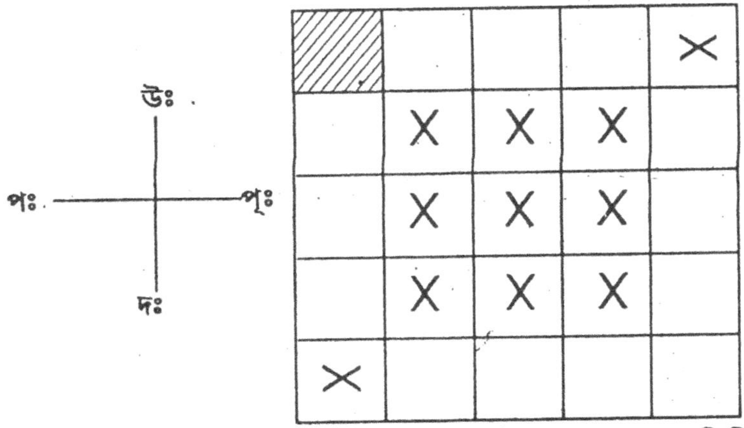

তৈরী মাল সব সময় বায়ু-কোনে রাখা উচিত। এতে যে কোন জিনিযের সৌন্দর্য্য এবং ঔজ্জ্বল্য বজায় থাকে। মাল তাড়াতাড়ি বিক্রীও হয়ে যায়।
ঈশান, নৈর্ঋত এবং ঔদ্যগিক ক্ষেত্রের মধ্যভাগে তৈরী মাল রাখা উচিত নয়। এতে করে মাল ক্ষতিগ্রস্ত হবার সম্ভাবনা থাকে এবং মালের লাভ শেষ হয়ে যায়।

প্রশাসনিক কার্য্যালয়

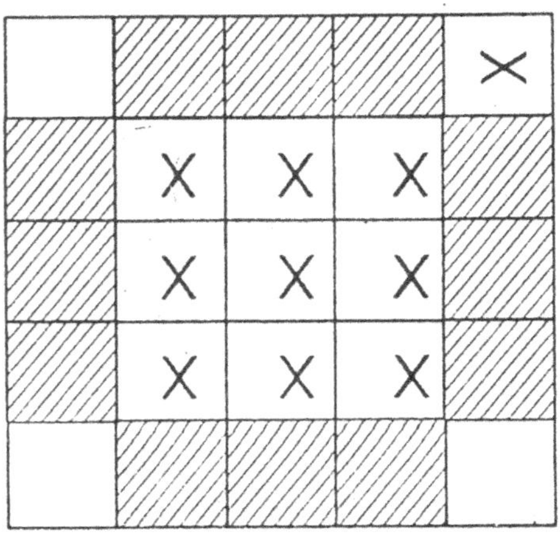

প্রশাসনিক কাজের জন্য পূর্বের মধ্যভাগ, পশ্চিমের মধ্যভাগ এবং উত্তর বা দক্ষিণের মধ্যভাগকে উপযুক্ত মানা হয়। এর মধ্যে পূর্ব এবং পশ্চিমের ক্ষেত্রকে

সর্বোত্তম মানা হয়।

ঈশান এবং ঔদ্যগিক ক্ষেত্রের হৃদয়স্হল প্রশাসনিক কাজের জন্য উপযুক্ত নয়। যদি এই সব ক্ষেত্রে প্রশাসনিক অফিস বানানো হয়, তো সব সময় ভুল নির্ণয়ের শিকার হতে হয়। সব সময় একটা মানসিক চাপের মধ্যে থাকতে হয়। প্রশাসনের প্রতি অসন্তুষ্ট হয়ে কর্মচারীরা হরতাল ডেকে কোম্পানী বন্ধ করিয়ে দিতে পারে।

চৌকিদার এবং কর্মচারীদের আবাসস্হল

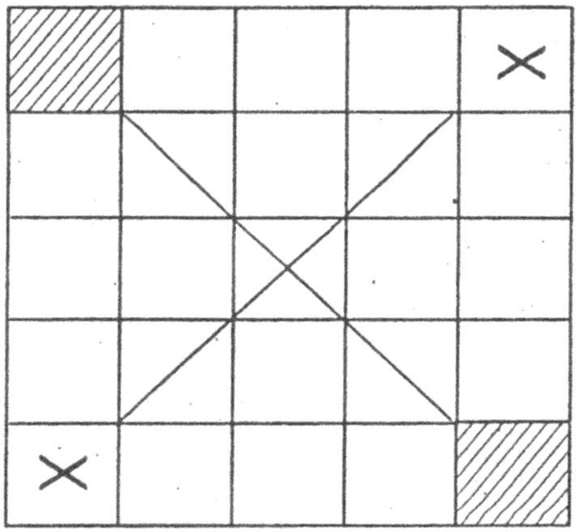

চৌকিদারের থাকার জন্য অগ্নি কোন সব থেকে উত্তম। এখানে থাকলে চৌকিদারের রাতে ঘুম আসবে না, তাই ফ্যাক্টরীর কর্মচারীদের বায়ু-দিশায় ঘর বানালে ভাল হয়। বায়ু কোনে থাকলে এদের গভীর ঘুম আসবে এবং পূর্ণ আরাম এরা পাবে। কর্মচারীদের ক্ষেত্রে কঠোর পরিশ্রমের পরে তাদের ঘুম আসা জরুরী। যাতে সে পরের দিন সতেজ তাজা হয়ে কাজে লেগে পড়তে পারে।

ঈশান ক্ষেত্র এবং মধ্য ক্ষেত্রে কর্মচারী এবং চৌকিদারের নিবাসস্হল কখনোই বানানো উচিত নয়। এতে উদ্যোগের ক্ষতি হতে পারে।

কিছু নিয়ম

(১) ঔদ্যগিক এককের মুখ্য দ্বারের সম্মুখে চৌকিদার বা গার্ডের ঘর দ্বারের দিশার অনুসারে প্রধান দ্বারের বাঁয়ে অথবা ডাইনে রাখা উচিত। যেমন মুখ্য দ্বার যদি উত্তরে থাকে তো এই দ্বারের থেকে পশ্চিম অথবা মুখ্য দ্বার পূর্বে থাকলে দ্বারের দক্ষিণে অথবা মুখ্য দ্বার পশ্চিমে থাকলে দ্বার উত্তরে আর মুখ্য দ্বার দক্ষিণে হলে দ্বারের পূর্বে চৌকিদারের ঘর বানানো উচিত।

(২) প্রশাসনিক কার্য্যালিয়ের জন্য নির্দিষ্ট স্হানে নির্দিস্ট জিনিয নির্মাণ করানো উচিত। যেমন সর্বোচ্চ অফিসারের বসার ব্যবস্হা যে কোন উপায়ে দক্ষিণ-পশ্চিম বা দক্ষিণ-পূর্ব দিকে হওয়া উচিত।

টেকনিক্যাল অফিস, গবেযনাগার প্রভৃতি পূর্ব-উত্তর বা দক্ষিণ-পূর্ব দিকে হওয়া উচিত। বিক্রয় অধিকারী, চৌকিদার বা অস্হায়ী কর্মচারীদের বসার জায়গা অফিসের উত্তর-পশ্চিম ক্ষেত্রে করা উচিত।

(৩) উত্তর-পূর্ব ক্ষেত্র শুধুমাত্র আগন্তুকদের স্বাগত কক্ষ বা প্রতীক্ষালয় হিসেবই ব্যবহার করা ভাল। অথবা এই জায়গা খালিই রেখে দেওয়া উচিত বা অল্প-স্বল্প চায়ের কাজে লাগানো উচিত।

(৪) জলের ট্যাঙ্ক, জলাশয় বা জল সংসাধনের জন্য উত্তর-পূর্ব কোনই সর্বশ্রেষ্ঠ।

(৬) প্রসাধন উত্তর-পশ্চিম বা দক্ষিণ-পূর্ব ক্ষেত্রের কাছে বানানোই সমীচীন।

সুতরাং এখন আমরা বলতে পারি যে, কোন উদ্যোগকে সঠিক ভাবে চালাতে গেলে ঔদ্যগিক বাস্তুনিয়মের পালন অবশ্যই করা উচিত। এতে করে উৎপাদন ক্ষমতা বেড়ে যায়।

হোটেল এবং রেস্টুরেন্ট

হোটেল এবং রেস্টুরেন্ট খাবারের সঙ্গে সম্বন্ধিত ব্যবসা, যেটা প্রতিষ্ঠানের মধ্যেই নির্মিত হয়। এই ব্যবসাকে অত্যন্ত সংবেদনশীল বলে মানা হয়। সুতরাং এই ব্যবসার জন্য যে ভূমিখণ্ড চয়ন করা হবে, তা বাস্তুনিয়মের অন্তর্গত হওয়া নিতান্তই জরুরী, তা না হলে ভোজন কখনই স্বাদযুক্ত হবে না এবং গ্রাহকের সেখানে বসতে অসুবিধা হবে।

ভূমিখণ্ড ছাড়াও অতিরিক্ত নিম্নলিখিত প্রধান জিনিষের উপর প্রতিষ্ঠান মালিকের নজর রাখা উচিত।

(১) আবাসিক হোটেলগুলোতে যেখানে অনেকগুলো ঘর একসাথে নির্মান করা হয়, সেখানে প্রত্যেক ঘরের সংলগ্ন প্রসাধন কক্ষকে উত্তর-পূর্ব দিকে বানানো উচিত নয়। উত্তর-পূর্ব ক্ষেত্র-কে প্রবেশদ্বার বা ব্যালকনী হিসেবে ব্যবহার করা উচিত।

(২) উত্তর-পূর্ব ক্ষেত্র যতটা সম্ভব খালি রাখা যায়, ততই ভাল অথবা কেবল গেস্টরুম হিসেবেই ব্যবহার করা ভাল।

(৩) ভোজনালয়ের ব্যবস্থা পশ্চিমী ক্ষেত্রতে হওয়া উচিত এবং রান্না অগ্নি কোনে করা উচিত। যদি খুব বেশী অসুবিধা হয় তো ভোজনালয়ের সামনে উত্তর-পশ্চিম কোনেও করা যেতে পারে।

(৪) সম্পূর্ণ ভবনের উত্তর-পূর্ব ক্ষেত্রে ঘরের নির্মাণ না করাই যুক্তিযুক্ত।

(৫) যতদূর সম্ভব হয় মুখ্য প্রবেশদ্বার উত্তর বা পূর্ব দিকেই রাখার চেষ্টা করা উচিত, যাতে করে দ্বার মণ্ডপ বানানো যায়।

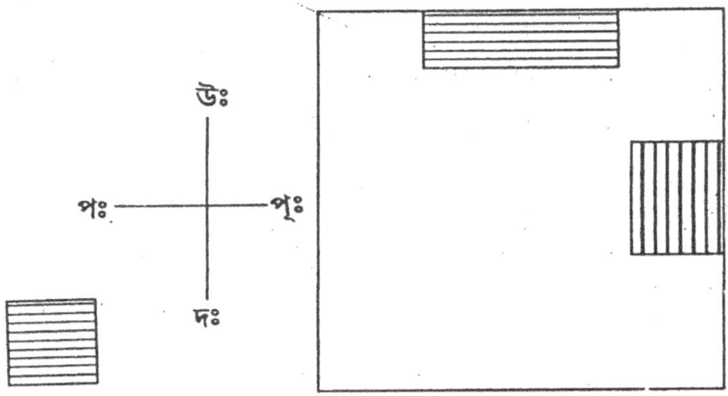

প্রবেশ দ্বারের জন্য উপযুক্ত স্থান।

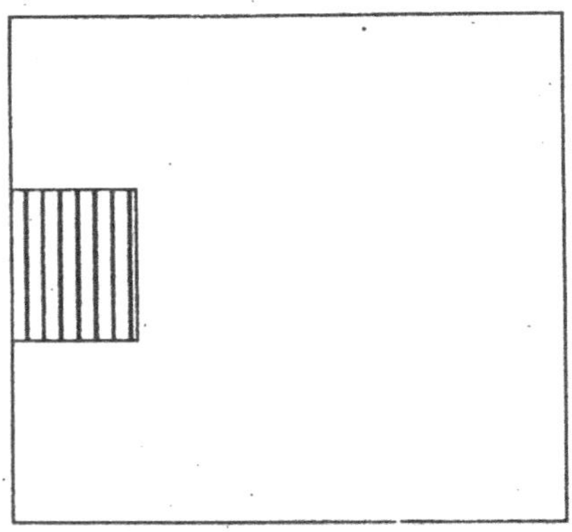

ভোজনালয়ের ব্যবস্থা।

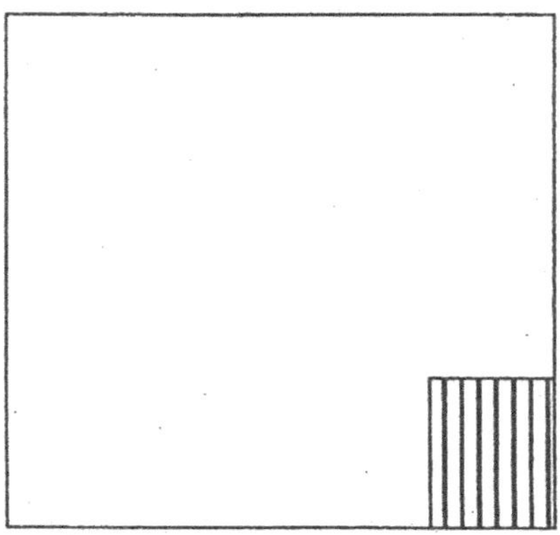

রান্নার ব্যবস্থা।

(৬) যদি হোটেল স্টারযুক্ত হয় তাহলে সুইমিং পুল থাকা অনিবার্য। তাহলে সুইমিং পুল উত্তর-পূর্ব, পশ্চিম বা উত্তর বা পূর্ব ক্ষেত্রেই বলানো উচিত। সুইমিং পুল সম্পূর্ণ হোটেলের সুন্দরতাকে আরও বাড়িয়ে তোলে।

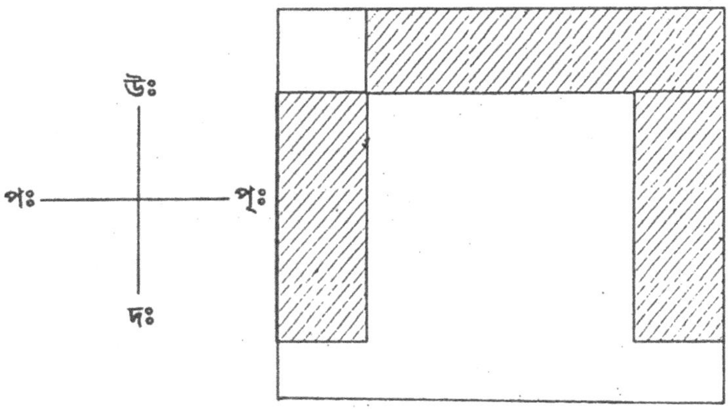

এই স্হান সুইমিং পুলের জন্য উপযুক্ত। কিন্তু পূর্ব এবং পশ্চিমের সুইমিং পুল অধিক শ্রেষ্ঠ হিসেবে মানা হয়। এই কোনের সুইমিং পুলের জল অনেক বেশী সময় পর্যন্ত স্বচ্ছ এবং নির্মল এবং নীরোগ থাকে। এতে দুর্ঘটনার ভয় থাকে না। কিছুতেই যেন পশ্চিম-দক্ষিণ, দক্ষিণ এবং দক্ষিণ-পূর্ব কোনে সুইমিং পুল বানানো না হয়। এতে করে সাঁতারুদের ডুবে যাবার ভয় থাকে। এটিকে মৃত্যুদ্বার বলে মানা হয়।

(৭) বড় হোটেলে একটা বড় হল অনিবার্য্য ভাবে হয় যেখানে বড় সম্মেলন, পার্টি বা ফ্যাশন শো বা প্রদর্শনী হয়ে থাকে। এই ধরনের হল উত্তর-পশ্চিম দিকে বানানো উচিত।

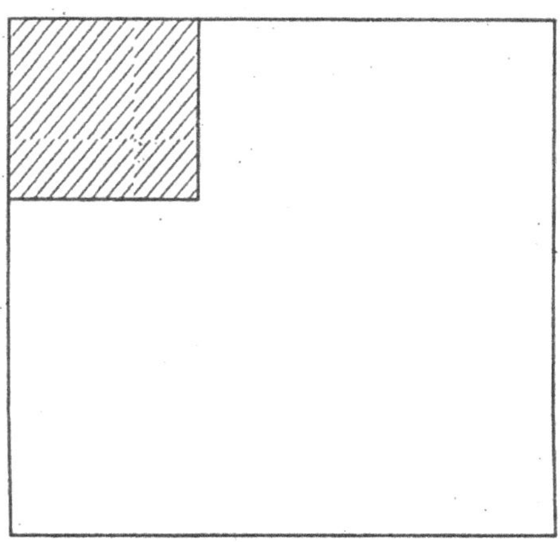

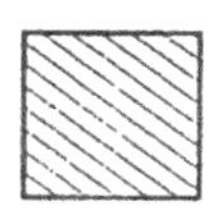

এই স্হান হলঘরের জন্য সর্বশ্রেষ্ঠ বলে মানী হয়।

উঁচু-নীচু ভূমিখণ্ডের প্রভাব

উঁচু-নীচু ভূমিখণ্ডের তার দিশার অনুসারে বিভিন্ন প্রকারের প্রভাব পড়ে থাকে। এই প্রভাবগুলোকে আমরা **নিম্নলিখিতভাবে** জানতে পারিঃ–

(১) ঈশান যদি উঁচু হয় ঃ যদি ঈশান ক্ষেত্র যা পূজাগৃহ হিসেবে কাজে আসে এবং যেখানে দেবতাদের বাস, তা উঁচু হয় তাহলে গৃহস্বামী দেউলিয়া হয়ে যায়।

(২) বায়ু যদি উঁচু হয় ঃ এই স্হান যদি অগ্নি থেকে উঁচু হয়, তাহলে অশুভ হয়। কিন্তু যদি ঈশান থেকে উঁচু হয়, তাহলে চার দিক থেকেই সফলতা প্রাপ্ত হয় আর ধনবর্ষা হতে থাকে।

(৩) অগ্নি যদি উঁচু হয় ঃ এই স্হান যদি নৈর্ঋত থেকে উঁচু হয় তো অশুভ হয়, কিন্তু ঈশান এবং বায়ু থেকে উঁচু হলে ধনলক্ষ্মী প্রাপ্ত হয়।

(৪) নৈর্ঋত যদি উঁচু হয় ঃ যদি নৈর্ঋত কোন্ উঁচু হয় তো যশ, সমৃদ্ধি এবং ধনপ্রাপ্তি হয়।

(৫) উত্তর যদি উঁচু হয় ঃ যদি উত্তর দিক উঁচু হয় তো গৃহস্বামীর সমৃদ্ধি শেষ হয়ে যায়।

(৬) দক্ষিণ যদি উঁচু হয় ঃ যদি দক্ষিণ দিক উঁচু হয়, তো ঐশ্বর্য্য, যশ হয় এবং ঘরের সদস্যারা নীরোগ থাকে।

(৭) পূর্ব দিক যদি উঁচু হয় ঃ যদি পূর্ব দিক উঁচু হয় তো বংশ নাম হয়। গৃহস্বামীর

মেয়ের সংখ্যা বৃদ্ধি পায়।

(৮) পশ্চিম যদি উঁচু নয় ঃ যদি পশ্চিম দিক উঁচু হয়, তাহলে যশ এবং বংশ বৃদ্ধি হয়।

ভূখণ্ডের নানা দিকে নীচুর প্রভাব

(১) ইশান যদি নীচু হয় ঃ যদি ঈশান দিক **নীচু হয়, তাহলে** চার দিক থেকে সুখ, সম্পনতা এবং সৌভাগ্য প্রদান করে।

(২) বায়ু যদি নীচু হয় ঃ যদি নৈর্ঋত বা অগ্নি কোন থেকে বায়ু নীচু হয় তাহলে অত্যন্ত শুভ হয়। কিন্তু যদি ঈশান থেকে নীচু হয়, তাহলে শত্রুতা আর রোগের জন্ম দেয়।

(৩) অগ্নি যদি নীচু হয় ঃ যদি বায়ু আর ঈশান থেকে অগ্নি নীচু হয় তো দুর্ঘটনা, শত্রুতা আর মানসিক রোগ হবার সম্ভাবনা প্রবল থাকে। কিন্তু যদি অগ্নি কোন্ নৈর্ঋত থেকে নীচু **হয়, তাহলে** তা শুভফলদায়ী।

(৪) নৈর্ঋত যদি নীচু হয় ঃ নৈর্ঋত দিক যদি নীচু হয় তো শারীরিক বিকার, অকালমৃত্যু এবং ব্যাধির শিকার হবার সম্ভাবনা থাকে।

(৫) উত্তর যদি নীচু হয় ঃ যদি উত্তর দিক নীচু হয় তো ঐশ্বর্যপ্রাপ্তি হয়।

(৬) দক্ষিণ যদি নীচু হয় ঃ যদি দক্ষিণ দিক নীচু হয় তো ব্যাধি এবং ধনহানি হয়। দোষপূর্ণ দক্ষিণ দিক মৃত্যুর কারণও হতে পারে।

(৭) পূর্ব যদি নীচু হয় ঃ যদি পূর্ব দিক নীচু হয় তো যশ, ঐশ্বর্য্য এবং দীর্ঘায়ু জীবন লাভ হয়। এই জমি মানুষকে নীরোগ রাখে। এতে থাকলে গৃহস্বামী সুখী থাকে।

(৮) পশ্চিম যদি নীচু হয় ঃ যদি পশ্চিম দিক নীচু হয় তো তা অত্যন্ত হানিকারক হয়। এতে বংশবৃদ্ধি থেমে যায় এবং স্বাস্থ্য খারাপ থাকে।

চার দেওয়ালের কোন্‌কে নির্মান থেকে বাধা দেবার পরিণাম

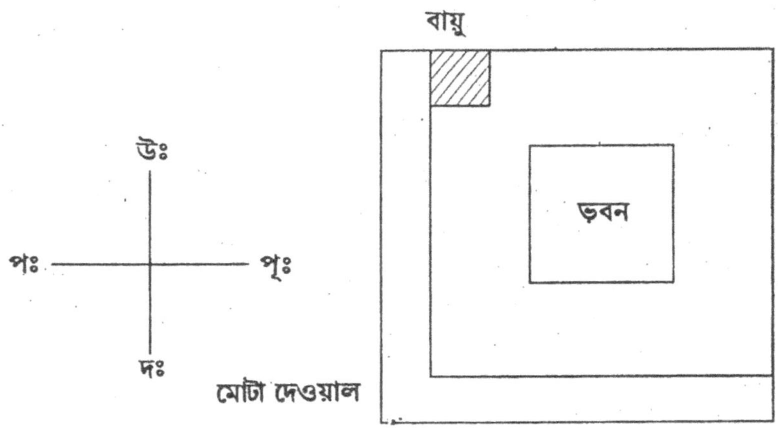

বায়ু কোনের নির্মাণ করিয়ে আবার তাকে বন্ধ করতে নেই। বাণিজ্য সংস্হা এবং কল-কারখানা প্রভৃতির অনেক দুর্ঘটনা বায়ু কোন্ বন্ধ করার জন্য ঘটে থাকে। আমি বড়র থেকে বড় প্রতিস্ঠানকে এই ধরনের নির্মাণের জন্য বন্ধ হয়ে যেতে দেখেছি।

ঈশান কোনকে কখনই বন্ধ করা উচিত নয়। এই কোনে কোন ভারী বস্তুও রাখা উচিত নয়। এর কু-প্রভাব ভয়ানকভাবে গৃহস্বামীর উপর পড়ে। তাই এই কোনকে খালি রাখাই যুক্তিযুক্ত।

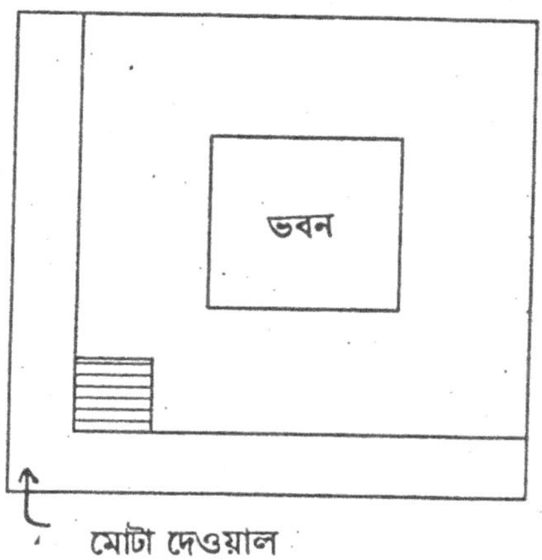

নৈঋ্ত কোনে কোন কিছু নির্মান করা উচিত কাজ, তা না হলে এই কোনে ভারী বস্তু রেখে দেওয়াও ঠিক।

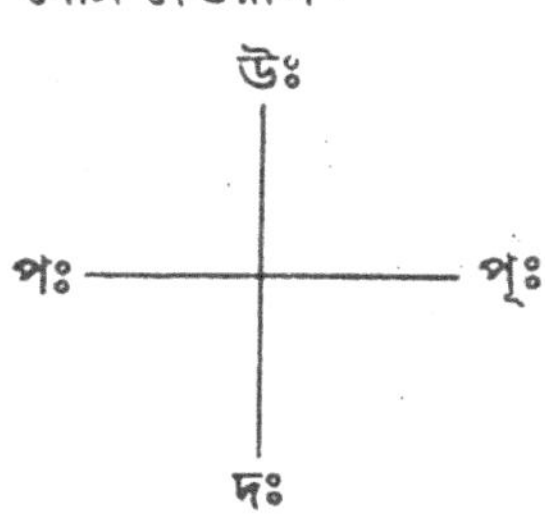

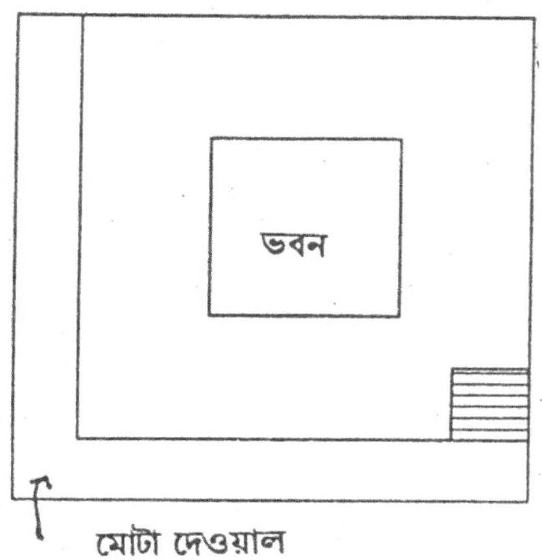

এতে কোন প্রকারের গর্ত্ত এখানে যাতে না থাকে।

অগ্নি কোনের নির্মান করিয়ে বন্ধ করে দেওয়া ঠিক নয়। এর কুপ্রভাব ভয়ংকর। ব্যক্তির

বিকাশ এতে অবরুদ্ধ হয়ে যায় এবং আগুন লেগে দুর্ঘটনা বা বিদ্যুৎস্পৃষ্ট হবার আশংকা পুরোপুরি বর্তমান থাকে।

সুতরাং উপরোক্ত বিবরণগুলিতে দেখা গেছে, যদি বাস্তুমতানুসারে কোনের উপযোগ করা যায়, তো তা লাভদায় হবে এবং দোষপূর্ণ নির্মাণ ভয়ানক কু-প্রভাবের জন্ম দেয়।

টিন শেড বা অ্যাসবেস্টস

কিছু লোক নিজের সুবিধা অনুযায়ী টিন বা অ্যাসবেস্টসের শেড নিজের ঘর বা বারান্দায় লাগিয়ে থাকেন, কিন্তু এই শেডগুলিকে হাওয়ার অনুরূপ ঢাল দিয়ে বানানো উচিত। তা না হলে এটি কমজোর হয়ে খুব তাড়াতাড়ি খারাপ হয়ে যায়।

কিছু শেড নিম্নরূপ ঃ

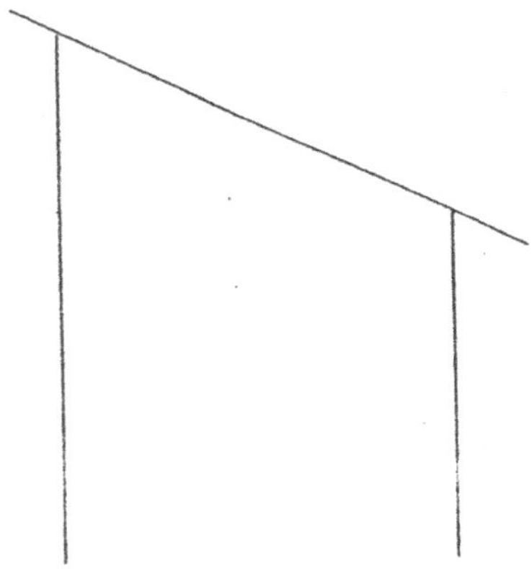

এই ঢাল উত্তর বা পূর্ব দিকে হলে খুবই ভাল হবে, যাতে করে বায়ু কোনের দিক থেকে বা পশ্চিমের বায়ু টিনকে উড়িয়ে না নিয়ে যায়।

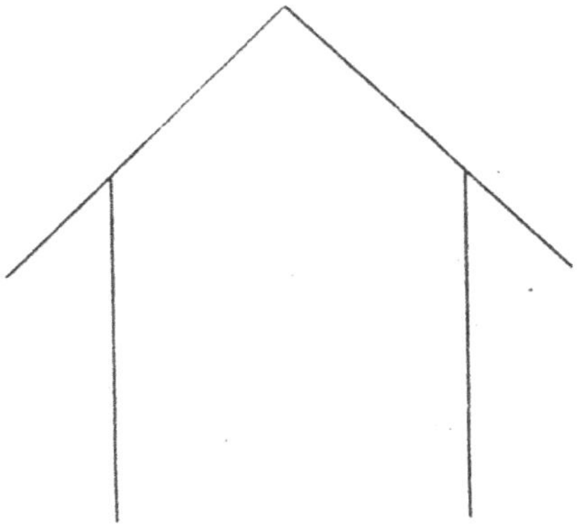

এই ঢাল উত্তর-দক্ষিণ অথবা পূর্ব-পশ্চিম দিকে সমান্তর হওয়া উচিত। এই ধরনের শেডই বেশীর ভাগ বাড়ীতে দেখতে পাওয়া যায়। গ্রাম এবং শহরতলী অঞ্চলে এই শেডই অধিক প্রচলিত।

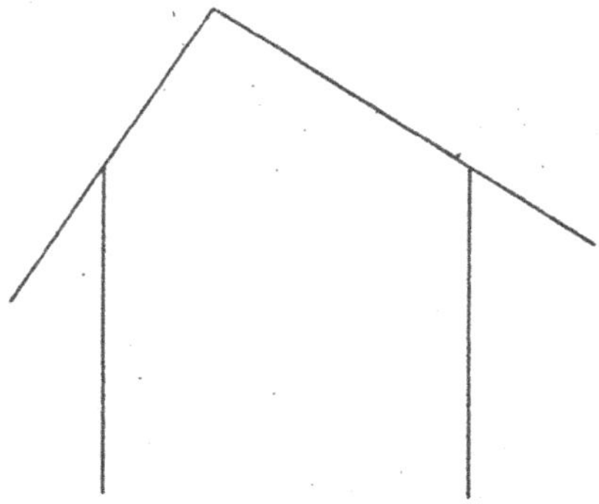

উত্তর বা পূর্ব দিকে বেশী ঢাল বা দক্ষিণ কিংবা পশ্চিম দিকে কম ঢাল যুক্ত শেড। এই ধরনের শেড ঐ বাড়ীতে লাগানো হয়, যার উচ্চতা খুব বেশী রাখার ইচ্ছা থাকে এবং গ্রাম আর স্কুলেই এই ধরনের শেড বেশী দেখা গেছে।

এ ছাড়াও অন্য অনেক রকমের ঢালযুক্ত শেড বানানো হয়। যখন বৃষ্টি খুব বেশী হয় বা বরফ বেশী পড়ে তখন এই ধরনের শেড বেশী দেখতে পাওয়া যায়। আসাম, মনিপুর, মেঘালয়, দার্জিলি, কাশ্মীর এবং পাহাড়ী অঞ্চলে এই শেড পর্যাপ্ত মাত্রায় প্রয়োগ করা হয়।

ভূমিকম্প বা নরম মাটি হবার আশংকাকে খেয়াল রেখে টিন, অ্যাসবেস্টস বা কাঠের শেডকেও ব্যবহার করার রীতি কোথাও-কোথাও প্রচলিত আছে।

সংযুক্ত ভবন

হিন্দু রীতি এবং সংস্কৃতির অনুসারে জোড়া ফলকে অশুভ বা দোষপূর্ণ বলে মানা হয়। ঠিক একইভাবে জোড়া বাড়ীও দোষপূর্ণ হয়।

কখনও-কখনও টাকার লোভেও দুজন বন্ধু একটা প্লট কিনে একই দেওয়ালের সুবিধা নেবার কারণে এই ধরণের বাড়ী বানিয়ে নেন।

এই ধরনের বাড়ী আমি মধ্যপ্রদেশের হাউসিং কলোনীর জনতা কোয়ার্টার এবং মিনি এল.আই.জি কলোনীতে দেখেছি।

এই ভাবে একই দেওয়াল ধরে বানিয়ে নেওয়া দুটি বাড়ীতে একটি বাড়ী দোষপূর্ণ হয়, অন্যটা আবার যথেষ্ট ভালও হয়ে যায়। যখন কি দুটি বাড়ীর ভেতরের সুযোগ-সুবিধা একং নক্সা একই রকমের হয়। এতে আমরা একটা বাড়ীর মালিককে ধ্বংস হয়ে যেতে এবং অন্য বাড়ীটির মালিককে উন্নতি করতে দেখেছি।

(১) উপরোক্ত দুটো জোড়া বাড়ীর ভেতরের নক্সা একই রকমের।

(২) দুটি বাড়ীর মাঝে একটাই দেওয়াল, যাকে দুটি ঘরই সমানভাবে ব্যবহার করছে।

(৩) এতে একটি বাড়ী বাস্তুসম্মতভাবে ঠিকঠাক বানানো হয়েছে, কিন্তু অন্য বাড়ীটি দোষপূর্ণ।

(৪) সংযুক্ত বা জোড়া বাড়ী কখনই বানানো উচিত নয়। এতে আপনি যত প্রচেষ্টাই করুন না কেন একটি বাড়ীতে ত্রুটি থাকবেই।

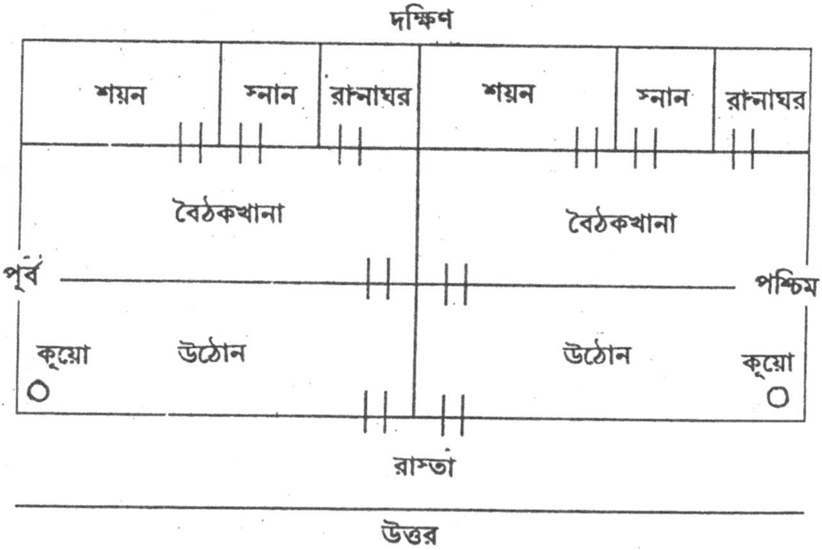

(৫) কখনও-কখনও সংযুক্ত বাড়ী বানালে দুটি বাড়ীই দোষপূর্ণ হয়ে যেতে দেখেছি। বাস্তুর নিয়ম দুটি বাড়িতেই প্রয়োগ করা হয় নি।

(৬) জোড়া বাড়ীই বানান বা কলোনীই বানান কিংবা বহুতল বাড়ীও যদি বা বানান, বাড়ীগুলি বাস্তুসম্মত হোল কিনা, সেটা দেখা দরকার।

(৭) A বাড়ীটির দুটো জোড়া ঘরই কিন্তু বাস্তুমতে ত্রুটিপূর্ণ। এই বাড়ীটি বানাবার সময় বাস্তুনিয়মের পালন একদম করা হয়নি। যখনকি দুটো বাড়ীরই ভেতরের নক্সা প্রায় একই রকম।

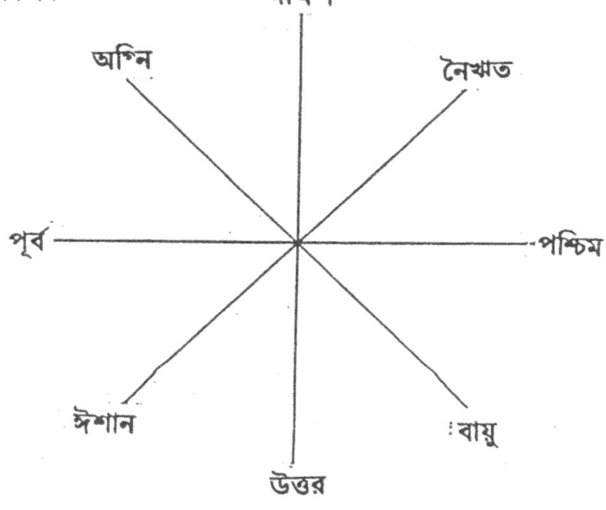

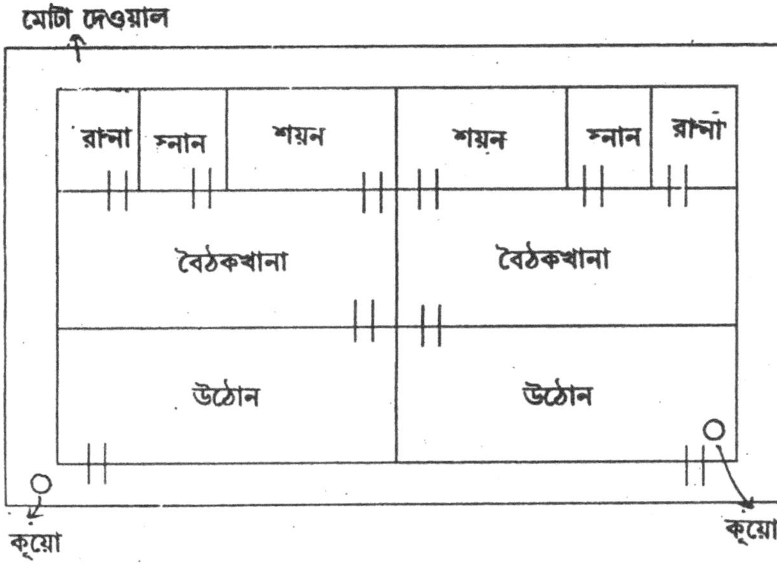

(৮). B জোড়া বাড়ী বাস্তুমতানুসারে বানানো হয়েছে। এখানে C বাড়ীটি বাস্তুমতে ঠিক-ঠিক নির্মিত হয়েছে এবং D বাড়ীটি দোষপূর্ণ বাড়ী হিসেবে নির্মিত হয়েছে। এই ভূমিখণ্ডটিতে একটি বাড়ীই সঠিকভাবে তৈরী হতে পারে। অপরটা দোষপূর্ণ থাকবে।

পূর্বমুখী বাড়ী

পূর্বমুখী বাড়ীকে বাড়ীর মধ্যে রাজা বলা হয়। এর বৈশিষ্ঠ্য নিম্নরূপ ঃ-

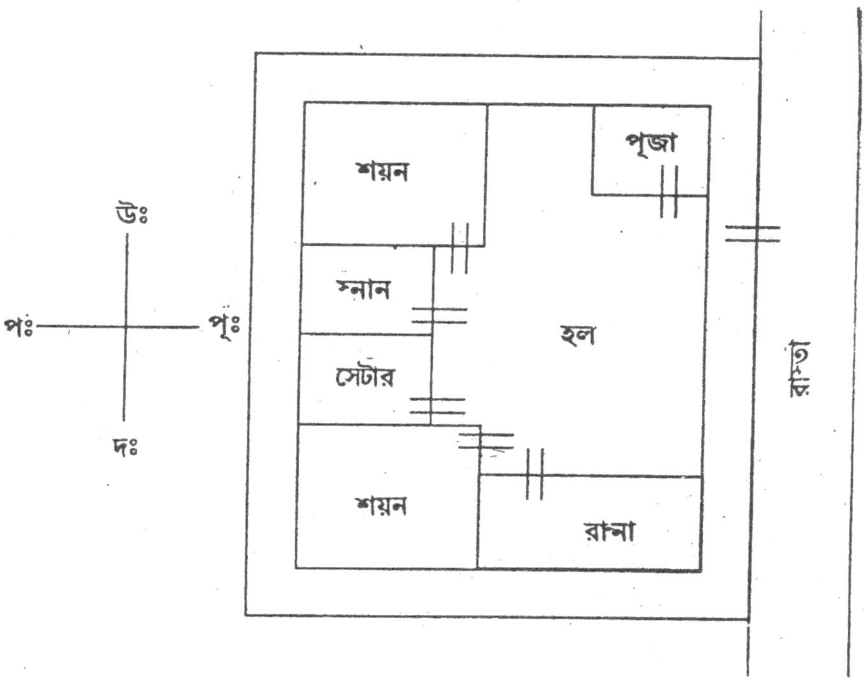

(১) পূর্বমুখী বাড়ীকে উত্তম বলে মানা হয়। ঘর থেকে বেরোলেই সকালবেলা সূর্যের

দর্শন আপনা-আপনিই হয়ে যায়। সূর্যের দর্শন অতি উত্তম বলে মানা হয়। এই বাড়ী ধন এবং বংশ বৃদ্ধির সহায়ক। এই বাড়ীতে যে পুত্র জন্মায় সে আজ্ঞাকারী, শক্তিশালী এবং বাবার জন্য উপযোগী হিসেবে সিদ্ধ হয়। পূর্বমুখী বাড়ীতে প্রায়ই নীলকণ্ঠ পাখী এসে বসতে দেখা গেছে।

(২) পূর্বমুখী বাড়ী বানাবার সময় খেয়াল রাখা উচিত, যেন পূর্বের দিকে জমি কিছুটা নীচে থাকে। এটা গৃহস্বামীর জন্য লাভদায়ক।

(৩) পূর্বমুখী বাড়ী বানাবার সময় চার দিকে সমান স্টাইলে খালি জমি ছাড়া উচিত, অন্যথায় সন্তানের উপর কু-প্রভাব পড়বে। সন্তানরা খুবই দুঃখ-কষ্টের মধ্যে থাকবে।

(৪) খেয়াল রাখা উচিত যে, পূর্বমুখী বাড়ী বানাবার সময় যদি বাড়ীর কোন দরজা অগ্নিমুখী হয়ে যায়, তাহলে গৃহস্বামীকে বহু দুর্ভোগ পোয়াতে হয়। ঘরে সব সময় চুরি এবং আগুনের ভয় লেগেই থাকবে। কোন-না-কোন ঘটনায় জড়িত হয়ে কোর্টের চৌকাঠ বার বার মাড়াতে হবে এবং প্রচণ্ড খরচের মুখোমুখি হতে হবে।

(৫) পূর্বমুখী বাড়ী বানাবার সময় যদি বাড়ীর মেঝের থেকে বাইরের উঠোন বেশী উঁচু হয়ে যায়, তবে গৃহস্বামীর সর্দি-কাশির কষ্ট হবে এবং সে ঋনগ্রস্ত হয়ে যাবে।

(৬) বাড়ীর পূর্ব দিকে যাতে নোংরা জাতীয় কোন জিনিষ না থাকে, সেদিকে লক্ষ্য রাখা উচিত।

(৭) পূর্বমুখী বাড়ী বানাবার সময় বাস্তুনিয়মের পালন সদৈব করা উচিত।

পূর্বমুখী ভবন বানাবার জন্য আর্কিটেক্টের প্রতি নির্দেশ

পূর্বমুখী ভবন বানাবার সময় আপনি আপনার আকিটেক্ট-কে শুধু নিম্নলিখিত কথাগুলি জানিয়ে দেবেন তবেই তিনি আপনার বাড়ীর নক্সা বাস্তুমতে সঠিক হিসেবে বানাতে পারবেন।

(১) ঈশান কোনে যাতে পূজাঘর থাকে।
(২) বায়ুকোনে বেডরুম থাকে।
(৩) পশ্চিম দিকে বাথরুম।
(৪) পশ্চিম দিকে স্টোর রুম যাতে থাকে।
(৫) নৈর্ঋত কোনে বেডরুম।
(৬) অগ্নি কোনে রান্নাঘর
(৭) পূর্বদিকে হল ঘর।

উপরোক্ত নির্দেশ দিয়ে দিলে আপনার আর্কিটেক্ট আপনাকে উপযুক্ত নক্সা অবশ্যই বানিয়ে দিয়ে দেবেন। যদি এই সিদ্ধান্ত মেনে আপনি আপনার বাড়ী বানান তো এই বাড়ী বাস্তুশাস্ত্র মতানুযায়ী হবে। এই ধরনের বাড়ীতে বসবাসকারী ব্যক্তিদের সুখ ও শান্তি পর্যাপ্ত মাত্রায় থাকবে।

উপরোক্ত নির্দেশ দিয়ে দিলে আপনার আর্কিটেক্ট আপনাকে উপযুক্ত নক্সা অবশ্যই বানিয়ে দিয়ে দেবেন। যদি এই সিদ্ধান্ত মেনে আপনি আপনার বাড়ী বানান তো এই বাড়ী বাস্তুশাস্ত্র মতানুযায়ী হবে। এই ধরনের বাড়ীতে বসবাসকারী ব্যক্তিদের সুখ ও শান্তি পর্যাপ্ত মাত্রায় থাকবে।

পশ্চিমমুখী বাড়ী

পশ্চিমমুখী বাড়ীকে পূর্বমুখী বাড়ীর প্রজা হিসেবে ধরা হয়। অর্থাৎ পশ্চিমমুখী বাড়ীও বাড়ীর মধ্যে শ্রেষ্ঠ। এর বৈশিষ্ঠ্য নিম্নরূপ ঃ

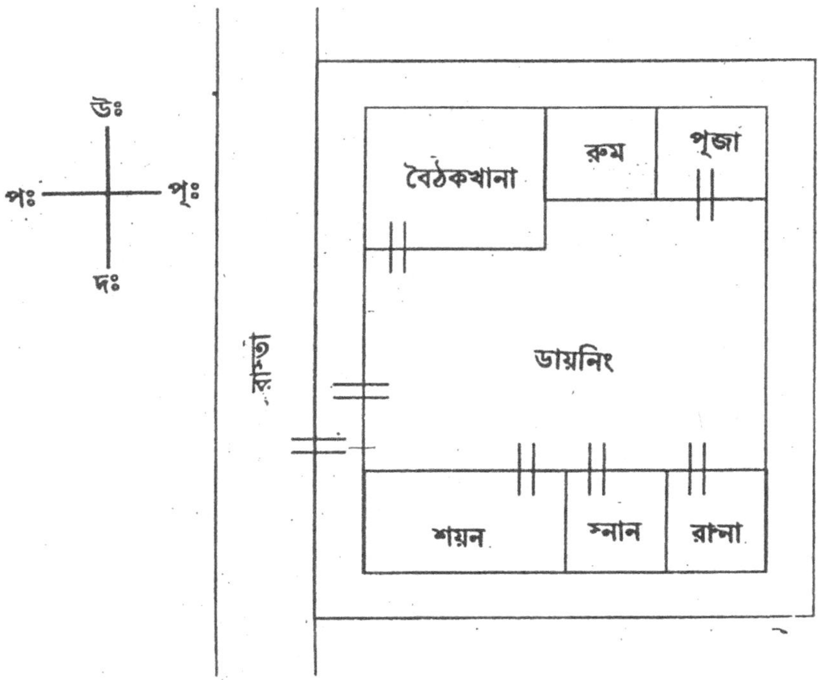

(১) পশ্চিমমুখী বাড়ীও উত্তম প্রকৃতির বাড়ী।

(২) বাস্তু বাড়ীর অনুসারে বাড়ীর নির্মান করলে তা গৃহস্বামীকে একটা চরম পযায়ে পৌঁছে দেবে।

(৩) এইরকম বাড়ীর ঈশান ক্ষেত্রে পূজাগৃহ আছে।

(৪) বায়ুকোনে বৈঠকখানা হওয়া ভাল।

(৫) পশ্চিম দিকে মুখ্যদ্বার হতে হবে।

(৬) নৈর্ঋত কোনে শয়নকক্ষ।

(৭) দক্ষিণ দিকে বাথরুম।

(৮) অগ্নিকোনে রান্নাঘর।

(৯) উত্তর দিকে কক্ষ যাতে হয়ে।

(১০) মধ্যভাগের অংশ খালি ছেড়ে দেওয়া হয় এবং সময়ানুসারে বৈঠক এবং ড্রইংরুম এবং ডাইনিং রুমের কাজে লাগাতে পারেন একে।

পশ্চিমমুখী বাড়ী সুখদায়ী বাড়ী বলে বিবেচিত হয়।

উত্তরমুখী বাড়ী

উত্তরমুখী বাড়ীকে সুখপ্রদ বাড়ী বলা হয়। কিন্তু বাড়ী বাস্তুসম্মত হওয়া জরুরী।

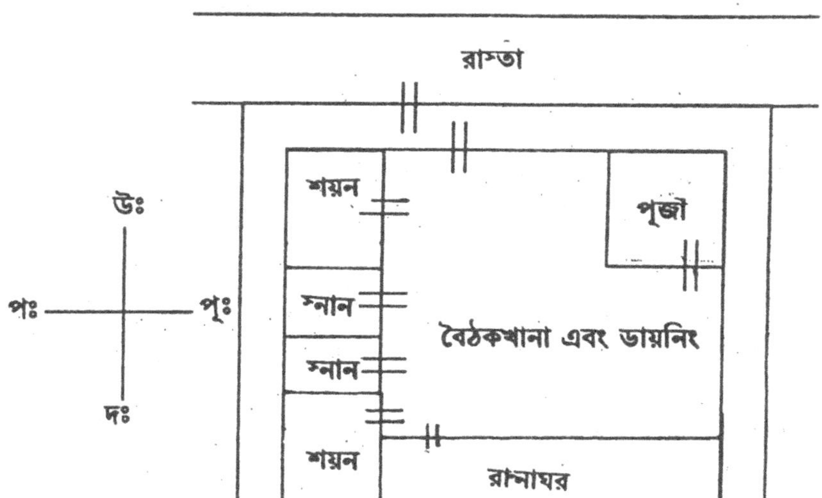

(১) ঈশান ক্ষেত্রে পূজা স্থল হওয়া উচিত।
(২) পূর্ব ক্ষেত্রে বৈঠকঘর হওয়া উচিত।
(৩) অগ্নি ক্ষেত্রে রান্নাঘর হওয়া উচিত।
(৪) দক্ষিণ ক্ষেত্রে কিছু সীমা পর্যন্ত শোবার ঘর হওয়া উচিত।
(৫) নৈর্ঋত কোনে শয়নকক্ষ হওয়া উচিত।
(৬) পশ্চিম দিকে বাথরুম হওয়া উচিত।
(৭) বায়ু ক্ষেত্রে শোবার ঘর হওয়া উচিত।
(৮) উত্তর দিকে প্রবেশ দ্বার হওয়া উচিত।

আমি আগেও বলেছি যে প্রত্যেকের দিকের একটা নিজস্ব গুরুত্ব আছে। কোন দিকই ঠিক খারাপ নয়। শুধু আমাদের তার স্বভাবের অনুসারে প্রয়োগ বা ব্যবহারে আনতে হবে। প্রত্যেক দিকেরই একটা গুরুত্ব বা প্রয়োগ ঈশ্বর দিয়েছেন। যেমন চা, ক্ষীর এবং মিষ্টিতে চিনির ব্যবহার হয় এবং নোন্‌তা খাবার বা তরকারীতে নুনের ব্যবহার। নুন বা চিনি কোনটাই কিন্তু খারাপ নয়। কিন্তু এখন যদি আমরা মিষ্টি জিনিষে নুন আর তরকারী রান্নার সময় চিনি দিয়ে ফেলি তবে তার ফল কি দাঁড়াবে? সব জিনিষই তো পণ্ড হয়ে যাবে। তাই না? ঠিক তেমনি বাস্তুমতে সঠিক দিকের উপযোগ সঠিক স্থানে হওয়া উচিত। তবেই তার সম্পূর্ণ ফল আমরা পেতে পারব। দিশা বা দিকের ধর্ম বা স্বভাবের অনুসারেই তার উপযোগ আমাদের করা উচিত।

উত্তরামুখী বাড়ীর লাভ ঃ উত্তরামুখী বাড়ীতে ঘরের বৌ খুবই খুশী থাকে। তার কাছে ধন জমতে থাকে। গৃহস্বামী তীর্থযাত্রা করতে পারেন। উত্তরামুখী বাড়ীর শুভফল পেতে গেলে বাস্তুনিয়ম মেনেই বাড়ী বানাতে হয়। বাস্তুনিয়ম একবার প্রযোজ্য হয়ে গেলে দিকদোষ দূর হয়ে যায়।

দক্ষিণমুখী বাড়ী বা ভবন

এমনি তো দক্ষিণমুখী বাড়ীকে ভাল বলে মানা হয় না। কিন্তু একথা আগেই বলা হয়েছে যে, যদি বাড়ী বাস্তুসম্মত ভাবে নির্মাণ করা হয়, তবে অনেক দোষ দূর হয়ে যায়।

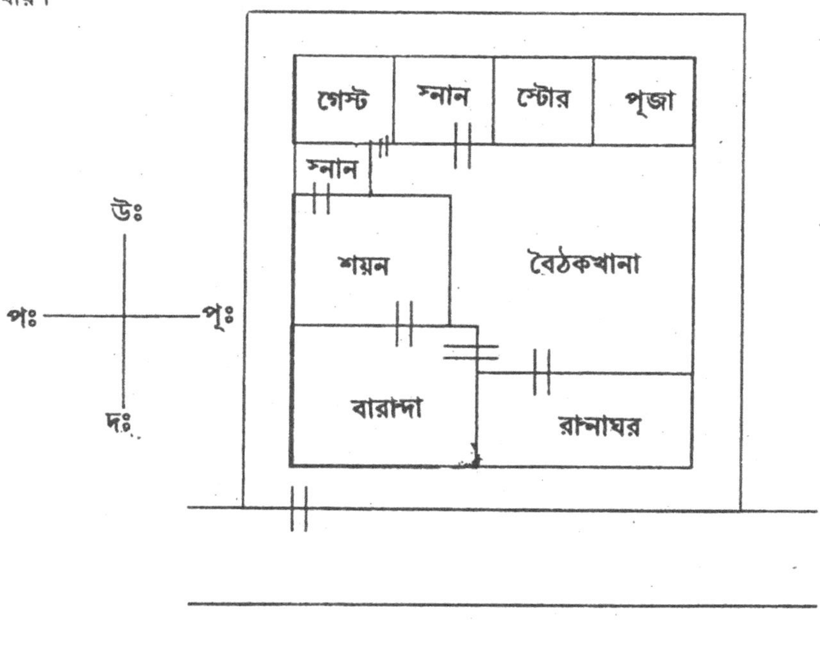

উপরোক্ত বাড়ীর নক্সা বাস্তুদোষ থেকে মুক্ত। কারণ দক্ষিণকে যমের দুয়ার বলে মানা হয়। সুতরাং যমের দুয়ারমুখী বাড়ী হবার পরেও অনেক কিছুই বাস্তুসম্মত হবার কারণে এই বাড়ী শুভফলদায়ী।

(১) পূর্ব দিকে বৈঠকঘর বানানো হয়েছে।

(২) ঈশান দিকে পূজা ঘর।

(৩) উত্তরে স্টোর রুম।

(৪) অগ্নিতে রান্নাঘর।

(৫) পশ্চিমে বাথরুম।

(৬) পশ্চিমে শোবার ঘরও বানানো উচিত।

(৭) নৈর্ঋত কোনে বারান্দা বানানো হয়েছে।

(৮) বায়ু কোনে গেস্টরুম বানানো হয়েছে।

এখানে অত্যন্ত কৌশলপূর্বক দক্ষিণমুখী ভূমিখণ্ডের উপযোগ বাস্তুসম্মতভাবে করা হয়েছে। সুতরাং উপরোক্ত বাড়ীকে অনায়াসেই আমরা বাস্তুসম্মত বা আদর্শ বাড়ী বলতে পারি।

ঈশানমুখী বাড়ী বা ভবন

ঈশানমুখী বাড়ী বানাবার সময় অত্যধিক সাবধানতা অবলম্বন করা উচিত। কারণ এই দিশাকে বা দিককে অত্যন্ত পবিত্র দিক হিসেবে মানা হয়। পূজা ঘর এই দিকে রাখা অনিবার্য।

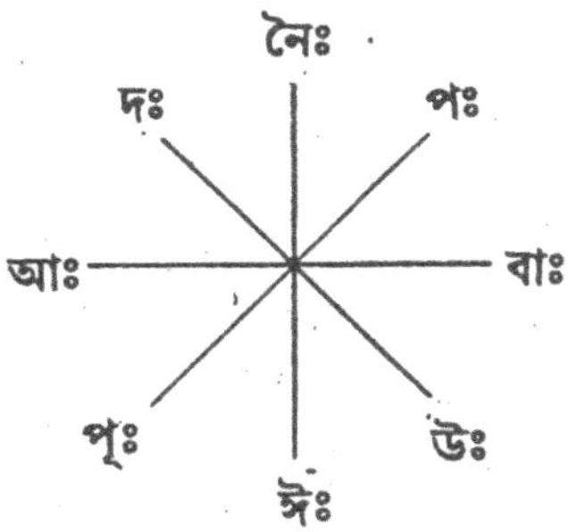

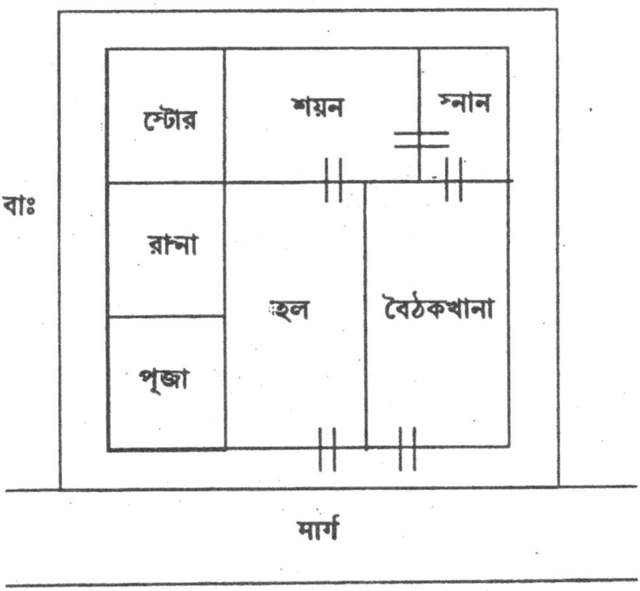

(১) প্রবেশ দ্বারের বাঁদিকে পূজা ঘর থাকা উচিত।
(২) প্রবেশ দ্বার পূর্ব-ঈশান দিকে থাকা উচিত।
(৩) ড্রইং রুম ঈশান-উত্তর কোনে বানানো উচিত।
(৪) বাথরুম পশ্চিম দিকে বানানো উচিত।
(৫) শোবার ঘর নৈর্ঋত কোনে বানানো উচিত।
(৬) স্টোররুম দক্ষিণ দিকে বানানো উচিত।
(৭) রান্নাঘর অগ্নিকোনে হওয়া উচিত।
(৮) হলকে খালি রাখতে হবে, যা বাড়ীর মধ্যবর্তী স্থানে আছে।

ঈশান এক এমন কোন যা উত্তর এবং পূর্ব দিকের মধ্যবর্তী স্থানে অবস্থিত। সেই কোনকে মুখ বানিয়ে বাস্তুমতে বাড়ী তৈরী করানো খুবই কঠিন কাজ।

কিন্তু দেখা গেছে আজকাল বেশীর ভাগ ভূমিখণ্ডই কোন দিশায় পাওয়া যাচ্ছে। সুতরাং কোনগুলোকে দিক বানিয়ে ব্যবহার করাই বাহাদুরির ব্যাপার। এতে খুবই সাবধানতা অবলম্বন করতে হবে। ঈশান কোনে অবস্থিত ভূমিখণ্ডের নিবাসীরা আধ্যাত্ম এবং ঈশ্বরের প্রতি খুবই আস্থাবান হয়। এই ভূমিখণ্ডের ওপর যদি পবিত্রতা রক্ষা করা যায়, তো এটি শ্রেষ্ঠ ভূমি হিসেবে বিবেচিত হতে পারে। আমি বিশ্বের বাহু নামী-দামী এবং প্রসিদ্ধ লোককে ঈশানমুখী বাড়ীর থেকে প্রসিদ্ধি লাভ করতে দেখেছি।

বায়ুমুখী বাড়ী বা ভবন

বায়ুমুখী বাড়ীতে হাওয়া প্রচুর মাত্রায় আনাগোনা করে। সুতরাং এটি স্বাস্থ্যবর্দ্ধক কোন্। এই কোনযুক্ত ভূমিখণ্ডে ঘর কম বানানো উচিত এবং বানাবার সময় অত্যন্ত সাবধানতা অবলম্বন করা উচিত। যতদূর সম্ভব বাস্তুমতানুসারেই এই ভবন নির্মাণ করানো উচিত।

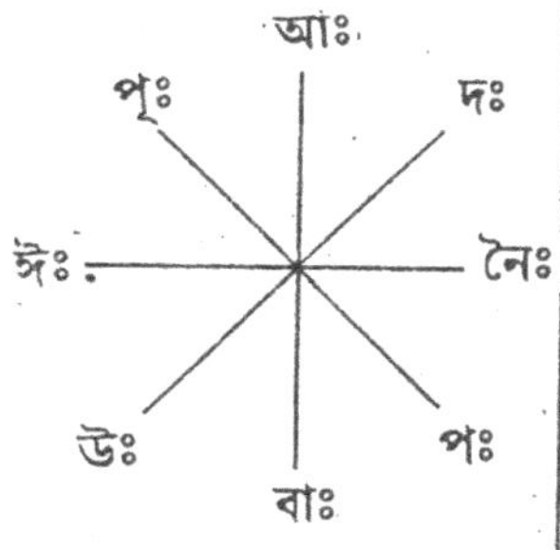

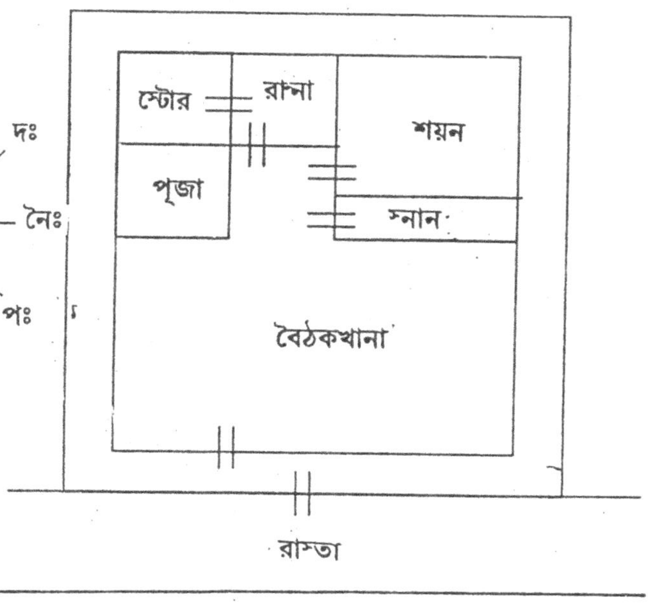

(১) বায়ু এবং পশ্চিমের মধ্যেই বৈঠকঘর বানানো উচিত।

(২) নৈর্ঋত কোনে বাথরুম বানানো উচিত।

(৩) দক্ষিণ এবং নৈর্ঋত মিলিয়ে শয়নকক্ষ বানানো উচিত।

(৪) অগ্নি কোনে রান্নাঘর।

(৫) পূর্ব দিকে স্টোররুম।

(৬) ঈশান কোনে পূজা ঘর।

(৭) ভূমিখণ্ডের মধ্যভাগ এবং উত্তরভাগ মিলিয়ে দিয়ে বৈঠকঘর বানানো উচিত। এটি অত্যন্ত উত্তম নির্মাণ।

এই দিশা অত্যন্ত গতিশীল। এই দিশাতে আমি বহু লোককে কোটিপতি যেমন হতে দেখেছি, তেমনি বহু লোককে ভিখারী হয়ে পথে-পথে ঘুরতেও দেখেছি। সুতরাং বায়ু কোনকে দিক বানিয়ে বাড়ী বানাবার সময় অত্যন্ত সবাধানতা অবলম্বন করা উচিত।

অগ্নিমুখী বাড়ী বা ভবন

এই দিকের স্বামী সিদ্ধিদাতা গনেশ। এই দিক শিশু এবং স্ত্রী-র জন্য সর্বশ্রেষ্ঠ। অগ্নিকোন কিন্তু খুব বিপদজনক কোনও বটে। আমি এই কোনে ভুল বাড়ী হবার ফলে বাসিন্দাদের আগুনে দগ্ধ হয়ে আত্মহত্যা পর্যন্ত করতে দেখেছি। এই কোন্ দুর্ঘটনাযুক্ত কোন্।

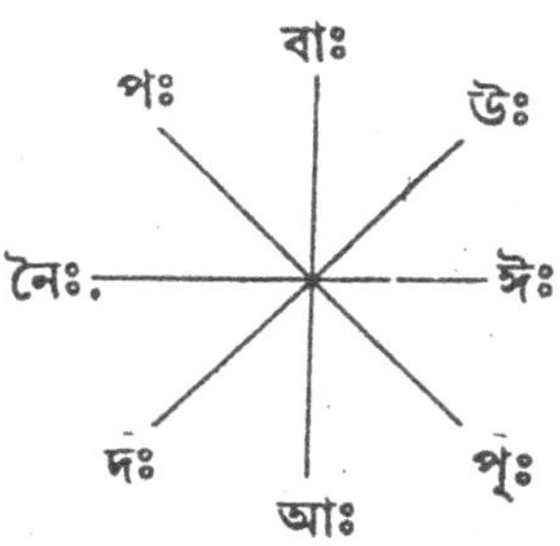

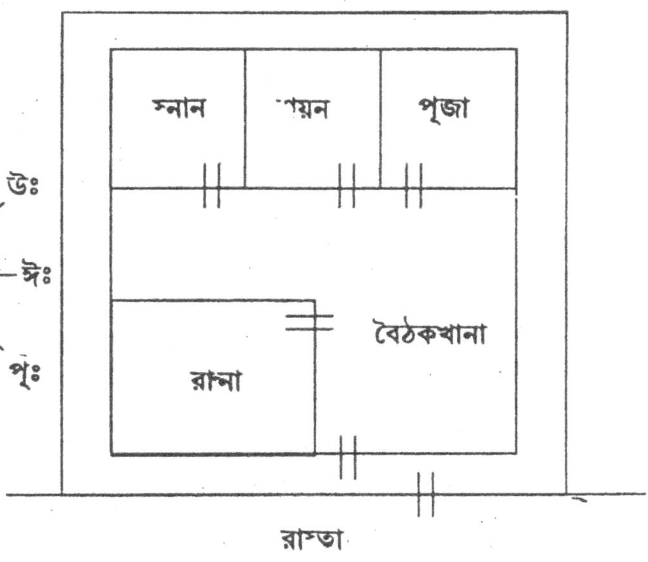

(১) দক্ষিণ-অগ্নি কোনে রান্নাঘর।

(২) অগ্নি-পূর্ব কোনে বৈঠকঘর।

(৩) ঈশানউত্তর দিকে পূজাগৃহ।

(৪) বায়ু কোনে শয়নকক্ষ।

(৫) পশ্চিম দিকে বাথরুম।

(৬) নৈর্ঋত কোনকে খালি রাখা হয়েছে।

দেখা গেছে অগ্নি কোনে ভবন বানাবার সময় লোক খুব ভয় পায়। এতে বসবাসকারী ব্যক্তি সব সময় চঞ্চল থাকে।

উপরোক্ত বাড়ীর নক্সা যথাসম্ভব বাস্তুসম্মত ভাবে বানানো হয়েছে। তবুও যতদূর সম্ভব অগ্নিমুখী ভূমিখণ্ডকে ত্যাগ করাই যুক্তিযুক্ত।

নৈর্ঋতমুখী বাড়ী বা ভবন

নৈর্ঋত দিকের দেবতা ক্ষেত্রপাল। এই দিককে শ্রেষ্ঠ বলে মানা হয়। এখানে বাস্তুসম্মত বাড়ী বানালে খুশী প্রাপ্ত হয়। গৃহস্বামীর পত্নীসুখ, সন্তানসুখ সবই প্রাপ্ত হয়। সন্তানরা শান্ত এবং সৌম্য হয়।

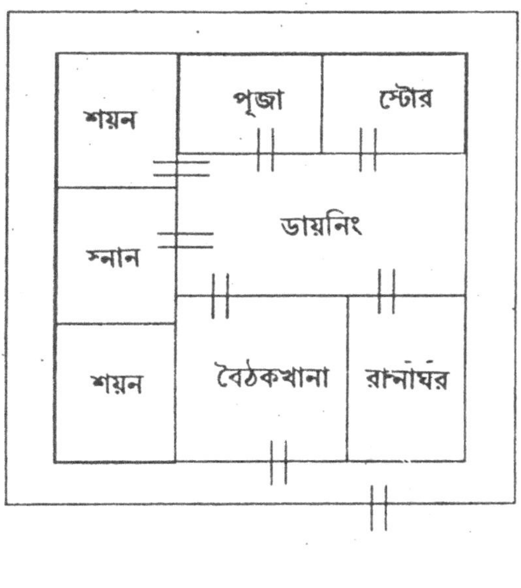

(১) দক্ষিণ-অগ্নি কোনে রান্নাঘর বানানো উচিত।

(২) অগ্নি-পূর্ব কোনে ডাইনিং স্হান রাখা উচিত।

(৩) ঈশান কোনে পূজাস্হল হওয়া উচিত।

(৪) উত্তর দিকে শোবার ঘর হওয়া উচিত।

(৫) বায়ুতে বাথরুম।

(৬) পশ্চিমে শোবার ঘর।

(৭) নৈর্ঋত দিকে বৈঠক ঘর হওয়া উচিত।

উর্পরোক্ত নির্মান সম্পূর্ণ বাস্তুসম্মত। সুতরাং এই নির্মাণ গৃহস্বামীর জন্য সর্বশ্রেষ্ঠ।

দুই রাস্তার উপর অবস্থিত ভূমিখণ্ড

আমরা শুরুতে এক রাস্তার উপর অবস্থিত বিভিন্ন ভূমিখণ্ডলেক দিকের হিসেবে জেনেছি এবং চিনেছি। এখন আমরা দুটি রাস্তার উপর অবস্থিত বিভিন্ন ভূমিখণ্ডের অধ্যয়ন করব।

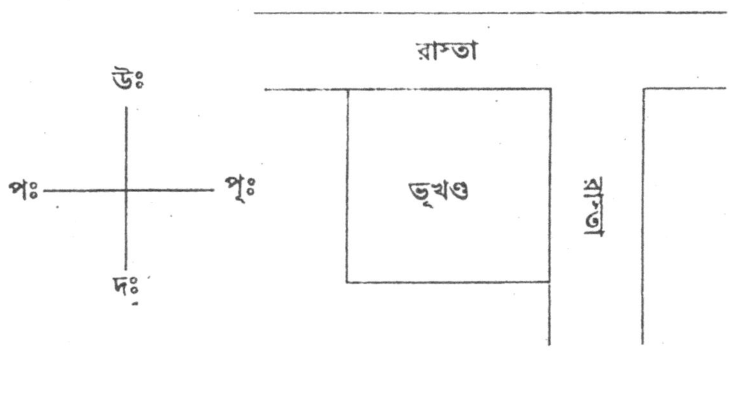

এই ভূমিখণ্ডের পূর্ব থেকে একটা রাস্তা গিয়েছে এবং অন্য রাস্তাটা পশ্চিমের দিয়ে গিয়েছে। এইভাবে দুটি রাস্তার মধ্যে পাওয়া উত্তরমুখী এবং পূর্বমুখী ভূমিখণ্ড অত্যন্ত শুভফলদায়ক হয়ে থাকে। এই ধরনের ভূমিখণ্ড নিতান্ত সৌভাগ্যবানেরাই পেয়ে থাকে।

এই ভূমিখণ্ডে যে দুটো রাস্তা আছে তার মধ্যে একটা রাস্তা পশ্চিমে আর অপরটা দক্ষিণ দিকে চলে গেছে। সুতরাং এই ভূমিখণ্ড পশ্চিমমুখী এবং দক্ষিণমুখী ভূমিখণ্ড হয়ে গেছে। এই রকম দুটি রাস্তার উপর তৈরী ভূমিখণ্ড অতি সাধারণ হয়।

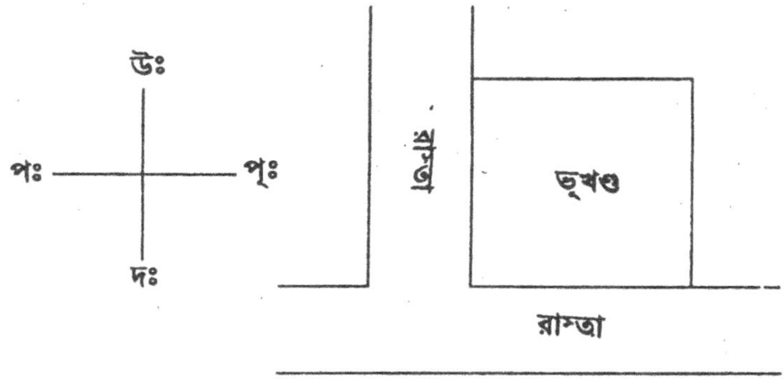

এই ভূমিখণ্ডকে যে দুটি রাস্তা মিলে-মিশে বানিয়েছে, তার মধ্যে একটা রাস্তা উত্তর দিকে আর অন্য রাস্তাটা পশ্চিম দিকে গেছে। সুতরাং এই ভূমিখণ্ড উত্তরমুখী এবং পশ্চিমমুখী হয়ে তৈরী হয়েছে। এই ধরনের ভূমিখণ্ড সাধারণ ফল দেয়।

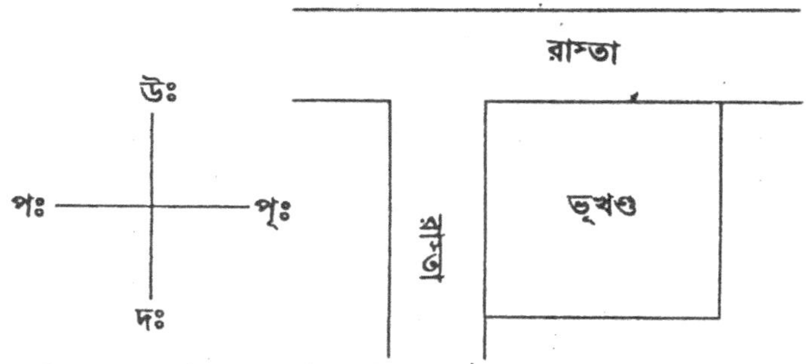

এই ভূমিখণ্ড পূর্বমুখী এবং দক্ষিণমুখী হয়। কারণ এখানে একটা রাস্তা পূব দিকে আর অন্য রাস্তা দক্ষিণ দিকে গিয়েছে। এই ভূমিখণ্ড পূর্বমুখী হবার কারণে ভাল বলে মানা হয়।

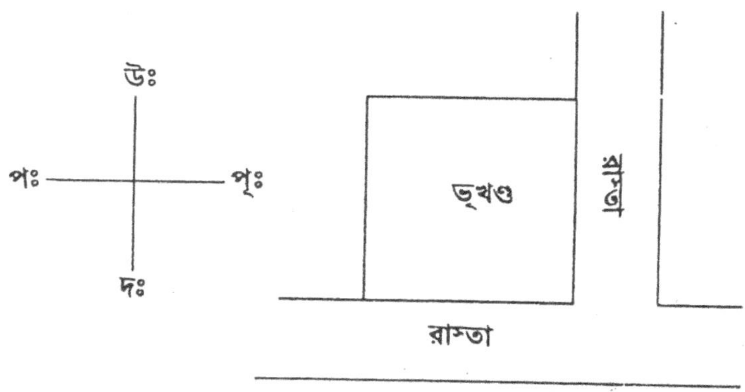

উপরোক্ত চারটি ভূমিখণ্ড দুটি রাস্তার উপর অবস্থিত এবং দুটি রাস্তাই একে-অন্যের সঙ্গে মিলে গেছে।

কিন্তু এখন আমরা ঐ দুই রাস্তার উপর অবস্থিত ভূমিখণ্ডের ওপর বিচার করব, যে রাস্তাদুটি পরস্পর মিলে যায় নি বরং একে অন্যের বিপরীত দিক থেকে বেরিয়ে গেছে। এর বিবরণ নিম্নরূপ–

এই ভূমিখণ্ডের উত্তরে সোজা এক রাস্তা আছে এবং অন্যটা দক্ষিণ দিকে আছে। এই দুটি রাস্তার মাঝখানে ভূমিখণ্ডটি বর্তমান। সুতরাং এই ভূমিখণ্ডকে উত্তরমুখী এবং দক্ষিণমুখী ভূমিখণ্ড বলা হবে। বাস্তুমতানুসারে এই ধরনের ভূমিখণ্ড আদৌ ভাল নয়।

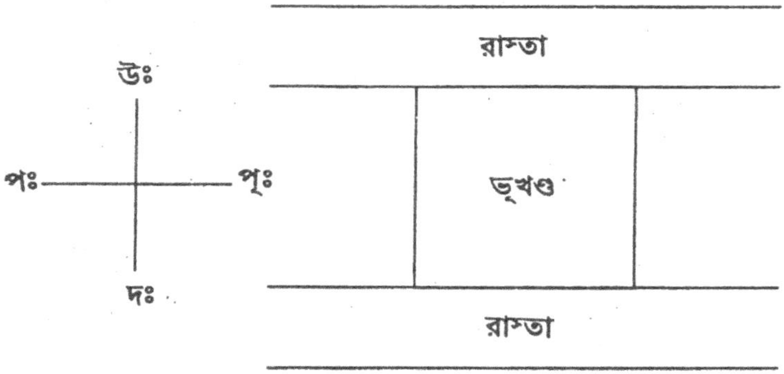

এই ভূমিখণ্ডের পূর্ব দিকে একটি রাস্তা এবং পশ্চিম দিকে একটি রাস্তা বর্তমান। সুতরাং এই ভূমিখণ্ডকে পূর্বমুখী এবং পশ্চিমমুখী ভূমিখণ্ড বলা হবে। এটি সাধারণফলদায়ী ভূমিখণ্ড।

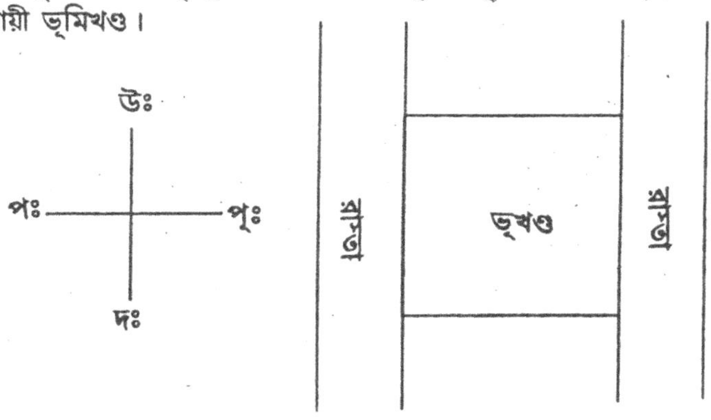

তিন রাস্তাযুক্ত ভূমিখণ্ড

এই ভূমিখণ্ডটি তিনটি আলাদা-আলাদা রাস্তার মিশ্রনের ফলে তৈরী হয়েছে। সুতরাং

এই ভূমিখণ্ডকে পূর্বমুখী, উত্তরমুখী এবং পশ্চিমমুখী ভূমিখণ্ড বলা বলে। এই রকম তিনটি রাস্তার উপর তৈরী ভূমিখণ্ডকে সঠিক বলা চলে না।

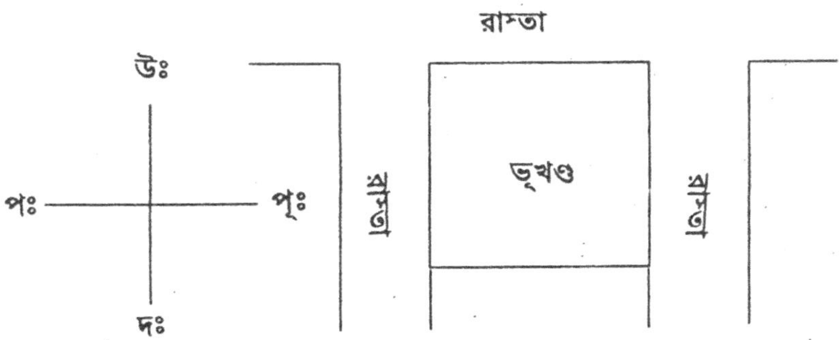

এই ভূমিখণ্ডের ওপর উত্তর, পশ্চিম এবং দক্ষিণ থেকে তিনটি রাস্তা এসে মেলার ফলেই ভূমিটি তৈরী হয়েছে। সুতরাং এই ভূমিটিকে উত্তরমুখী, পশ্চিমমুখী এবং দক্ষিণমুখী ভূমিখণ্ড বলা চলে। এই জমিটি ভাল নয়। একে ত্যাগ করাই ভাল।

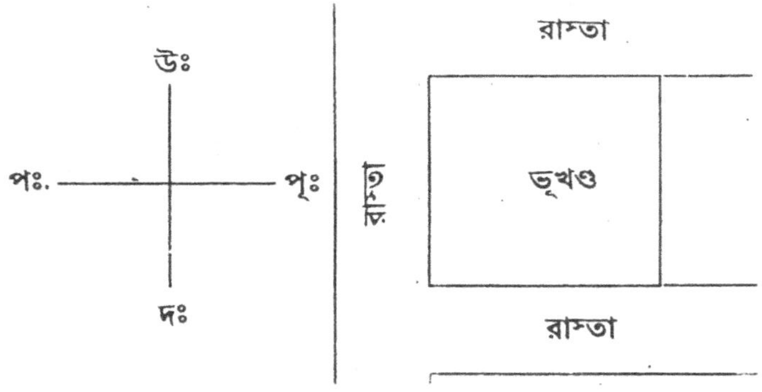

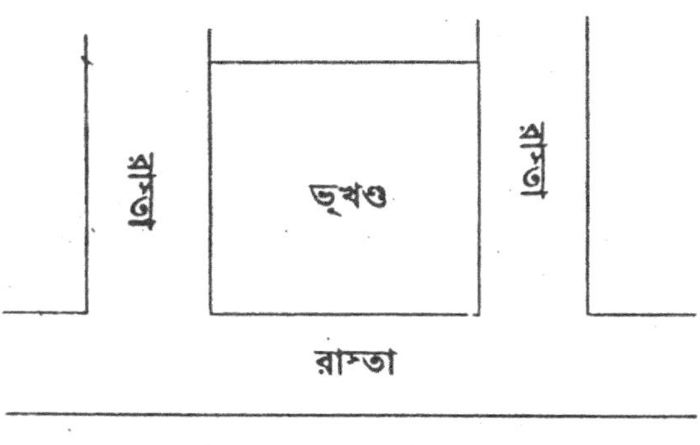

এই ভূমিখণ্ড পূর্ব, পশ্চিম এবং দক্ষিণের দিক দিয়ে রাস্তা আসার কারণে তৈরী হয়েছে। আমার অভিজ্ঞতায় বলতে পারি এই জমি ভাল নয়। চেঁচামেচির কারণে গৃহস্বামী সর্বদা অস্থির হয়ে থাকবে।

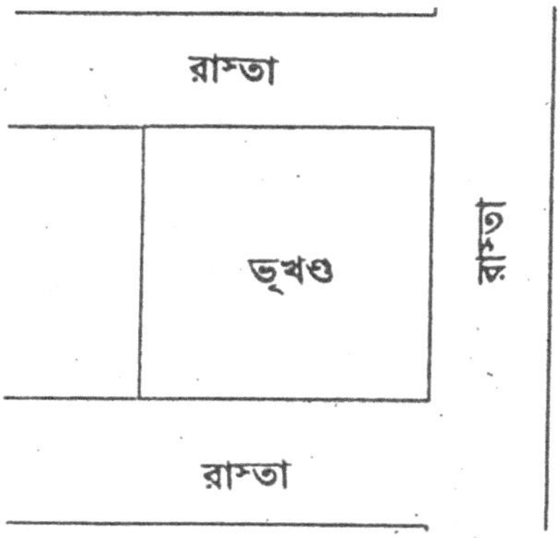

এই ভূমিখণ্ড পূর্ব, উত্তর এবং দক্ষিণ দিকে আসা তিনটি রাস্তার মিলনে তৈরী হয়েছে। সুতরাং এই ভূমিখণ্ডকে পূর্বমুখী, উত্তরমুখী এবং দক্ষিণমুখী বলা চলতে পারে। এটি মধ্যম শ্রেণীর উত্তম ভূমিখণ্ড।

চার সন্ধিস্থলে পড়ে থাকা ভূমিখণ্ড

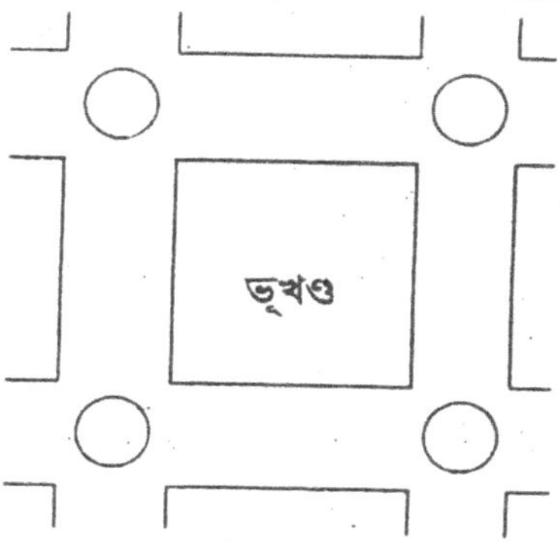

এটি এমন একটি আশ্চর্য্য ভূমিখণ্ড যার চার কোনে চার সন্ধিস্থল আছে। এই ভূমি আদৌ ভাল হয় না। কিন্তু ব্যবসায়িক দৃষ্টিতে এই জমি রীতিমত আশ্চর্য্যজনক এবং লাভজনক বলে সিদ্ধ হবে। এই জমি বহুতলবিশিষ্ঠ বাড়ীর জন্য রীতিমত বরদানস্বরূপ। কিন্তু যদি সাধারণ ব্যক্তি এতে বাড়ী বানিয়ে থাকনে, তাহলে তাকে নানা কষ্টের সম্মুখীন হতে হয়।

চার সন্ধিস্হল, দিকগুলোর মাঝখানে

বাস্তবে এই জাতীয় ভূমিখণ্ডের উপর যে চার সন্ধিস্হল আছে, তাকে ভেদ বলে। রাস্তা ভেদদোষ থাকার কারণে এই ভূমিখণ্ড কখনই ভাল হতে পারে না। এই রকম কোন ভূমিখণ্ড যদি কোন রাস্তা ভূমিখণ্ডের মাঝখানে এসে জুড়ে যায়, তো তাকে রাস্তাভেদ বলা হয় এবং তাকে রাস্তাভেদযুক্ত ভূমি বলা হয়।

মুহুর্ত পূজন

বাস্তুকর্মের শুরুতে পূর্ব মুহুর্ত প্রভৃতির বিচার করা অত্যন্ত জরুরী। যে কোন জমিতে নির্মাণ কার্য্য শুরু করার আগে কোন পণ্ডিত বা বিদ্বান জ্যোতিষ দ্বারা জাতকের গৃহস্বামী এবং গ্রহ-নক্ষত্রের ওপর বিচার করা জরুরী।

শুদ্ধ সময় দেখেই বাস্তুকর্মের আজ শুরু করা উচিত। যদিও এই কাজ বাস্তুশাস্ত্রকারদের জন্য নয়। এই কাজের দায়িত্ব পুরোহিত, পণ্ডিত বা জ্যোতিষীরাই নিয়ে থাকেন, তবুও আমি এখানে মুহুর্তর সংক্ষিপ্ত বিবরণ দিচ্ছি।

ভূস্বামীর জন্য এটুকু জানাই জরুরী যে, কি ভাবে মুহুর্ত জানা যাবে এবং কি-কি প্রক্রিয়া তাতে বর্তমান থাকে।

সাধারণতঃ ভূমি গ্রহণ, ভিত স্হাপন নির্মাণ কার্য্য আরম্ভ বা মুখ্যদ্বার স্হাপনা বা গৃহ প্রবেশের সময় জ্যোতিষশাস্ত্রসম্মত মুহুর্ত শোধন করা উচিত বা সূত্রপাত, ভূমিশোধন, শিলান্যাস, দ্বারস্হাপনা বা প্রবেশের সময় বাস্তুর পূজা অবশ্যই করা উচিত।

পুরোনো বাড়ীর আয়ু পূর্ণ হয়ে যাবার পর সেই বাড়ী কিন্তু অশুভ ফল দিতে আরম্ভ করে। সুতরাং সেই সময়ও বাস্তুশান্তি করা জরুরী। যেমন বড়-বড় জমিদার বাড়ীর আগে খুবই রমরমা ছিল কিন্তু সময়ান্তে তা রীতিমত অশুভফলদায়ী এবং পরিত্যাজ্য হয়ে গেছে।

এখানে একটা কথা উল্লেখযোগ্য যে বাড়ীকে যে স্টাইলে নির্মাণ করানো হয়, তার আয়ু সেই অনুপাতে কম বা বেশী হয়। ভবন নির্মান কাজে উচ্চস্তরের জিনিযপত্র প্রয়োগ করা হলে ভবনের আয়ু বেশী হবে এবং নিম্নস্তরের জিনিযপত্র ব্যবহার করলে তার আয়ু কম হবে।

এখন সর্বপ্রথমে খাতারম্ভ মুহুর্তের অনুসারে ভিত স্থাপনা করতে হবে এবং তামার পাত্রে মাটি, সোনা, পঞ্চরত্ন, স্বপ্নধান্য ইত্যাদি রেখে তার ওপরে ভেতরে পাথর বা ইঁট রাখা উচিত।

সূর্য রাশি	5/6/7	8/9/10	11/12/1	2/3/4
খাত দিক	অগ্নি	ঈশান	বায়ু	নৈঋত

খনন কার্যের সময় রাহুমুখের স্থিতির ওপর সর্বদা লক্ষ্য রাখা উচিত। রাহুচক্রে সূর্যদৃষ্টিকে লক্ষ্য রেখে খনন কার্য্যের ওপর বিচার করা উচিত।

আচার্য্যদের মতামত

বাস্তবে আমাদের আদি আচার্য্যরা এই রহস্যময়ী শাস্ত্রকে মানব-জীবনকে সুখী বানাবার জন্যই আবিস্কার করেছেন। সময় অনুসারে এই রহস্যময়ী শাস্ত্র নিজের জায়গার চরম পর্যন্ত্য পৌঁছে গেছে। মানব-জীবন নিয়মিত হয়ে গেছে এবং চারদিকে খুশীর বন্যা বয়ে গেছে।

মজার কথা হল নিয়মিত হবার পরই মানুষ বেপরোয়া হয়ে ওঠে। ফলে আমরাও আজ বেপরোয়া হয়ে গেছি। আর তাই-ই এই গূঢ় বা রহস্যময়ী শাস্ত্রের জ্ঞান আমাদের জীবন থেকে লুপ্ত হয়ে গেছে।

বলা হয় চরমের পরে পতন এবং পতনের পরে চরম–এই নিয়ম আদি অনন্ত কাল ধরে চলে আসছে।

আমাদের আদি আচার্য্যদের মত নিম্নানুসার ঃ–

(১) সিংহ, কন্যা এবং তুলা রাশিতে সূর্য থাকলে অগ্নি কোনে খনন করানো উচিত।

(২) বৃশ্চিক, ধনু, মকর রাশিতে সূর্য থাকলে ঈশান কোনে খনন কার্য্য করানো উচিত।

(৩) কুম্ভ, মীন, মেষ রাশিতে সূর্য থাকলে বায়ু কোনে খনন করানো উচিত।

(৪) বৃষ, মিথুন এবং কর্ক রাশিতে সূর্য থাকলে নৈর্ঋত কোনে খনন করানো উচিত।

দেবশয়ন কাল বা পৃথ্বীশয়ন কালে শিলান্যাস করাকে শুভ বলে মানা হয় না। দেবশয়ন কাল আশ্বিন মাসের শুক্লপক্ষের একাদশী থেকে কার্তিক শুক্ল একাদশীর মধ্যে হয় এবং সূর্যের নক্ষত্র থেকে পঞ্চম, সপ্তম, নবম, দশম, দ্বাদশ, একবিংশতি এবং চতুর্থবিশংতি তথা যষ্ঠবিংশিত দিন (আট দিন) পৃথ্বীশয়ন হয়ে থাকে।

শিলান্যাসের সময় শ্রেষ্ঠ মুহুর্ত

মুহুর্তের জন্য নিম্নলিখিত সময়কে নজরে রাখা খুবই দরকারী ঃ-

বৈশাখ, শ্রাবণ, পৌষ, ফালগুন এবং মাঘ মাসের শুক্ল পক্ষে বৃহস্পতিবার, বৃহস্পতিযুক্ত পুণ্য শ্রবণ, রোহিনী, মৃগশিরা, আশ্লেষা, পূর্বাষাঢ়া নক্ষত্র এবং বৃহস্পতি বারের যোগ থাকা জরুরী।

(১) রোহিনী, চিত্রা, অনুরাধা, উত্তর ফাল্গুনী নক্ষত্র বা বুধবারের যোগ থাকা জরুরী।

(২) বুধবার, বৃহস্পতিবার এবং শুক্রবার থাকা দরকারী।

(৩) সন্ধিকালকে ছেড়ে দিনের সময় যখন সূর্য আকাশে থাকবে, সেই সময়কে বেছে নেওয়া জরুরী।

(৪) শুক্ল পক্ষ হওয়া প্রয়োজন।

(৫) সূর্য যখন উত্তরায়ণে থাকবে।

আচার্য্যদের নির্দেশ অনুসারে পরম সিদ্ধিদাতা, বিঘ্ন বিনায়ক গনপতি বা গনেশ, বিষ্ণু, মহেশ, দিক্‌পাল ষোলশ মাতৃকা, নবগ্রহ কলস, ক্ষেত্রপতি বা কুলদেবতাদের শ্রদ্ধা সহকারে পূজো করে সকলকেই অর্থাৎ পরিবারের সঙ্গে একত্র হয়ে প্রার্থনা করা প্রয়োজন।

ভবন নির্মাণ-এর পর গৃহপ্রবেশ অত্যন্ত গুরুত্বপূর্ণ বিষয়। এর জন্য বিদ্বান জ্যোতিষীদের দ্বারা শুভ তিথি এবং শুভ মুহুর্ত বার করে যথাযোগ্য বিধি-বিধান মেনে বাস্তুপুজো করেই নবগৃহ বা নতুন ঘরে প্রবেশ করা উচিত।

গৃহপ্রবেশের জন্য শুভ মাস এবং শুভ তিথি

শিলান্যাসের মত গৃহপ্রবেশের সময় ও মুহূর্ত শোধন করে শুভ সময়ে প্রথম দিন পূজো করতে হবে এবং তার পরই গৃহপ্রবেশ করা উচিত।

গৃহ প্রবেশের সময় প্রসন্নচিত্ত হয়ে ৮১ পদকে বাস্তুর পূজো করে যজ্ঞ প্রভৃতি করিয়ে বিদ্বান ব্রাহ্মণমণ্ডলী দ্বারা স্বস্তিবায়ন করে জলভর্তি কলসী এবং সৌভাগ্যবতী স্ত্রী প্রভৃতির সামনে থেকে গৃহপ্রবেশ করা দরকার।

প্রধান গেটকে কলস তোরণ প্রভৃতিতে সাজিয়ে স্ত্রীলোকের দ্বারা মঙ্গলগীত এবং উলুধ্বনি দিয়ে দীর্ঘদিন পর্যন্ত ঘরে থাকার কামনা করে গৃহপ্রবেশ করা অত্যন্ত শুভ হয়।

যে বাড়ীতে দরজা লাগানো হয়নি বা ছাত দেওয়া হয়নি অথবা বাস্তুদেবীকে পূজো, যজ্ঞ এসব কিছুই করা হয়নি–সেসব বাড়ীতে প্রবেশ করা অনুচিত।

শুদ্ধ বস্ত্র ধারণ করে বিদ্বান ব্রাহ্মণদের সাথে দেবধ্বনি দিয়ে প্রধান দরজা দিয়ে প্রবেশ করা উচিত।

তারপরে ব্রাহ্মণ, জ্যোতিষী, সূত্রধার, কারিগর প্রভৃতি লোককে উপযুক্ত সম্মান প্রদান করে তাদের সন্তুষ্ট করা প্রয়োজন।

শুভ মাস বা তিথি

বৈশাখ, শ্রাবণ, পৌষ, ফাল্গুন এবং মাঘ মাসের শুক্লপক্ষে গৃহপ্রবেশ করা প্রয়োজন।

(১) বৃহস্পতিবার পূণ্য শ্রবণ, রোহিনী, মৃগশিরা, অশ্লেষা, পূর্বষাঢ়া নক্ষত্র এবং বৃহস্পতিবারের যোগ থাকা উচিত।

(২) রোহিনী, চিত্রা, অনুরাধা, হস্ত, উত্তর ফাল্গুনী নক্ষত্র বা বুধবারের দিন হওয়া প্রয়োজন।

(৩) বৃহস্পতিবার, বুধবার এবং শুক্রবার হওয়া উচিত।

(৪) দিনের সময় থাকা চাই। সন্ধিকালে কিছু করা উচিত নয়।

(৫) শুক্লপক্ষের সময় হওয়া দরকার।

(৬) সূর্য উত্তরায়ণে থাকবে।

খেয়াল রাখা উচিত এই শুভ মুহূর্তে স্বামী-স্ত্রীর নতুন বস্ত্র ধারণ করে, স্বর্ণ রঞ্জিত আভূষণ ধারণ করে আপন পরিজন মিত্র, বন্ধুবান্ধব, গুরুজন এবং অন্যান্য পরিচিতের সঙ্গে প্রসন্নমনে বিধি-বিধানপূর্বক যজ্ঞ, পুজো করা উচিত।

বিদ্বান ব্রাহ্মনের স্বস্তিবাচন বা গুরুজন এবং পরিবারের গুরুজনদের আশীর্বাদ নিয়ে জলভর্তি কলসী এবং সৌভাগ্যবতী মহিলাকে সঙ্গে নিয়ে গৃহপ্রবেশ করা উচিত।

প্রধান দরজার উপর চন্দন লাগিয়ে কলস তোরণ দিয়ে তাকে সুসজ্জিত করা প্রয়োজন। মহিলাদের মঙ্গলধ্বনি বা উঁলুধ্বনি সঙ্গে নিয়ে ঘরে প্রবেশ করলে শুভ হয় এবং দীর্ঘ দিন পর্যন্ত সুখ-শান্তিতে সেই ঘরে বসবাস করা যায়।

নিবাস করার কিছু নিয়ম

মাটি, ভূমিখণ্ড এবং বাড়ী বাস্তু নিয়মানুসারে তৈরী হবার পরও তাতে বসবাসকারী ব্যক্তিকে খানিকটা বাস্তুনিয়মের ভেতরে থেকে বসবাস করা উচিত।

(১) শোবার সময় আপনার মাথা দক্ষিণ দিকে অথবা পূর্ব দিকে রেখে শোওয়া উচিত।

(২) দরজা খোলা এবং বন্ধ করার সময় সাবধানী রাখা উচিত, যাতে কর্কশ আওয়াজ না হয়।

(৩) নিজের টেলিফোনের পাশে জলভর্তি কলসী বা জল বা অন্যান্য জিনিষ রাখবেন না। টেলিফোন ধ্বনিকে বিধৃষিত কিরণে এটি বদলিয়ে দেবে। সুতরাং এটি অগ্নিজাত বস্তু। জল এর জন্য ক্ষতিকারক।

(৪) গুরুত্বপূর্ণ কাগজপত্রকে পূর্ব দিকে আলমারীর মধ্যে রাখা উচিত। কাগজপত্র সব সময় আলমারীর মধ্যে রাখা উচিত। অন্যথায় এর সঙ্গো সম্পর্কিত ঘটনা আপনার জন্য লাভদায়ক হবে না।

(৫) ঘরের ভেতরে সিন্দুক থাকা জরুরী এবং এর পরিস্থিতি ঈশান কোনে হওয়া উচিত।

(৬) রান্নাঘর অগ্নি কোনে এবং পূর্ব দিকে মুখ করে রান্না করা উচিত। জিনিযপত্র রাখার আলমারী ডাইনে রাখা ভাল। এতে রান্নাঘরের শোভা বাড়ে আর রান্না করা খাবার খেতে স্বাদ লাগে।

(৭) নিজের ঘরের চাদর দিনের বেলা বদলিয়ে দেওয়া উচিত।

(৮) চপ্পল বা জুতো এদিক-ওদিক ছড়িয়ে-ছিটিয়ে কিংবা উল্টো হয়ে যেন না থাকে। এতে পরিবারে ঝগড়ার সৃষ্টি হয়।

(৯) রান্নাঘরে সব্জী বা তরকারী কেটে মাটিতে রাখা উচিত নয়, তাকে যে কোন বাসনের

মধ্যেই রাখা উচিত। তা না হলে কাঁচা সব্জীর স্বাদ মাটি খেয়ে নেয়।

(১০) আপনার কাঁচা কাপড়ের সঙ্গে ময়লা কাপড় রাখবেন না।

(১১) যদি আপনি শেভিং করেন, তাহলে প্রতিদিন শেভিং করবেন। হয় দাড়ি রাখবেন, নয় একদম ক্লীন শেভ করবেন। খোচা-খোঁচা দাড়ি গরীবীর জন্ম দেবে।

(১২) ঘরের দেওয়ালে বেশী ছবি টাঙ্গাবেন না। যে কোন গুরুত্বপূর্ণ ছবি একটা বা দুটো হলেই চলবে।

(১৩) চিরুনী এবং সাজ-সজ্জার জিনিষপত্র ছড়িয়ে-ছিটিয়ে নয়, যত্ন করে সাজিয়ে রাখবেন।

(১৪) গামছাকে এই ভাবে রাখবেন, যাতে অতিথি বা আগন্তুকের নজর তার ওপর না পড়ে।

(১৫) মৃত ব্যক্তির ছবি ড্রইংরুম বা সদর দরজার পাশে রাখবেন না।

(১৬) সকালে উঠে সবার আগে সদর দরজার পাশে এক গেলাস জল ঢালা উচিত। এতে সম্পন্নতা আসবে জীবনে।

(১৭) সদর দরজার ওপরে গনেশ এবং লক্ষ্মীর ছবি তা স্বস্তিকা চিহ্ন লাগানো উচিত।

(১৮) রাতের পরা কাপড় সকাল আটটার মধ্যে বদলে ফেলা উচিত।

(১৯) সব সময় এই চেষ্টা করা উচিত, যাতে সকালবেলার সূর্যরশ্মি আপনার খোলা শরীরে সব সময় পড়ে।

(২০) সূর্য উদয় হবার আগেই আপনার উঠোনকে পরিষ্কার করে নেওয়া প্রয়োজন।

(২১) গুরুত্বপূর্ণ কাজে যাবার সময় ডিম বা মাংস খাওয়া উচিত নয় এবং এর দর্শন করাও ঠিক নয়।

(২২) গুরুত্বপূর্ণ কাজে যাবার সময় দই খাওয়া উচিত এবং মাছের দর্শনকে শুভ বলে মানা হয়।

(২৩) এই রকম পাখা ব্যবহার করা উচিত নয় যে কর্কশ ধ্বনি উৎপন্ন করে। আমি দেখেছি, এই ধরনের পাখার কারণে সারা দিন ঘরে ঝগড়ার পরিস্থিতি হতে থাকে।

(২৪) মানুষের জীবনে সুগন্ধের গুরুত্ব খুবই অপরিসীম। আমাদের গুপ্ত ইন্দ্রিয় একে খুব তাড়াতাড়ি স্বীকার করে। তাই প্রায়ই সন্ধ্যেবেলা এবং রাত্রিতে শোবার সময় সুগন্ধের ব্যবহার করা উচিত। এতে প্রচণ্ড শান্তি পাওয়া যায়।

এইভাবে আমরা বাস্তু এবং তার নিয়মগুলোকে যথাসম্ভব পালন করে গৃহস্থ জীবনকে সুখময় এবং শান্তিদায়ী করে তুলতে পারি। ●●

সমাপ্ত